Max F. Long

Kahuna-Magie

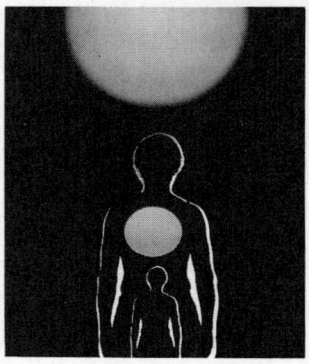

Diese Computergrafik verdeutlicht die Dreigliederung des Innenmenschen in ein unteres, mittleres und Hohes Selbst, die durch praktische Übung zu einer Einheit verschmelzen.

Der amerikanische Sprachforscher *Max Freedom Long* reiste nach Abschluß seines Psychologiestudiums 1917 nach Hawaii, um dort eine Stelle als Lehrer anzunehmen. Bald kam er in Kontakt mit den Kahunas, lernte deren Geheimlehre kennen und erforschte und entschlüsselte sie, so daß sie heute als praktisch anwendbare Lebenshilfe jedermann zugänglich ist.

Max F. Long

Kahuna-Magie

Das Wissen um
die weise Lebensführung

Verlag Hermann Bauer
Freiburg im Breisgau

Die Deutsche Bibliothek – CIP-Einheitsaufnahme

Ein Titeldatensatz für diese Publikation ist bei
Der Deutschen Bibliothek erhältlich

Die vorliegende Ausgabe im Rahmen der Reihe *Bauer Classics*
ist ein unveränderter Nachdruck der Ausgabe, die zuletzt 1995 in der
Reihe *esotera-Taschenbuch* im Verlag Hermann Bauer,
Freiburg im Breisgau, erschien.

Die amerikanische Originalausgabe erschien unter dem Titel
The Secret Science at Work

Deutsch von F. Walter

11. Auflage 2000
ISBN 3-7626-0794-X
© für die deutsche Ausgabe 1966
by Verlag Hermann Bauer GmbH & Co. KG,
Freiburg i. Br.
Das gesamte Werk ist im Rahmen des Urheberrechtsgesetzes geschützt. Jegliche vom Verlag nicht genehmigte Verwertung ist unzulässig. Dies gilt auch für die Verbreitung durch Film, Funk, Fernsehen, photomechanische Wiedergabe, Tonträger jeder Art, elektronische Medien sowie für auszugsweisen Nachdruck.
Einband: Maria Fellhauer, Freiburg i. Br.
Druck und Bindung: Clausen & Bosse GmbH, Leck
Printed in Germany

Den HRA - Freunden
in Dankbarkeit und mit
aloha

INHALT

Vorwort   9

Abschnitt

    I Wiederentdeckung einer uralten Wissenschaft   15

   II Bekanntschaft mit dem niederen Selbst   30

  III Entwicklung der latenten Fähigkeiten des niederen Selbstes   52

  IV Aka-Gedankenformen, Auras und ihre Messung, das Aurameter   69

   V Telepathischer Kontakt zwischen Personen   82

  VI Mana und seine Hochaufladung   93

 VII Das Hohe Selbst   106

VIII Aufbau des Gebetes aus Gedankenform-Trauben   120

  IX Kontakt mit dem Hohen Selbst und Darbringung des Gebetes   139

   X Zusammenfassende Darstellung der HUNA-Gebetsmethode   152

  XI Heilung durch Auflegen der Hände   163

XII	Die Arbeitsgruppe für gegenseitige Heilung auf telepathischer Grundlage	179
XIII	Kontakt durch Unterschriften. Die Aura der Unterschrift und ihre Messung	200
XIV	Weitere Erkenntnisse der HRA	214
XV	Das Problem der nicht erhörten Gebete	227
XVI	Der blockierte Pfad	243
XVII	Stammen Fixationen aus früheren Leben? Gibt es Besessenheitszustände, die man nicht merkt?	257
XVIII	Verschiedene Stärkegrade von Fixationen und Besessenheitseinflüssen. Mit einer Tabelle zur Selbstprüfung	276
XIX	Freilegung des schwach blockierten Pfades	286
XX	Jesu Lehren in neuem Lichte	304
XXI	Die geheime Bedeutung des Taufritus	317
XXII	Die geheime Bedeutung des Fußwaschungs-Ritus	332
XXIII	Die geheime Bedeutung des Kommunions-Ritus	343
XXIV	Die geheime Bedeutung der Kreuzigung	357
XXV	Ausklang	374

Vorwort

Mein erstes Buch „Recovering the Ancient Science" erschien 1936 in London. Ich berichtete in ihm über die psychoreligiösen Glaubensanschauungen der Polynesier der alten Zeiten und versuchte, die von den *Kahunas,* den eingeborenen Priestern Hawaiis, angewandte Magie zu erklären. Das Buch hatte eine kleine Auflage von nicht einmal tausend Exemplaren; es ging vor dem zweiten Weltkrieg vorwiegend in die Länder des britischen Commonwealth. Während des Krieges fielen der Drucksatz und der unverkaufte Rest der Auflage einem Fliegerangriff zum Opfer. Obwohl bis dahin noch nicht viele Exemplare abgesetzt waren, hatte das Buch doch in zahlreiche Bibliotheken Eingang gefunden, und im Laufe der Zeit erhielt ich Zuschriften von mehr als tausend Lesern. Es entwickelte sich eine rege und wertvolle Korrespondenz, und ich erhielt viel wertvolles Material.

Eine neubearbeitete und erweiterte Ausgabe des Buches erschien 1948 in den USA unter dem Titel „Secret Science Behind Miracles"*). Mit diesem Buche hatte ich gehofft, den Leser sozusagen auf die eigenen Füße zu stellen und es ihm zu ermöglichen, die alten Methoden selbst auszuprobieren. Stattdessen aber wurde ich in Hunderten von Briefen gebeten, Anleitungen zur Selbsthilfe zu geben oder mich selbst helfend einzuschalten.

---

* Die deutsche Fassung „Geheimes Wissen hinter Wundern" ist vom Verlag Hermann Bauer, 79001 Freiburg im Breisgau, Postfach 167, zu beziehen.

Bei der Überlegung, wie ich der unerwarteten Flut von Fragen am besten Herr werden könnte, schien sich mir eine vielversprechende Möglichkeit zur Förderung späterer Forschungsarbeiten und praktischer Versuche zu eröffnen. Mit Hilfe einiger Briefschreiber organisierte ich daher eine locker gebundene Arbeitsgruppe, deren Mitglieder von Australien bis England verstreut waren, in den verschiedensten Teilen Nordamerikas und selbst in den unruhigen Ländern des europäischen Kontinents wohnten. Mit dieser Gruppe nahm ich die weiteren Untersuchungen des alten psycho-religiösen Systems auf. Wir suchten vor allem festzustellen, ob wir schon genug über die Theorien und Praktiken wußten, um selbst außergewöhnliche Wirkungen vollbringen zu können. Zwar galt unser Hauptinteresse den Wundern der körperlichen Heilung, doch waren wir auch an der „Heilung" oder Verbesserung von Lebensumständen, sozialen Verkettungen, finanziellen Schwierigkeiten und geistigen Störungen interessiert. All das hatten ja einst die *Kahunas* in großartiger Weise zustande gebracht.

Der alte Ausdruck *Kahuna* (gesprochen Ka-hú-na) ist auch heute noch gebräuchlich und bedeutet „Hüter des Geheimnisses". Das Wort für die Geheime Lehre wurde nie gefunden. Die Geheimhaltungsvorschrift war so streng, daß man dem Geheimnis vielleicht niemals einen Namen gegeben hat. Wenn es aber einen Namen dafür gab, so war er vielleicht — wie der Name Gottes in manchen Kulten — zu heilig, um ausgesprochen zu werden. Wir haben daher für unsere Arbeiten den Namen Huna (gesprochen Hú-na) gewählt, was „Geheimnis" bedeutet. Unserer Organisation, deren Ziel die Erforschung dieses und ihm verwandter Systeme sowie die Arbeit an Problemen der Psychologie und der Psychischen

Wissenschaft war, gaben wir daher den Namen „Huna-Research Associates" (Huna-Forschungsgemeinschaft).

Unter diesem Namen begannen wir mit der Arbeit, und zwar auf brieflichem Wege. Kurz darauf vereinheitlichte ich die Verteilung der für alle Mitglieder bestimmten Informationen, indem ich jeden zweiten Monat ein vervielfältigtes achtseitiges Rundschreiben, das „HRA-Bulletin", herausgab. Zu unserer Forschungsgemeinschaft zählten einige der besten Forscher unseres Arbeitsfeldes. Andere Mitglieder hingegen verstanden kaum, was wir untersuchten, doch brauchten sie dringend Heilung für Körper, Geist oder Börse und Hilfe gegen widrige Lebensumstände; sie beteiligten sich deshalb an der Arbeit, so gut sie konnten. Manche Mitglieder verfügten über ausgezeichnete psychische Fähigkeiten oder natürliche Heilkräfte. Andere wiederum waren „Mitläufer" aus Neugier; sie taten selbst wenig, waren aber darauf aus zu erfahren, was die anderen erarbeiteten und entdeckten. Viele machten selbst Versuche mit Enthusiasmus und Energie. Manchmal traten auch Mitglieder aus; dafür aber kamen immer wieder neue hinzu. Alle sechs Monate wurden diejenigen aus der Liste gestrichen, die uns die erbetenen Berichte, die ja der Maßstab für unsere Fortschritte waren, nicht eingesandt hatten. So blieb die Stärke der Gruppe im Durchschnitt stets gleich; sie zählte etwas über dreihundert Mitglieder.

Zum Zeitpunkt der Niederschrift dieses Buches, rund fünf Jahre nach der Gründung der HRA, ist die Erforschung des Huna-Weistums und seine praktische Erprobung so weit fortgeschritten, daß ein weiterer Bericht erforderlich ist. Vieles wurde inzwischen erreicht, und wir haben manches hinzugelernt, was wir anfangs nicht wußten. In diesem Bericht werde ich mich bemühen, dem Leser die neuesten Ergebnisse der

HRA-Arbeit und meiner eigenen Forschungen zu übermitteln. Auch werde ich die Methoden erläutern, die sich nach unserer Erfahrung besonders gut für die praktische Huna-Anwendung eignen. Während das Studium des Buches „Geheimes Wissen hinter Wundern" eine ausgezeichnete Vorbereitung für die Anwendung der Huna-Lehre ist, wollen die grundsätzlichen Ausführungen dieses Buches ein Bild der Glaubensanschauungen und Praktiken des Systems und damit eine solide Grundlage für die experimentelle Arbeit geben.

Die Besprechung unserer Erkenntnisse und Erfahrungen erfolgt nicht in der Reihenfolge, in der wir sie in 5-jähriger gemeinsamer Forschung erarbeiteten. Zuerst werden die zur Formulierung und Darbietung des HUNA-Gebetes nötigen Grundlagen besprochen. Die weiteren Darstellungen befassen sich mit anderen Heilungsarten, die mit oder ohne Gebetsanwendung vollzogen werden können.

Immer wieder sind die Darstellungen dieses Buches durchsetzt mit Erklärungen über die Ausgangspunkte unserer Schlußfolgerungen, sowie über Symbole und Wörter, die für die HUNA-Lehre typisch sind, aber auch in anderen Religionen, vorwiegend im Christentum, vorkommen. Dadurch soll die Bedeutung der HUNA-Lehre gebührend betont werden. Das aber ist wichtig, damit man dem HUNA-System von Anfang an genug Vertrauen und Glauben entgegen bringt, um es annehmen zu können. Denn solange man nicht davon überzeugt ist, daß die Darstellungen auf echten, gültigen Fakten beruhen, kann man aus unserer Erfahrung und den Resultaten unserer Arbeit keinen Nutzen ziehen. Daß dieselbe Wahrheit, derselbe Glaube sich in allen psycho-religiösen Systemen findet, liegt auf der Hand. Die Kernpunkte der HUNA-Lehre gehören zu dem uralten Weistum, von dem sich Teile in allen Religionen finden. Die HUNA-Lehre verträgt sich durchaus mit anderen Systemen; sie steht zu keinem von ihnen in Widerspruch, sondern führt sogar zu einem umfassenderen Verständnis der alten Weisheiten.

Mit dieser Arbeit soll kein neuer „Kult" entwickelt werden. Sie soll vielmehr den Menschen helfen, durch Anwendung der HUNA-Methoden sich selbst und ihren Mitmenschen zu helfen. Die Forschung ist noch lange nicht abgeschlossen. Die hier und jetzt vorgetragenen Auffassungen müßten revidiert werden, wenn neue Erkenntnisse eine solche Änderung rechtfertigen oder fordern.

Das Endziel der Arbeit ist nicht nur die Heilung von Körper oder Geist oder die Besserung sozialer und wirtschaftlicher Umweltbedingungen, sondern die Wiederentdeckung des fast schon verlorengegangenen Wissens um eine weise Lebensführung, wie sie nicht nur von den *Kahunas,* sondern auch von Jesus und anderen großen Eingeweihten der Vergangenheit unter einem uralten Geheim-Code gelehrt wurde. Durch die Entzifferung des Geheimnisses kann die Welt das „Wahre Licht" wieder erhalten, damit alle, die Augen haben zu sehen und Ohren zu hören, es verstehen und anzuwenden lernen.

I

WIEDERENTDECKUNG EINER URALTEN WISSENSCHAFT

In geographischer Sicht liegt der Bereich dieser Untersuchungen in Hawaii, dem entlegensten Teil Polynesiens, in sachlicher Sicht ist er jungfräuliches Gebiet. Obwohl die *Kahunas* (die eingeborenen Priester und Magier der alten Zeiten) erstaunliche Beweise ihrer Macht und ihrer Fähigkeiten gegeben haben, wurde ihr Glaube und ihre Arbeit von den Anthropologen als Aberglauben abgetan. Die christlichen Missionare, die 1820 nach Hawaii kamen, mißbilligten die Wundertaten der Eingeborenen und setzten alles daran, den Glauben der *Kahunas* auszurotten.

Jahrhundertelang waren die hawaiischen Inseln vom Rest der bekannten Welt isoliert geblieben, bis Captain Cook sie 1778 entdeckte. Die Eingeborenen waren Primitive, doch Menschen von hoher Intelligenz. Der Geschichtsforscher Toynbee berichtet, sie hätten eine „stagnierende" Zivilisation gehabt. Die Einwohner waren aus anderen Ländern weither über den Pazifischen Ozean gekommen, und die Legende erzählt, sie seien dabei in Ausleger-Kanus gesegelt und die Kenntnis der Gestirne habe sie den Weg finden lassen. Ihre ursprüngliche Heimat konnte nicht sicher nachgewiesen werden. Einige Geschichtsforscher glauben festgestellt zu haben, daß sie aus dem Nahen Osten kamen und von dort über Indien nach Hawaii gelangten.

Ich möchte mich dieser Ansicht anschließen. Aber woher sie auch stammen mögen, sie brachten, wohin sie kamen, legendenhafte Erzählungen mit, ähnlich denen vom Garten Eden, von der Sündflut, von Jonas und dem Walfisch und anderen alttestamentarischen Geschichten. Daß aber in keiner dieser Geschichten Jesus erwähnt wurde, spricht dafür, daß die Auswanderung schon vor Christi Geburt erfolgte.

Toynbees These von der „stagnierenden" Zivilisation geht von der Überlegung aus, daß die Ankömmlinge in Hawaii geradezu ideale klimatische Verhältnisse fanden. Die Nahrung wuchs ihnen zu und ließ sich leicht speichern, und es war nicht nötig, sich um bessere Lebensbedingungen zu mühen. Ich bin überzeugt, daß die *Kahunas* mit Vorbedacht diesen isolierten Platz gewählt haben, um ihr geheimes Wissen gegen schädigende Einflüsse von außen möglichst lange schützen zu können. Bevor sie ihre alte Heimat verließen, werden sie in einer inneren Schauung erkannt haben, daß ihr großes Wissen einmal von autokratischen Dogmen verzerrt, unterdrückt und vergessen werden würde. In Hawaii konnten sie ihre Erkenntnisse zum Nutzen ihres Volkes weiter anwenden; und es dauerte tatsächlich Jahrhunderte, bis die befürchtete Gefährdung schließlich eintrat.

Zwar haben die Polynesier keine technisch-mechanischen Erfindungen zuwege gebracht, die ja gemeinhin als Wahrzeichen sich entwickelnder Zivilisationen gewertet werden. Sie konnten weder spinnen noch weben; sie kannten weder Töpferei noch Korbflechterei. Aus nassen Rindenstreifen stellten sie durch Klopfen eine Art Papiertuch her, und ihre Gefäße fertigten sie aus den Schalen von Flaschenkürbissen oder anderen Früchten. Aus zusammengezwirnten Fasersträngen machten sie einfache Netze, um zu fischen und Gefäße darin zu tragen, und Schnüre benutzten sie, um Vögel und Landtiere zu fangen. Ihre Messer und Äxte bestanden aus Muschelschalen und scharfkantigen Steinen. Sie kannten und benutzten das Feuer. Als Häuser dienten ihnen strohbedeckte Holzgestelle.

Das alles aber weist nicht auf mangelnde Intelligenz und Begabung hin. Das kennzeichnende rassische Talent des Volkes lag nicht im Technischen, sondern in einem selten tiefen Verständnis für die Natur und den Aufbau des menschlichen Bewußtseins sowie für die Kräfte, deren sich die Elemente des Bewußtseins bei ihrer Arbeit bedienen. Diese Kenntnis, die die *Kahunas* bei ihren Wundertaten benutzten, hielten sie geheim, hüteten und schützten sie mit aller Sorgfalt. Und als die neue Zeit anbrach und die Hawaiier der Moderne gegenüberstanden, wandelten sie sich in einer einzigen Generation aus dem Zustand ihrer „stagnierenden" Zivilisation zu einem Volk, das alle Errungenschaften der modernen Zivilisation übernahm und sich zunutze zu machen verstand.

Als ich erkannte, daß sich unter dem Deckmantel der Alltagssprache eine „Heilige Sprache" verbarg, wurde mir klar, daß sie zusammen mit der Muttersprache entstanden sein und somit zurückgehen mußte auf die uralten Zeiten in der Dämmerung der Geschichte, lange bevor das Volk seine alte Heimat verließ. Diese Auffassung fand später, nach Veröffentlichung meines ersten Buches, eine überraschende Bestätigung. Damals nämlich schrieb mir der Engländer W. Reginald Stewart aus Brighton, daß er in jungen Jahren, als er in Afrika als Auslandskorrespondenz tätig war, von einem Berberstamm im Atlasgebirge gehört habe, der über große magische Kenntnisse verfügte und dessen Tradition darauf hinzuweisen schien, daß er einst von Ägypten nach Westen ausgewandert war.

Stewart suchte und fand diesen Stamm. Er war recht klein, und es gab dort nur eine Frau, die das alte Geheim-System kannte und seine Anwendung beherrschte. Sie wurde *Quahini* genannt, was kein Berberwort ist, sondern — wie sich erst später herausstellte — die Zusammenziehung der hawaiischen Wörter *Kahuna Wahine*, was „weiblicher Kahuna" bedeutet. Nach vielen Bemühungen gelang es Stewart, von der *Quahini* unter vielen Zeremonien und mancherlei Ritual als Blutssohn adoptiert zu werden. Denn nur als ihr Blutssohn durfte er von ihr in die alte wunderwirkende Lehre eingeführt und in deren Anwendung unterrichtet werden.

Die Quahini begann, den jungen Mann und ihre Tochter zu unterrichten. Der erste Teil der Unterweisung behandelte die allgemeine Theorie des alten psychologischen Systems mitsamt seinen religiösen Aspekten. Wichtigere Punkte wurden durch Demonstrationen erläutert. Auch wurde darauf hingewiesen, daß die Unterrichtung nur in der sogenannten „Heiligen Sprache" erfolgen könne. Das aber war nicht der von den Stammesgenossen benutzte Berberdialekt. Stewart fiel es schwer, den Sinn der Worte zu erfassen, da sie erst in die Berbersprache und dann ins Französische übersetzt werden mußten, das er und die Lehrerin beherrschten. Er machte nur langsame Fortschritte. Nach und nach aber stellte er eine Liste der wichtigsten Ausdrücke der „Heiligen Sprache" zusammen. Bevor noch der Unterricht über die Theorie des Systems abgeschlossen werden konnte, kam es aber eines Tages zu einem plötzlichen Ende. Bei einem Feuergefecht zwischen zwei befehdeten Nachbarstämmen tötete eine verirrte Kugel die *Quahini*.

Viele Jahre später, als sich Stewart schon ins Privatleben

zurückgezogen hatte, stieß er auf meinen Bericht und stellte fest, daß dieser im wesentlichen genau das beschrieb, was er damals in Nordafrika gelernt hatte. Er verglich seine vergilbten Notizen und seine Liste von Wörtern und erkannte tief beeindruckt, daß die „Heilige Sprache" zweifelsfrei ein Dialekt der heutigen polynesischen Sprache ist, der gleichen Sprache also, von der ich Wortbeispiele in meinem Buche gebracht hatte.

Es entwickelte sich zwischen Stewart und mir eine rege Korrespondenz, die bis zum Tode Stewarts (während des Zweiten Weltkrieges) anhielt und viel dazu beitrug, meine Erkenntnisse und Erfahrungen zu fundieren und meine weiteren Forschungen zu fördern.

Der überzeugendste Beweis dafür, daß das uralte Weistum aus dem Nahen Osten stammt und früher dort angewandt wurde, fand sich erst nach 4-jähriger Arbeit der HUNA-Research-Associates. Wir fanden nämlich, daß das Alte Testament — von der Genesis angefangen — an vielen Stellen über HUNA-Lehren sowie über Wunder berichtet, die von HUNA-Eingeweihten bewirkt worden sind. Diese Eingeweihten besaßen zwar die gleichen Kenntnisse wie die *Kahunas* Polynesiens, doch gehörten sie weder zu den Stämmen, die sich damals anschickten, in ihre neue Heimat im Pazifik auszuwandern, noch zu dem einen Stamme, der westwärts zog und sich im Atlas niederließ.

In allen Fällen verbargen sich die verschleierten Hinweise hinter den typischen HUNA-Symbolen, über die später noch viel zu sagen sein wird. Diese Symbole bildeten gewissermaßen einen „Geheimcode". Ihm verdanken wir, daß wir heute noch verstehen können, was damals die eingeweihten *Kahunas* meinten, als sie die Geschichte vom Garten Eden schrieben und über die Wunder berichteten, die Moses und Aaron in Ägypten und später verrichteten, als die Kinder Israels in der Wüste lebten. Auch an späteren Stellen des Alten Testamentes hören wir HUNA-Eingeweihte sprechen, und bei der Entschlüsselung der Prophezeihungen von Isaias und Jeremias stoßen wir einwandfrei auf HUNA-Erkenntnisse. Hinter dem gleichen Code und den gleichen Symbolen verbirgt sich auch im Neuen Testament die HUNA-Lehre. Jesus, der große Eingeweihte, bemühte sich, die gleichen grundlegenden Glaubensanschauungen in den gleichen Symbolen darzubieten und seine Schüler und Jünger in die Lehre einzuweihen. Er vollbrachte typische *Kahuna*-Wunder und hielt sich sorgfältig an den gleichen uralten Kult der Geheimhaltung. Er gab seinen Jüngern in Bezug auf das „Königreich des Himmels" die nötigen HUNA- oder Mysterien-Unterweisungen, damit auch sie Wunder wirken und die verborgene Wahrheit verstehen könnten.

Bevor wir fortfahren, möchte ich einen kurzen Rückblick auf den Weg geben, den ich bei meiner langen Erforschung der alten HUNA-Lehre gegangen bin.

Als ich 1918 zum ersten Male nach Hawaii kam, hatte ich das Glück, die Freundschaft des bedeutenden Gelehrten Dr. William Tufts Brigham zu gewinnen. Er war schon älter und lange als Kurator des Bishop Museums in Honolulu tätig. Als ich ihn dort traf, hatte er sich bereits 40 Jahre damit befaßt, die Wundertaten der einheimischen *Kahunas* zu beobachten und zu verzeichnen. Er war Zeuge vieler Heilungswunder gewesen und unter dem Schutze von *Kahunas* selbst einmal über rotglühende Lava gegangen. Auch konnte er anhand des von ihm gesammelten Materials beweisen, daß die einheimischen Priester das Wetter zu beherrschen vermochten und vieler anderer Wunder fähig waren.

Nie aber hatte er entdecken können, w i e die *Kahunas* ihre Wunder vollbrachten. Sie waren seine Freunde; sie liebten ihn und vertrauten ihm, nie aber redeten sie über ihr Geheimnis. Er konnte nur feststellen, daß sie bei ihrer Arbeit stets Gebete, Gesänge und gewisse Ritualien benutzten. Diese hatte er hören und beobachten können. Wie aber bewirkten sie ihre Wunder? Er versicherte mir, daß weder die Ti-Blätter, die sie beim Feuergehen verwendeten, noch die rituellen Kürbisschalen, die sie bei der Beeinflussung von Wind und Wetter in den Händen hielten, magische Kraft besaßen.

Offensichtlich war die wunderwirkende Kraft die Folge des Gebetes an eine unsichtbare große Macht oder Intelligenz, mit der die *Kahunas* in Kontakt zu kommen verstanden. Es handelte sich nicht um Zufälle oder einmalige Erfolge, denn sie bewirkten mit ihren Gebeten immer wieder neue Wunder. Daß es Menschen gab, deren Wirken über die „Gesetzmäßigkeiten" der irdischen Welt hinausging, hatte mich schon immer fasziniert. Jahrelang hatte ich mich eingehend mit Religionen befaßt, die zugeben, daß mit Hilfe höherer Mächte Wunder möglich sind. Ich hatte die Fingerzeige der Psychischen Wissenschaft verfolgt und durch das Studium der Psychologie versucht, eine Erklärung dafür zu finden.

Als Dr. Brigham am Ende seines Lebens einen jungen Mann fand, dessen ganzes Lebensziel es war, tiefer in das Mysterium einzudringen, legte er seinen Mantel um dessen Schultern. Er riet mir, wie ich am besten vorgehen könne und gab mir alle seine Aufzeichnungen, die er in jahrelanger, mühevoller Arbeit zusammengetragen hatte.

Er veranlaßte mich, seine Berichte mit Eingeborenen und

Weißen genau nachzuprüfen. Dabei fand ich alle Tatsachen bestätigt und konnte noch mancherlei weitere Erkenntnisse sammeln. Immer wieder fragte ich, wie die *Kahunas* ihre Wunder bewirkten. Niemand konnte es mir sagen. Für die Eingeborenen war die ganze Angelegenheit tabu. Bedauerlicherweise waren die jungen Hawaiier mehr an den Dingen des modernen Lebens interessiert als an der alten Lehre; man hatte sie nicht mehr gelehrt, übernatürliche Taten zu vollbringen. Und so war denn niemand mehr da, der die Lehren hätte weitergeben können. Die alten *Kahunas,* mit denen Dr. Brigham seit Jahren befreundet gewesen war, waren gestorben. Keiner der wirklich großen Könner lebte mehr. Zwar gelang es mir, noch einige *Kahunas* zu finden, doch kannte jeder von ihnen nur einen Teil der Lehre; und von ihnen erfuhr ich nur äußerst wenig über das, was ihre Gebete und rituellen Handlungen so wunderwirksam machte. Schließlich blieb mir nur die Einsicht, daß die *Kahunas* ihr Gelöbnis zu unverbrüchlichem Stillschweigen getreu gehalten haben. Nach dem Tode Dr. Brighams versuchte ich noch sechzehn Jahre lang, allein zu weiteren Erkenntnissen zu kommen und das Geheimnis zu entschlüsseln. Ich fand zwar noch viele neue und authentische Berichte von Wundern, doch blieb mir das eigentliche Geheimnis in allen Fällen verborgen. Schließlich gab ich 1931 auf und verließ Hawaii. Nach wie vor war ich überzeugt, daß Wunder der verschiedensten Art möglich sind, wenn man nur die inneren Vorgänge wüßte, um das Gebet oder Ritual zur vollen Wirkung zu bringen.

Im Jahre 1934, als ich alle Hoffnung auf die Lösung des Problems längst begraben hatte, erwachte ich eines Nachts mit einer Idee. Ich ging ihr mit ernstem Bemühen nach, und sie lieferte mir endlich einen Fingerzeig auf das Mysterium.

Um die lange Geschichte kurz zu machen, will ich hier nur von den Ergebnissen der neuen Untersuchungen sprechen, ohne auf die vielen mühsamen Schritte einzugehen, die ich bis dahin noch hatte machen müssen.

Ausgehend von der Überlegung, daß es in der Eingeborenensprache der *Kahunas* doch Worte hatte geben müssen, mit denen die angehenden *Kahunas* in die Geheimlehre eingeführt wurden, überprüfte ich nun anhand des hawaiischen Wörterbuches alle Wörter, die irgendwie mit der mentalen oder spirituellen Natur des Menschen zu tun hatten.

Fast sofort stieß ich auf solche Wörter. Zu meiner Überraschung bezeichneten sie unmißverständlich „Teile der Persönlichkeit", wie wir sie aus der modernen Psychologie kennen. Sie bezeichneten und beschrieben das Unterbewußtsein und das Bewußtsein; sie bezeichneten sogar das Überbewußte, das nur die Religion als spirituellen Teil des Menschen anerkennt. Ich fand Wörter für drei Arten von Vitalkraft und sogar für den „Komplex", den die Psychoanalyse erst in neuerer Zeit entdeckte. Für das, was wir Moral nennen, gab es ein ganzes Dutzend von Wörtern, um die feineren Abstufungen zu unterscheiden, zum Beispiel zwischen der „Sünde wider den Nächsten" und dem Komplex, den die *Kahunas* auch als „Sünde" ansahen. Nach und nach zeigte sich, daß die *Kahunas* bereits ein sehr tiefes Verständnis von der Arbeit des menschlichen Geistes gehabt haben. Damit begann die Entschlüsselung des Geheimnisses. Nun widmete ich mich mit aller Hingabe dem Studium der Wörter.

Die polynesische Sprache ist sehr einfach. Längere beschreibende Wörter werden einfach aus kurzen Stamm- oder Wurzelwörtchen zusammengefügt. (Je nach seiner Verwendung gilt ein Wort als Verbum oder Substantiv. Das Passiv wird durch eine kleine Nachsilbe gebildet. Die Zeitform wird im Satz durch Beifügung eines Wörtchens ausgedrückt.) Bei der Übersetzung der Wurzelwörtchen ergaben sich bereits erstaunliche Enthüllungen.

So ist z. B. die Übersetzung für Unterbewußtsein *Unihipili*. Dieses Wort fiel mir deshalb auf, weil eine seiner drei Bedeutungen einen „Geist" bezeichnet, während die beiden anderen eine „Heuschrecke" bzw. „Bein- und Armknochen" bezeichnen. Das lange Wort setzt sich aus verschiedenen kurzen Wurzelwörtchen zusammen. Jedes der Wurzelwörtchen hat wieder verschiedene Bedeutungen. Keines von ihnen aber bezeichnet eine Heuschrecke oder Arm- und Beinknochen. Mehrere von ihnen scheinen nichts mit einem Geist zu tun zu haben, und doch beschreiben sie — alle zusammen — das Unterbewußte so treffend, daß jeder, der mit den modernen Erkenntnissen über dessen Natur vertraut ist, geradezu darauf gestoßen wird, daß hier das Unterbewußte beschrieben wird — daß das „Geistwesen" nichts anderes als das Unterbewußtsein sein kann.

Die Wurzelwörtchen beschreiben das Unterbewußtsein als einen „Geist", der Dinge tut, von denen das bewußte Selbst (der bewußte Geist) nichts weiß. Das Unterbewußtsein ist geheimnisvoll; es arbeitet still und sorgfältig. Es kommt vor, daß es sich weigert zu tun, was es tun sollte. Furcht vor Strafe kann es an seiner Tätigkeit hindern (Wurzelwort *nihi*). Es ist ein Geistwesen, das einem anderen — im Normalfalle dem bewußten Selbst — eng anhaftet; es wirkt als Diener des bewußten Selbstes und empfängt von ihm Befehle. Oft aber ist es eigensinnig und verweigert ihm den Gehorsam (Wurzelwort *pili*). Es ist ein eigenständiges, unabhängiges Selbst oder Geistwesen (Wurzel *u*) und ebenso selbständig wie das bewußte

Geistselbst und das Überselbst. Das unterbewußte Geistwesen ist gewöhnlich eng verbunden mit dem bewußten Selbst. Es erzeugt Vitalkraft und leitet sie weiter. Das Unterbewußtsein lebt im physischen Körper, der nicht nur das Unterbewußtsein überdeckt, sondern auch das bewußte Geistselbst, das *Uhane,* den „sprechenden Geist". Das Unterbewußtsein verbirgt Dinge, (z. B. den Komplex). Es wird geschwächt, wenn ein besitzergreifendes Geistwesen ihm Vitalkraft raubt.

Das mag genügen, um die Methode zu zeigen, die ich zur Auffindung der hinter den Wörtern verborgenen Bedeutungen anwandte. So offenbart sich auch die Tatsache, daß die *Kahunas* bereits die drei „Teile des Geistes" kannten und in ihnen drei verschiedene Wesenheiten oder Selbste erblickten. Anstatt sich der ursprünglichen hawaiischen Ausdrücke für die drei Selbste zu bedienen, zogen die Mitglieder der HRA-Gruppe es vor, vom niederen, mittleren und Hohen Selbst zu sprechen.

Ähnlich langwierige und geduldige Arbeiten führten mich zur Entdeckung, daß nach dem Glauben der *Kahunas* jedes der drei Selbste in einem eigenen unsichtbaren „Schatten"-Körper lebt, den man nach den uns heute geläufigen Ausdrücken als „ätherischen Doppelgänger" der drei Selbste bezeichnen könnte. Hier aber haben wir den hawaiischen Ausdruck *Aka*-Körper beibehalten.

Auch das Wort *Mana* haben wir beibehalten. Es bezeichnet die Vitalkraft, die Lebenskraft, auf der die Tätigkeit aller drei Selbste beruht. Das niedere Selbst erzeugt Mana automatisch aus der Speise, die wir zu uns nehmen und der Luft, die wir atmen. Gebraucht wird es auch von den beiden anderen Selbsten, und es wird jeweils auf eine andere Schwingungsstufe umgeformt, wenn es dem nächst höheren Selbst weitergereicht wird.

Die drei Selbste in ihren *Aka*-Körpern und mit ihren Anteilen am *Mana* sind durch Schnüre aus der gleichen *Aka*-Substanz miteinander verbunden.

Diese Dinge und Zusammenhänge sollen später genauer und eingehender erklärt werden. Hier mag es genügen, sie zu erwähnen und zu zeigen, daß sie auf ein Trinitäts-Verhältnis hinweisen. Gehen wir also vorerst weiter und untersuchen wir die Symbole, die sich in der alten Sprache fanden.

Die *Kahunas* verbargen ihr Geheimes Wissen nicht nur hinter Wörtern und Stammwörtchen, sondern sie benutzten auch Symbole. So konnte ich z. B. feststellen, daß sie, wenn von Vitalkraft die Rede war, das Wort *Mana* oft durch *wai*, das Wort für Wasser, ersetzten. Da diese Wörtchen auch in vielen zusammengesetzten Wörtern und in Sätzen vorkamen, die ganz offenbar von *Mana* handeln, wurde mir klar, daß „Wasser" das Symbol für *Mana* ist. Wasser als Substanz symbolisiert die vom niederen Selbst durch Oxydation der Nahrung erzeugte Vitalkraft. Sprach man aber von Wasser, das — wie aus einer Quelle — aufstieg und überlief, so war dies das Symbol für eine vom niederen Selbst bewirkte, besonders starke *Mana*-Aufladung. Die Vitalkraft des Hohen Selbstes, — vom niederen Selbst über die verbindende *Aka*-Schnur entnommen — wurde durch Wolken und Nebel symbolisiert, die ja aus feinen Wassertröpfchen bestehen. Fielen sie als feiner Regen nieder, so symbolisierte das die Rückgabe der vom Hohen Selbst umgewandelten und mit Seinem Segen erfüllten Vitalkraft an das mittlere und niedere Selbst zu deren Hilfe und Heilung.

Der Baum und der Weinstock waren ebenfalls Symbole;

dabei entsprachen die Wurzeln dem niederen, Stamm und Zweige dem mittleren und die Blätter dem Hohen Selbst. Der durch Wurzeln, Zweige und Blätter zirkulierende Saft stellte das *Mana* dar.

Des Menschen Streben muß es sein, seine drei Selbste verstehen zu lernen und in Erfahrung zu bringen, wie sie zu harmonischer Zusammenarbeit gebracht werden können. Erst dann kann der Mensch zur Ganzheit und Größe gelangen und zu dem werden, wozu er angelegt ist. Zwar glauben wir meist, unser mittleres oder bewußtes Selbst gut zu kennen, doch stellen wir oft überraschend fest, daß es in unseren Denkgewohnheiten Dinge gibt, die sich hemmend und störend auf die Integration auswirken. Nur wenige Menschen kennen ihr niederes und unterbewußtes Selbst gut genug und wissen um seine Fähigkeiten und Grenzen. Wir müssen aber danach trachten, es kennen und verstehen zu lernen, damit wir es dazu erziehen können, mit den beiden anderen Geistwesen, dem bewußten und dem Hohen Selbst harmonisch zusammenzuarbeiten. Der Wirkung des Hohen Selbstes sind keine Grenzen gesetzt — abgesehen von denen, die aus der fehlerhaften Arbeit des niederen und mittleren Selbstes erwachsen. Den praktischen Beweis Seiner segenbringenden Macht erfahren wir, wenn wir gelernt haben, mit Ihm wirksamen Kontakt aufzunehmen und zu erhalten.

Für viele HRA-Mitglieder war es besonders wichtig, zu lernen, wie man ein wirksames Gebet zustande bringt. Denn sie suchten nach einer Hilfe, die über den Rahmen des Normalen und Alltäglichen hinausging; sie bedurften einer Hilfe, mit der sie die vielen Probleme zu lösen vermochten, denen sie im Leben gegenüber standen. Sie sahen ein, daß eine Nachprüfung der von den *Kahunas* vorgezeichneten Methode nur dann möglich war, wenn man sich ernstlich Mühe gab, die drei Selbste in ihren unsichtbaren Körpern zu verstehen, sich stärker mit *Mana* aufzuladen und die theoretischen Kenntnisse in die Praxis umzusetzen.

Auch erwies es sich oft als nötig, Denkgewohnheiten abzulegen, die mehr auf dogmatischer Grundlage als auf Überlegung beruhten. Will man lernen, wirksam zu beten, und muß man dazu alte Denkgewohnheiten durch neue ersetzen, so ist es unumgänglich nötig, diesen Bericht wieder und wieder durchzuarbeiten und ihn gründlich zu durchdenken.

Viele, die mein Buch „Geheimes Wissen hinter Wundern" lasen, suchten durch einen *Kahuna* von ihren Krankheiten und Leiden befreit zu werden, obgleich ich von Anfang an darauf hingewiesen hatte, daß heute in Hawaii keine *Kahunas* mehr praktizieren und ich selbst kein *Kahuna* bin. Sie waren sich wir wir alle darüber klar, daß Heilung durch Handauflegung einer alten Tradition entspringt. Tatsächlich hat es einige wenige, besonders begabte Menschen gegeben, die so zu heilen verstanden, ohne daß sie je etwas von Huna oder den vielen Dingen gehört hatten, die sich beim Zustandekommen der Heilung im Unterbewußtsein und im Hohen Selbst abspielen. Das gleiche gilt von den wenigen Glücklichen, die aus Intuition die Gabe des wirksamen Gebetes beherrschen; der Erfolg ihrer Gebete ist weit größer als die durchschnittliche „Chance". Einige dieser begnadeten Persönlichkeiten gehörten zur HRA-Gemeinschaft, und die meisten von ihnen drängte es zu erfahren, was eigentlich die wesentlichen wirkenden Faktoren hinter ihren Taten waren. Sie suchten sie kennenzulernen, um noch erfolgreicher arbeiten zu können.

Der gesunde Menschenverstand verlangt, daß wir uns zu unserer Gesundheit aller wirkungskräftigen Mittel der modernen medizinischen Wissenschaft bedienen. Auch die Heiler-*Kahunas* benutzten die ihnen bekannten Arzneien, so z. B. vielerlei Kräuter; ferner verwendeten sie zur Heilung von Kranken *Lomi-Lomi,* eine besondere Behandlungsart. Doch hier und da geschieht es, daß ein von der heutigen medizinischen Wissenschaft aufgegebener Fall auf „wunderbare Weise" geheilt wird.

Das Wichtigste ist jedenfalls, daß wir lernen, unsere unermesslichen noch unangezapften Kraftquellen zu nutzen, um gesund zu werden und zu bleiben. Möchte sich der Einzelne darüber hinaus zu einem *Kahuna* entwickeln und anderen Menschen Heilung bringen, so ist auch das — wie ich glaube — in vielen Fällen möglich.

II

BEKANNTSCHAFT MIT DEM NIEDEREN SELBST

Beginnen wir also — wie bei der HRA-Arbeit — damit, alles nur mögliche über unser niederes Selbst in Erfahrung zu bringen. Wenn wir vom „niederen" Selbst reden, so ist damit natürlich keineswegs gemeint, daß das Unterbewußtsein in einem geringschätzigen, abwertenden Sinne „niedrig" ist. Es soll vielmehr lediglich zum Ausdruck gebracht werden, daß das niedere Selbst unter den drei Selbsten des Menschen auf der Stufenleiter des Wachstums und der Evolution am niedrigsten steht.

Das Unterbewußtsein, seine Arbeit und seine Verhaltensweisen wurden in unserer Zeit zuerst von Sigmund Freud erforscht. Ihm und seinen Nachfolgern verdanken wir viel; doch er löste geradezu einen Krieg aus. Selbst heute bekämpfen noch einige streitbare und erbitterte Psychologen seine Erkenntnisse. Dabei fielen sie zwangsläufig in den „Behaviorismus" zurück und stellten die Natur des Bewußtseins in Frage, weil es nicht aus den chemischen Prozessen des Körpers erklärt werden konnte. Glücklicherweise aber hat die große Mehrzahl der Psychologen die Idee des Unterbewußtseins (des niederen Selbstes) sogar als eine sehr wertvolle Entdeckung akzeptiert. Wir brauchen uns also hier nicht lange mit der Frage abzugeben, ob der Glaube der *Kahunas* an das niedere Selbst berechtigt war oder nicht. Auch kann ich hier auf die ausführlichen Erklärungen verzichten, die ich in meinem Buch

„Geheimes Wissen hinter Wundern" noch hatte geben müssen, um zu beweisen, daß das niedere Selbst eine eigenständige, unabhängige Wesenheit ist und nicht nur ein T e i l des mittleren Selbstes.

Offensichtlich betrachteten die *Kahunas* das niedere Selbst als etwas, das man unter allen Umständen verstehen muß. Sie nannten es *Unihipili*, und hinter den kleinen Wurzelwörtchen, die diesen Namen zusammensetzen, stecken noch mehr Bedeutungen, als bei der Erläuterung des Wortes im vorigen Abschnitt angeführt wurden. Ein anderes Wort für niederes Selbst war *Uhinipili*. Einige der Wurzelwörtchen stimmen mit dem ersten Ausdruck überein, doch geben die übrigen noch einige zusätzliche Bedeutungen. Ferner gibt es Wörter und Symbole, die gewissermaßen eine Querverbindung darstellen.

Faßt man diese Überlegungen und Untersuchungen zusammen, so erhält man folgende Aussagen über das niedere Selbst:

(1) Es ist ein ebenso selbständiges, bewußtes Geistwesen wie das mittlere und das Hohe Selbst. Es ist gewissermaßen ein kleiner in Entwicklung begriffener Gott.

(2) Es ist der Diener der beiden anderen Selbste und — wie ein jüngerer Bruder — mit dem mittleren Selbst verbunden; es hängt an ihm, als wären sie beide Teile eines gemeinsamen aus ihnen „zusammengeklebten" Ganzen.

(3) Das niedere Selbst steuert die Gesamtheit der vielfältigen Prozesse des physischen Körpers und alle seine Tätigkeiten, mit Ausnahme der willkürlichen Muskelbewegungen. In seinen Schattenkörper gehüllt kann es in den physischen Körper ein- oder aus ihm austreten. Es steckt im Körper drin wie ein Federhalter in seiner Hülle. Es durchdringt und erfüllt jede Zelle, jedes Gewebeteilchen des Körpers und Gehirns;

sein Schattenkörper ist ein genaues Abbild jeder Zelle und jedes noch so kleinen Gewebe- und Flüssigkeits-Teilchens des menschlichen Körpers.

(4) Einzig und allein das Unterbewußtsein ist der Sitz der Emotionen. Nur das Unterbewußtsein vergießt Tränen. Wer das nicht glaubt, versuche einmal, Tränen des Kummers ganz aus sich, aus seinem mittleren überlegenden Selbst zu weinen; er wird feststellen, daß es unmöglich ist. Tränen können erst fließen, wenn die Emotion des Kummers im niederen Selbst erwacht. Das müßte im vorerwähnten Falle durch das mittlere Selbst ausgelöst werden, das sich bemüht, über traurige Dinge nachzudenken. Dadurch würde dann das niedere Selbst veranlaßt, sie lebhaft in Erinnerung zu rufen, sie noch einmal zu durchleben. Selbst das aber genügt manchmal nicht, um Tränen zu erzeugen. Andererseits aber liest, sieht oder hört man vielleicht unerwarteterweise etwas, was Emotionen hervorruft; das niedere Selbst handelt dann von sich aus und bringt uns durch einen plötzlichen Tränenausbruch manchmal in Verlegenheit.

Liebe, Haß und Furcht kommen als Emotionen aus dem niederen Selbst; sie können so stark werden, daß sie den Willen des mittleren Selbstes überschwemmen, daß sie das mittlere Selbst in den Strudel der Emotionen und der dadurch ausgelösten Reaktionen hineinziehen. Das Verständnis dieser Zusammenhänge ist von großer Wichtigkeit, denn allzu oft werden wir von den Emotionen unseres niederen Selbstes einfach mitgerissen und in die Irre geführt. Es ist ja die wesentlichste Aufgabe des mittleren Selbstes, daß es lernt, über das niedere Selbst zu herrschen und es zu hindern, mit dem Menschen einfach wegzurennen.

(5) Das niedere Selbst erzeugt die von allen drei Selbsten

benötigte Vitalkraft, das *Mana*. Normalerweise teilt es das *Mana* mit dem mittleren Selbst; von ihm kann es dann als „Willen" eingesetzt werden (*Mana-Mana* = unter Partnern aufgeteiltes *Mana*). Beim Gebet tritt das niedere mit dem Hohen Selbst über die *Aka*-Schnur in Verbindung. Das niedere Selbst aktiviert die Schnur und sendet ihr entlang eine *Mana*-Gabe, die das Hohe Selbst zur Erfüllung des Gebetes, zur Verwirklichung seiner Wunschgedanken verwendet.

(6) Das niedere Selbst empfängt die sensorischen Eindrücke der fünf Sinnesorgane und präsentiert sie dem mittleren Selbst zur Auswertung. (Das mittlere Selbst besitzt Urteilskraft; es weiß die dargebotenen Eindrücke zu verwerten und gibt dementsprechend seine Befehle, wenn Handlungen erforderlich werden.)

(7) Das niedere Selbst registriert alle Eindrücke und Gedanken. Man kann vielleicht sagen, daß es aus der *Aka*-Substanz seines Schattenkörpers winzige Formen herstellt, so etwa, wie man einen Ton auf einer Schallplatte oder Worte auf Papier aufzeichnet. Klänge, visuelle Eindrücke, Gedanken und Worte kommen in „Gruppen", die aus vielen miteinander zusammenhängenden Einzelimpressionen bestehen. Die *Kahunas* symbolisierten sie als Trauben kleiner, runder Gebilde, so wie etwa Weintrauben oder Beeren. Normalerweise werden diese mikroskopisch kleinen Zusammenballungen unsichtbarer Substanz in demjenigen *Aka*-Körperteil des niederen Selbstes aufbewahrt, der das Gehirn durchdringt oder sich mit ihm identifiziert. Zur Zeit des Todes aber verläßt der *Aka-Körper* den physischen Körper und das Gehirn — wie wenn ein Füllhalter aus seinem Etui genommen wird — und nimmt alle Erinnerungen mit sich.

(8) Oft benutzte Erinnerungsfakten gibt das niedere Selbst

dem mittleren Selbst auf dessen Anforderung fast augenblicklich heraus. Daher meinen wir, d. h. unser mittleres Selbst, beim schnellen Sprechen oder Schreiben jederzeit über alle Erinnerungen von uns aus verfügen zu können. Das ist der Ideal- oder Normalzustand, wenn beide Selbste in nahezu vollkommener Weise Hand in Hand arbeiten. Tritt außerdem noch das Hohe Selbst als vollwertiger Partner bei solchen Handlungen auf, die Seine Hilfe erfordern, so ist alles gut. Versagt aber das niedere Selbst aus irgendeinem Grund seine Mitarbeit, so daß die drei Selbste nicht harmonisch zusammenarbeiten, so kommt es mit Sicherheit zu Schwierigkeiten.

(9) Das niedere Selbst kann durch mesmerische oder hypnotische Suggestion beeinflußt oder beherrscht werden. Es spielt auch die Hauptrolle, wenn es gilt, die Gedankenformen von Ideen als Suggestion dem *Aka*-Körper eines dafür empfänglichen anderen Menschen einzupflanzen.

(10) Das niedere Selbst verfügt voll und ganz über die Verwendung sowohl des niederen *Manas*, der grundlegenden Vitalkraft, wie auch der *Aka*-Substanz seines Schattenkörpers.

(11) Das niedere Selbst kann auch unrationalisierte Gedanken als Erinnerungstrauben in seinem *Aka*-Körper speichern, Gedanken also, die bei ihrer Entstehung vom mittleren Selbst nicht vernunftmäßig analysiert oder rationalisiert wurden. Erinnerungen an solche Gedanken stehen dem mittleren Selbst nur selten zur Verfügung, weil es ja von ihrer Existenz nichts weiß und dem niederen Selbst daher nicht befehlen kann, sie ihm herauszugeben. Weil aber das niedere Selbst auf solche „Fixationen" oder „Komplexe" so stark reagiert, daß das mittlere Selbst diese Reaktionen nicht mehr zu beherrschen vermag, kommen aus dieser Richtung viele Schwierigkeiten.

Noch vieles mehr ist über das niedere Selbst, seine Fähigkeiten und Anlagen bekannt, doch wollen wir auf diese Punkte erst eingehen, wenn es im Laufe des Berichtes erforderlich wird. Nur auf einen Punkt sei hier noch nachdrücklich hingewiesen. Moderne Psychologen haben wiederholt darüber geschrieben, wie schrecklich, wild und bösartig das niedere Selbst oder Unterbewußtsein ist. Sie sprechen von ihren Erfahrungen bei der Psychoanalyse und den Schock- und Schreck-Wirkungen, die sich bei ihren Patienten zeigten, sobald das Unterbewußtsein samt seinen Komplexen, irrationalen Trieben und Gedächtnisinhalten ans Licht gebracht wurde.

Die HUNA-Lehre kann diese einseitige, irrige Auffassung weitgehend korrigieren. Nehmen wir nämlich mit den *Kahunas* an, daß überall, wo sich auf der Welt Bewußtsein irgendwelcher Form auf irgendeiner Ebene äußert, Wachstum und Evolution herrschen, so müssen wir auch zugeben, daß das niedere Selbst — wie das mittlere und das Hohe Selbst — durch Evolution aus tieferen Ebenen aufgestiegen ist. Die Geistigkeit des niederen Selbstes ist sehr begrenzt; das mittlere Selbst hat sich zu bedeutend höherer Urteilskraft emporentwickelt, während die noch viel höher entwickelte Geistigkeit des Hohen Selbstes die menschliche Gedächtnis- und Urteilsfähigkeit in so hohem Grade überragt, daß unsere Erkenntnis es nicht zu fassen vermag.

Beim Vergleich mit höher entwickelten Tieren, z. B. zahmen Pferden, Hunden oder Katzen, erweist sich, daß die evolutive Entwicklungsebene des niederen Selbstes gar nicht so viel höher liegt. Es beobachtet und erinnert sich wie diese Tiere und urteilt in ähnlich elementarer Weise. Wie diese fühlt es Emotionen der Liebe, des Kummers, der Angst und der Furcht. Kurz gesagt, das niedere Selbst ist eine Art tierisches Selbst — das Tier im Menschen —. Es wohnt — wie beim Tier — in einem Körper, doch hat es den entscheidenden Vorteil, in diesem Körper mit dem urteilsfähigen mittleren Selbst als weiserem Führer zusammenzuleben und auch nach dem Tode, wenn nur noch die Schattenkörper bewohnt sind, mit ihm als Gefährten zusammenzubleiben.

Von diesem Standpunkt aus gesehen, ist der Abscheu gegen das Hervorholen des niederen Selbstes bei manchen seelischen Analysen eine ganz falsche Haltung. Das animalisch niedere Selbst hat immer noch viele rein animalische Instinkte und Antriebe. Wir können einem Wilden vieles nachsehen, über das wir uns entsetzen würden, wenn ein zivilisierter Mensch es täte. Wir haben Verständnis dafür, daß ein Hund oder eine Katze über eine Ratte herfällt und sie wild und mit Genugtuung tötet. Stoßen wir bei einer tiefgreifenden Analyse auf die im niederen Selbst verborgenen primitiven Antriebe (oder die Rassen-Erinnerungen, wie Jung sie nennt), so ist das noch lange kein Grund, das niedere Selbst mit Abscheu zu verdammen.

Aufgabe des mittleren Selbstes ist es, das niedere Selbst zu belehren und zu führen, es so schnell wie möglich auf seinem evolutiven Entwicklungsweg voranzubringen und ihm zu helfen, seine tierische Natur mehr und mehr abzulegen und immer menschlicher zu werden. (In gleicher Weise bietet ja das Hohe Selbst uns, den mittleren Selbsten, Seine Führung und Unterweisung an, damit wir der nächsthöheren Bewußtseinsebene mit ihrer höheren Geistigkeit entgegenwachsen.)

Der häufigste und schlimmste Fehler des mittleren Selbstes besteht darin, daß es — wenn wir so sagen wollen — selbst auf alle Viere niedergeht und die ganze tierische Wildheit und alle Emotionen mit dem niederen Selbst teilt. Das kommt leider allzuoft vor, besonders dann, wenn das niedere Selbst uns arg aus der Hand gerät, weil es voll von Komplexen ist. Das aber darf auf keinen Fall zur Regel werden. Es gibt kaum etwas traurigeres, als wenn ein mittleres Selbst seine Aufgabe als Lehrer und seine Würde als Führer des niederen Selbstes vergißt, — vielleicht sogar so weit vergißt, daß es die Haßgefühle, die verbissene Wut, den wilden Zorn und die abgrundtiefen Ängste des niederen Selbstes nicht nur mit ihm teilt, sondern sie gar noch fördert. Man wälzt sich nicht mit dem niederen Selbst im Schmutze; man zieht es aus dem Dreck heraus, wäscht es sauber und bringt ihm bei, wie ein Mensch zu handeln. Als mittlere Selbste müssen wir vor allem lernen, bewußt und gut mit dem niederen und dem Hohen Selbst zusammen zu arbeiten. Auf den folgenden Seiten soll erklärt werden, wie das zu geschehen hat.

Man vergesse nie, daß das niedere Selbst normalerweise artig, gescheit und liebevoll, daß es immer gewissenhaft und zuverlässig, stets willig und eifrig ist. Ist es aber nicht so, dann gehört es zu unserer Pflicht, festzustellen, woran das liegt. Denn wir suchen ja auch bei unserem kranken Kinde festzustellen, warum es mürrisch oder eigensinnig ist, damit wir den Fehler abstellen können.

Viele HRA-Freunde fanden es äußerst reizvoll, ihr niederes Selbst kennenzulernen. Schon in den ersten Bulletins wurden die dazu nötigen Mittel und Wege diskutiert, und wir gewöhnten uns an, vom niederen Selbst als von „Georg" zu sprechen. Der Name ergab sich wie von selbst aus der amerikanischen Redensart „Let George do it", — und auf wen paßte das besser als auf das niedere Selbst, das ja neunzig Prozent der Arbeit im menschlichen Körper verrichtet? Aber

wie ein alter Hund lernt auch das niedere Selbst nur dann „neue Tricks", wenn das mittlere Selbst sich beharrlich mit ihm abgibt.

Viele von uns redeten ihr Unterbewußtsein mit „Georg" oder „Georgette" an, und mußten feststellen, daß das niedere Selbst ganz bestimmte Auffassungen darüber hat, wer und was es war und welchen Namen es sich wünscht. Doch ich will etwas weiter ausholen und die ganze Geschichte erzählen — sie ist nämlich recht nützlich, weil sie den Leser mit Methoden vertraut macht, die er vielleicht selbst zu seinem eigenen Nutzen anwenden kann.

Sofern man an die Existenz des niederen Selbstes und die Möglichkeit glaubt, mit ihm in Verbindung kommen zu können, kann man wie folgt verfahren. Man setzt sich an einen ruhigen Platz und lädt das niedere Selbst ein, sich bemerkbar zu machen. Man spreche, wenn möglich, laut mit ihm und warte dann geduldig ab, ob sich im gemeinsamen Bewußtseinszentrum der beiden Selbste bestimmte Eindrücke einstellen. Vielleicht schickt Georg aus eigenem Antrieb einen Gedanken, vielleicht aber wartet er auch, weil er nicht recht weiß, was man von ihm will; dann hofft er auf einen Gedanken-Befehl, der ihm sagt, was er bei der neuen Sache zu tun hat.

Oft lohnt es sich, bei der ersten Sitzung mit Georg eine lange einseitige Besprechung zu führen. Sagen Sie ihm zum Beispiel, daß Sie ihn besser kennenlernen möchten und daß es nett sei, regelrecht miteinander zu spielen. Das mag uns vielleicht kindisch vorkommen, doch das niedere Selbst ist ja nicht viel anderes als ein altkluges Kind. Es kann — je nach seiner Art — launig, gescheit, zuvorkommend, willig, eigensinnig oder eifrig sein. Ebenso wie bei den mittleren Selbsten gibt es auch unter den niederen Selbsten nicht zwei, die einander gleich sind. Man kann nicht wissen, welcher Art das eigene niedere Selbst ist, solange man sich nicht die Zeit nimmt, mit ihm bekannt zu werden.

Im allgemeinen passiert zunächst nicht viel. Nach einigen Erklärungen aber kann man oft schon bald mit einem der neuen Spiele beginnen. Am Spielen findet das niedere Selbst fast ausnahmslos Gefallen, und zwar liebt es die gleichen Spiele wie sie selbst (denn sonst würden sie in Ihnen ja keine Emotion der Freude erwecken). Machen Sie Georg mit lauter Stimme den Vorschlag, daß Sie ihn nach bestimmten lustigen Erinnerungen fragen wollen und er sich bemühen soll, sie so schnell wie möglich heraufzubringen. Man kann dabei z. B. ein Lieblingsspielzeug aus den Kindertagen nehmen, das alte rote Wägelchen oder die Puppe mit den blonden Zöpfchen, oder andere Dinge oder Spiele, die man besondern gerne hatte. Diese Dinge kann man entweder selber aussuchen oder Georg die Auswahl überlassen. Bei meinen ersten Versuchen ließ ich Georg wählen.

Ich schlug vor, an das Geschenk erinnert zu werden, das wir an unserem dritten Weihnachtsfest erhielten. Gehorsam brachte mir Georg das Gedankenbild des kleinen Stoff-Esels, der mit dem Kopfe nickte. Ich betrachtete es mit Interesse und fühlte, daß selbst heute, nach so vielen Jahren, eine kleine Freude in mir aufstieg. Doch während ich wartete, kam mir eine Flut anderer längst vergessener Erinnerungen in den Sinn. Da sah ich mich als kleinen Kerl auf dem Fußbänkchen vor dem Küchenstuhl sitzen, auf dem ich mit aller Hingabe an einem Bilde zeichnete. Plötzlich stand meine etwas ältere Schwester neben mir und sprach mit mir über das Bild. Ich spürte eine warme Emotion und die fast atemberaubende

Konzentration des ganz in seiner Zeichnung aufgehenden Knaben; und irgendwie geheimnisvoll schien der Knabe ein kleiner Teil meiner selbst zu sein. Es war ein ganz eigenartiges, beglückendes Gefühl', und ich tat mein Bestes, meiner Anerkennung Ausdruck zu geben und mein niederes Selbst an der Erinnerung und ihren freudevollen Emotionen teilnehmen zu lassen.

Bald entwickelte sich dieses Spiel zu einer sehr befriedigenden Erfahrung. Ich hatte dabei fast nichts mehr zu tun, sondern brauchte bloß dazusitzen und das, was Georg mir anbrachte, gewissermaßen aus dem Augenwinkel heraus, teilnehmend zu betrachten und mich daran zu erfreuen. Das alte Zimmer, das zunächst noch verschwommen erschien, gewann mehr und mehr an Leben. Hier zeigte sich eine Ecke, dort ein Möbel...; aber obwohl George sich alle Mühe gab und ich wartete, konnten wir nicht alles rekonstruieren. Dann brachte mir Georg mit Ungestüm seine Schätze an, staubig ob der Fülle der Jahre und in den Einzelheiten verschwommen, doch lebensecht und glühend vor Freude und Zufriedenheit, die nun noch einmal durchlebt wurde. Ganz plötzlich war es Sommer und wir wateten in einem kleinen Bruch hinter dem Hause. Da war die kleine Schildkröte, die wir so gern hatten und bewunderten; und dann das Beste von allem: Mutters Ruf aus der Küche. Mit ihm kehrte ein solcher Wohlgeruch von frischen, gerade dem Ofen entnommenen Pfannkuchen zurück, daß mir das Wasser im Munde zusammenlief. Nach einer Pause, in der Georg und ich uns am Wohlgeruch der Kuchen erfreuten und die letzten noch heißen, würzigen Krümmel verzehrten, fragte ich Georg, ob er mir nicht noch sonst ein schönes gemeinsames Erlebnis bringen könne.

Es kam das lebendige Bild eines noch kleineren Jungen, und

wir hatten beide unsere helle Freude daran. Wir saßen auf einem hohen Stuhl an Großmutters Tisch. Man hatte uns ein paar Bücher unterlegt, damit wir hoch genug saßen; alles um mich herum war mir ungewohnt und wundervoll. Ich sah aus dem Fenster, vor dem rotblühende Geranien standen. Auf dem Tische lag ein rot-weiß- kariertes Tischtuch. In meinen Händen hielt ich, ganz behutsam, ein Kelchglas mit langem Stiel und runden Nuppen an den Seiten. Ich spürte deutlich den Wohlgeschmack der kräftigen Milch und sah das bärtige Gesicht meines Großvaters und das Zwinkern in seinen Augen.

Tags darauf und noch an vielen weiteren Tagen setzten wir unsere Unterhaltung fort. Gemeinsam erforschten wir unsere Neigungen und Abneigungen, überlegten, was uns am besten gefallen hatte und erinnerten uns daran. Wir sannen über vieles nach, was wir früher getan hatten, beschäftigten uns wieder mit Dingen, die wir herzustellen gelernt hatten, mit dem, was wir auf der Schule gelernt und getan hatten oder doch hätten lernen sollen — ja, wir erinnerten uns auch an Dinge, die wir nicht gemocht hatten.

Schritt für Schritt kamen wir uns näher und lernten uns immer besser kennen... Ich fand, daß Georg für manches, das mich sehr interessierte, nur wenig übrig hatte. So hätte ich z. B. gerne mal wieder das Klassenzimmer in Wyoming gesehen, wo ich mein letztes Grundschuljahr verbrachte, sowie die Lehrerin, die ich damals hatte. Georg aber hatte an dem betreffenden Schuljahr keine Freude. Trotz aller Bemühungen konnte ich ihn nicht dazu bringen, auch nur die kleinste Kleinigkeit aus dem betreffenden Schuljahr zurückzubringen. Ich weiß jetzt noch nicht, wie das Klassenzimmer aussah, und wer die Lehrerin gewesen ist, obwohl die Schuljahre davor sowie die späteren auf der höheren Schule, im Lehrerseminar und auf der Universität sogar ziemlich klar und mit allen Einzelheiten erinnert werden konnten. Bei Gelegenheit werde ich einmal versuchen, diesem blinden Fleck unserer gemeinsamen Erinnerung auf die Spur zu kommen und nachzusehen, was Georg da wohl begraben hat — vielleicht ist es etwas ganz Wichtiges. Vielleicht verbirgt er eine besondere Fixation, die sich auf dieses Schuljahr oder — noch wahrscheinlicher — auf die betreffende Lehrerin bezieht.

Meine Erfahrungen waren durchaus normaler Art gewesen. Briefe von Mitgliedern unserer Gemeinschaft berichteten ebenfalls von solchen blinden Flecken in der Erinnerung und von manchen heimlichen Wegen, die das niedere Selbst gegangen war.

Es ist überraschend, wie schnell man sich bei solchen Übungen in einer eigenartig innerlichen Weise der Existenz und Persönlichkeit des niederen Selbstes bewußt wird. Es entwickelt sich ein Kameradschaftsgeist und eine neue Bewußtheit, die nie zuvor bestand. Indem man mit der Zeit immer klarer erkennt, daß alle mit den Erinnerungen verknüpften Emotionen von Georg in Gang gebracht werden müssen, löst man sich mehr und mehr von diesen Emotionen. Man beobachtet interessiert, wie sie vibrieren und summen und schäumen — doch man läßt sich nicht mehr von ihnen überfluten und mitreißen.

Es lohnt sich, mehr und mehr die Fähigkeit zu entwickeln, sich abseits zu stellen und als gelassener Richter zuzusehen, wenn Georg von Ereignissen tief bewegt wird. Steht man abseits und wird von der emotionalen Flut nicht mitgerissen, so kann man zudem Georg die Hand hinstrecken und ihn schnell aus dem Strudel herausziehen. Die schädlichen Wellen der Grübelei und nagender Sorgen, die immer wiederkehren und oft gerade dann auftreten, wenn man Schlaf und Ruhe nötig hätte, lassen sich deshalb so schwer vermeiden, weil sie oft ganz unerwartet zur Flut anschwellen. Mit zunehmender Übung aber können sie im Augenblick des Entstehens umgangen werden, indem man Georg als Ersatz eine aufbauende und positive Gedankenrichtung an die Hand gibt.

Die meisten von uns haben sicher schon festgestellt, daß nicht nur Georg erzogen werden muß. Auch das mittlere Selbst braucht Erziehung. Oft traf es uns wie ein Schock, wenn wir plötzlich erkannten, daß wir den größten Teil des Lebens untätig gewesen waren, Georg allein die ganze Vorstellung überlassen und es ihm anheim gestellt hatten, den Weg nach seinem eigenen Ermessen zu wählen.

Hat man erst einmal die Bekanntschaft mit dem niederen Selbst gemacht, so ist der Anfang getan; man kann dann auf der nächsten Stufe mit seiner Erziehung beginnen. Bis dahin aber muß man sich mit den gemischten Erkenntnissen zufrieden geben, deren manche auf Georg allein, andere wieder ganz oder zum Teil auf Anweisungen zurückgehen, die wir ihm gaben. Wir müssen also einen Weg finden, Georg auf sich selbst zu stellen.

Diesen Zweck erfüllt die Anwendung des Pendels. Für unsere Zwecke genügt ein kleiner Gegenstand, der als Gewicht dient. Man hängt ihn an einer Schnur oder einem Faden (am besten aus Seide) von ca. 8 cm Länge auf und läßt ihn schwingen. Als Gewicht kann man eine große Glasperle, einen runden Knopf, ein kleines Lüsterprisma oder einen anderen kleinen Gegenstand benutzen. Ich habe auch schon gesehen, daß man einen Fingerring oder ein Kreuzchen an einer dünnen Kette benutzte.

Man hält den Pendel etwa 8 cm oberhalb des Gewichtes an der Schnur fest und bittet Georg, ihn mit Hilfe der unwillkürlichen Muskeln ganz nach seinem Wunsche schwingen zu lassen. Durch die Heranziehung der unwillkürlich bewegten Muskeln kann das niedere Selbst — ohne vom mittleren Selbst bevormundet werden zu können — seine eigene Meinung frei zum Ausdruck bringen, wenn es auf eine Frage antwortet. Die Meinung des niederen Selbstes wird dem mittleren Selbst durch bestimmte Schwingungen des Pendels zur Kenntnis gebracht.

Das mittlere Selbst stellt hierfür gewisse Spielregeln auf (der Wünschelrutengänger nennt sie die „Konvention") und erklärt sie dem niederen Selbst mit aller Sorgfalt, damit Georg weiß, wie er korrekt zu antworten hat. Die Art der vereinbarten Ausschläge oder Schwingungen kann bei den verschiedenen Wünschelrutengängern und Pendlern ganz verschieden sein. Bei der von mir benutzten Konvention bedeutet eine Schwingung quer zum Körper „ja", eine solche senkrecht zum Körper (also zum Körper hin und von ihm weg) „nein". Eine Schwingung diagonal zum Körper drückt Zweifel aus, eine im Uhrzeigersinn kreisende Schwingung heißt „gut" eine Kreisschwingung im Gegensinn bedeutet „schlecht".

Der Rechtshänder hält den Pendel mit den beiden ersten Fingern und dem Daumen der rechten Hand, der Linkshänder benutzt die entsprechenden Finger der linken Hand.

Georg versteht oft leichter, wenn man ihm die Schwingungskonvention auf einem Blatt Papier aufzeichnet. Mit etwa 10 cm langen Linien markiert man die „Ja"-, „Nein"- sowie die Diagonal-Schwingungen, und bei den Schwingungskreisen bezeichnen Pfeile den Bewegungssinn für „gut" und „schlecht". Zahlen können bei der Beantwortung von Fragen durch die entsprechende Zahl von Schwingungen ausgedrückt werden. Der Pendel wird immer so gehalten, daß er frei über dem Papier schwebt. Bei den ersten Pendelversuchen sollte man den Ellenbogen nicht aufstützen, weil der Arm Georg etwas mehr Freiheit läßt. Später wird er auch dann den Pendel zum schwingen bringen, wenn Sie es sich bequemer machen und Ihren Ellenbogen auf den Tisch aufstützen. Man muß sehr darauf bedacht sein, den Pendel nicht durch willkürliche Muskelbewegungen zum Schwingen zu bringen.

Sind alle Vorbereitungen getroffen, so bittet man Georg, genau aufzupassen, während man ihm zeigt, wie das Spiel vor sich gehen soll. Man hält den Pendel über dem Papier und sagt z. B.: „So mußt du machen, wenn du „ja" sagst, und das mußt du tun, wenn du „nein" sagst, usw." Dabei schwingt man den Pendel natürlich bewußt mit den willkürlichen Muskeln und demonstriert die betreffenden Bewegungen, die als Konvention festgelegt werden. Georg lernt schnell und wird sich, wenn keine besonderen Hinderungsgründe bestehen, sofort am Spiel beteiligen. Dann hört man mit den bewußten Schwingungen auf, hält den Pendel schwingungsfrei fest und sagt zu Georg: „Nun versuche einmal selbst. Gib mir mal die ‚Ja'-Schwingung". Man läßt ihm etwas Zeit. Erfolgt kein Ausschlag, so mache man ihm noch einmal, vielleicht gar mehrere Male in aller Ruhe vor, was er zu tun hat. Vielleicht verschiebt man auch den Versuch auf ein anderes Mal und nimmt dann alles noch einmal mit Georg durch. Vielleicht hilft es, wenn man Georg sagt, was für ein wichtiger Bursche er ist und daß es sehr wichtig sei, daß Sie beide lernen, sich so miteinander zu unterhalten; denn nur so könne auch er später seine Ansicht zu den Angelegenheiten des Lebens geben.

Nur einige wenige aus der HRA-Gemeinschaft brachten

es nicht fertig, Georg für die Pendelarbeit zu gewinnen. Im Gegenteil einige der Georgs waren wie verspielte Kinder und amüsierten sich großartig mit dem Pendel. Sie ließen ihn wild in Kreisen und Linien schwingen, ohne sich im geringsten um die in der Konvention festgelegten Bewegungsvorschriften zu kümmern. In anderen Fällen stellte sich heraus, daß Georg den als Pendel benutzten Gegenstand ablehnte; fand sich dann nach manchem Experiment mit verschiedenen Schmuckstücken oder anderen kleinen Gegenständen einer, der dem niederen Selbst zusagte, so kam es prompt zu Schwingungen, die der Konvention entsprachen. (Oft arbeitet es sich übrigens besser mit einem schwereren Pendelkörper.)

Wenn das niedere Selbst allein die Pendelschwingung bewirkt, dann fühlt das mittlere Selbst wenig oder nichts davon — d. h. es darf nicht das Gefühl auftreten, daß das mittlere Selbst irgendwie zur Schwingung des Pendels beiträgt. Das ist zum Teil darin begründet, daß die Bewegungen der Hand, durch die die Pendelschwingungen bewirkt werden, so geringfügig sind, daß sie unbemerkt bleiben. Der geringste Impuls macht den Ausschlag größer; der automatische Widerstand, den die Hand dem Pendelmoment und dem Schwerkraftzug des schwingenden Gewichts entgegensetzt, wirkt wie ein Verstärker, so daß der Pendel umso weiter ausschwingt, je größer der Widerstand wird.

Das Pendeln gibt dem niederen Selbst die Möglichkeit, sich aus eigenem Antrieb frei zu äußern. Ohne den Pendel haben wir keine Gelegenheit, die Persönlichkeit des niederen Selbstes näher kennenzulernen. Die niederen Selbste sind in ihrem Charakter durchaus verschieden. Eines ist vielleicht eine gesetzte, nüchterne Wesenheit, während ein anderes spielerisch oder launisch ist oder sich nur schwer bei einer Aufgabe halten läßt. Die Unterschiede sind ähnlich wie bei Kindern. Um die Freundschaft des niederen Selbstes zu gewinnen, müssen wir auch in ähnlicher Weise vorgehen wie bei einem Kinde. Es gilt, Vertrauen zu gewinnen, Dinge gemeinsamen Interesses und ein Verhältnis vertrauensvoller Zuneigung und Freundschaft zu finden. Mit manchen niederen Selbsten kann man notfalls schimpfen, andere aber werden dadurch mürrisch und verweigern den Gehorsam. Vielen muß man schmeicheln; normalerweise aber gewinnt man ihre Mitarbeit am besten, wenn man sich liebevoll mit ihnen befaßt, wenn man sie häufig lobt und ihnen rasch wieder vergibt, wenn sie sich einmal weigern zu gehorchen, oder mitzuarbeiten.

Solange man sein niederes Selbst und dessen Neigungen noch nicht genug kennt, tut man nach unserer Erfahrung gut daran, langsam und umsichtig vorzugehen und vor allem zu vermeiden, daß wir dem niederen Selbst oder dem ganzen Unterrichtsplan gegenüber Ungeduld zeigen. Wirft man auch nur einmal die Flinte ins Korn oder schreit man in seinem Ärger etwa: „Das Ding da arbeitet ja nicht", oder „Mein niederes Selbst ist ein kompletter Idiot", so kann es vorkommen, daß das niedere Selbst das „Pendelspiel" ein für allemal ablehnt und nie mehr dafür gewonnen werden kann.

Belohnungen haben sich bei der Tierdressur bewährt und sind daher auch bei der Erziehung des niederen Selbstes von Nutzen. Zur Belohnung lobt man das niedere Selbst jedesmal, wenn es einen Befehl richtig ausführt. Einige gaben ihm sogar kleinere Leckerbissen, denn das niedere Selbst knabbert gerne an etwas, was es mag. (Natürlich freut sich dabei auch das mittlere Selbst, da ja beide im Körper so eng verbunden sind.)

Hat das niedere Selbst gelernt, den Pendel richtig zu benutzen, so beginnen Sie mit einfachen Konversationen. Sie stellen Fragen und Georg antwortet mit dem Pendel. Die Fragen müssen Dinge betreffen, von denen Sie wissen, daß das niedere Selbst sie gut kennt und versteht. Natürlich kennen zunächst Sie beide die richtigen Antworten; Sie können daher die Richtigkeit der Antworten des niederen Selbstes überwachen und seine Fortschritte beurteilen.

Bald schon können Sie dazu übergehen, Georg in einfachen Angelegenheiten um seine Meinung zu bitten, oder ihn schätzen zu lassen. Sie wissen z. B. nicht genau, wie spät es ist und schätzen, daß es 15 Minuten nach voll sein kann. Nun lassen Sie das niedere Selbst schätzen; es soll die Anzahl der Minuten nach voll durch die entsprechende Zahl von Schwingungen anzeigen. Oder sie bringen Ihre Schätzung vor, z. B. 12 Minuten nach 9 Uhr, und Georg soll dann solange „nein" schwingen, bis Sie die richtige Zahl treffen. Dann sehen Sie auf die Uhr und loben ihn, wenn er es richtig gemacht hat. Tadeln Sie ihn aber nicht, wenn es nicht stimmt. Wie diejenigen wissen, die gewöhnt sind, ohne Wecker zur rechten Zeit zu erwachen, leistet Georg gerade bei Zeitangaben sehr gute Arbeit; er spricht daher gewöhnlich gut auf diese Übung an. Mit einer Unterhaltung über die Zeit kann man daher solche Sitzungen recht gut einleiten.

Manche Georgs zählen gerne und gut. Ein Angehöriger der HRA-Gruppe nahm aus der Knopfdose seiner Frau eine Handvoll Knöpfe und breitete sie auf dem Tisch aus. Dann schätzte er und Georg die Zahl der Knöpfe. Georg erwies sich bei diesem Spiel als doppelt so schnell und genau wie er selbst und wurde entsprechend gelobt.

Läßt Georg aber eine Frage unbeantwortet, obwohl man ihm genug Zeit zur Antwort gab, so eröffnet sich daraus die Möglichkeit, ihn noch besser kennenzulernen. Man befragt ihn dann nämlich nach den Gründen, warum er gerade diese Frage ablehnte. Vielleicht war Georg im Augenblick der betreffenden Frage des Spieles überdrüssig. Er gibt das auch gelegentlich zu, wenn er freundlich danach gefragt wird. Ist Georg aber am Spiel nicht mehr interessiert, dann sollte man ihn für die betreffende Sitzung entschuldigen und sich wieder den normalen Tätigkeiten des Tages zuwenden. Georg ist oft sehr störrisch, manchmal auch mürrisch oder ungeduldig. Solange Sie ihn nicht besser in der Hand haben als die meisten von uns, sollten Sie gar nicht versuchen, ihn zu Zeiten, wo er nicht spielen mag, zum Spielen zu zwingen. (Vielleicht auch haben Sie einen Komplex berührt und Georg fühlt sich dadurch veranlaßt, die Sitzung zu beenden oder physisch zu reagieren, was sich vielleicht als körperliches Gefühl oder Reaktion bemerkbar macht.)

Im Gegensatz zu den Fällen, wo Erinnerungen reproduziert und mit ihrem gesamten emotionalen Inhalt erneut — und zwar gemeinsam — durchlebt werden, führt das Pendelspiel zu einer Spaltung der beiden Selbste, so daß das mittlere Selbst an den Emotionen weniger oder keinen Anteil mehr nimmt. Man tut aber gut daran, auf jedes emotionale Gefühl zu achten, das Georg mit Ihnen teilt. Bleibt ein solches Gefühl bei Fragen über Menschen oder Dinge aus, von denen anzunehmen ist, daß sie im niederen Selbst Gefühle wie Liebe, Furcht oder Haß auslösen müßten, so gehen Sie dem nach und fragen Sie Georg nach seiner eigenen Meinung. Sie fragen ihn vielleicht: „Magst du Herrn Schwarz?" Beachten Sie genau, was er antwortet. Es kann für Sie sehr wichtig sein. Das niedere Selbst von Herrn Schwarz dürfte nämlich wahrscheinlich Ihnen und Ihrem niederen Selbst gegenüber die gleiche Einstellung haben, die Ihr niederes Selbst ihm gegenüber empfindet, und das mittlere Selbst des Herrn Schwarz könnte veranlaßt worden sein, auch so zu empfinden. Hat Georg eine unbegründete Abneigung für Herrn Schwarz, so kann man ihm diese manchmal ausreden. Jedenfalls sollte man das versuchen, denn es kann sein, daß man dabei einen mächtigen Feind verliert und einen hilfsbereiten Freund gewinnt.

Vor allem aber hüten Sie sich wie vor der Pest, der Versuchung nachzugeben, Georg zu bitten, zukünftige Ereignisse vorauszusagen oder gar mit Geistern Verstorbener in Verbingung zu treten und Nachrichten von ihnen durch den Pendel kundzugeben. Auf der ersten Stufe der Entwicklungsarbeit ist das nicht nur gefährlich, sondern auch völlig wertlos! Das kann hier gar nicht stark genug betont werden.

Normalerweise ist Georg verbindlich und gefällig. Oft möchte er Ihnen einen Gefallen tun, wenn Sie ihn hinsichtlich der Zukunft oder über jemanden befragen, der weit weg ist. Weil er Sie nicht gerne enttäuschen möchte, versucht er dann, eine Sie befriedigende Antwort zu erfinden. In fast allen Fällen wird er eine Antwort wählen, von der er glaubt, daß Sie sie mit Furcht oder Hoffnung erwarten. Die Bemühung, Ihnen einen Gefallen zu tun, hat außer der falschen Information — die Sie vielleicht zu unklugen Handlungen veranlaßt — oft auch zur Folge, daß Georg oder Georgette als unzuverlässiges niederes Selbst und Lügner reinsten Wassers abgestempelt wird.

Schließlich aber wird sich das niedere Selbst, wenn es in Ungnade gefallen und beschämt ist, weigern, die Entwicklungsarbeit fortzusetzen. Dann wird es nie mehr lernen, seine wichtige Rolle beim HUNA-Gebet richtig und geschickt zu spielen; das Gebet aber kann nur dann Erfolg haben, wenn

ALLE DREI SELBSTE ihre Aufgaben von Anfang des Gebetes an bis zur Realisierung des Gebetswunsches voll und ganz und richtig erfüllen.

III

ENTWICKLUNG DER LATENTEN FÄHIGKEITEN DES NIEDEREN SELBSTES

Das niedere Selbst verfügt über drei Fähigkeiten, die dem mittleren Selbst fehlen. Von diesen Fähigkeiten weiß man bis heute noch nicht viel, doch sind sie zur Erarbeitung eines wirksamen Gebetes von größter Wichtigkeit. Sie sind ein Teil des Erbgutes des niederen Selbstes, genauso wie seine grundlegenden Instinkte sowie die Fähigkeit, sich zu erinnern und die fünf Sinne zu gebrauchen. Manche Menschen bringen ganz unbewußt ihre niederen Selbste dazu, sich dieser Fähigkeiten zu bedienen, und ihre Gebete finden infolgedessen Erfüllung. Bedauerlicherweise aber benutzen die niederen Selbste der meisten betenden Menschen diese Fähigkeiten nicht, und so kommt es, daß deren Gebete nur schwache oder gar keine Wirkungen auslösen.

Die drei erwähnten, dem niederen Selbst von Natur aus eigenen Fähigkeiten können wie folgt beschrieben werden.

(1) Die Fähigkeit, Ausstrahlungen von Dingen, Objekten oder Substanzen zu spüren, und zwar Strahlungen einer Art, wie sie von den normalen Sinnesorganen — mit denen wir sehen, hören, schmecken, tasten und Temperaturen empfinden — nicht wahrgenommen werden. (Auf diese Fähigkeit werden wir später noch zurückkommen.)

(2) Die Fähigkeit, an Personen und Gegenstände, mit denen bereits einmal Kontakt aufgenommen wurde, einen unsicht-

baren Faden aus der *Aka*- oder Ektoplasma-Substanz des Schattenkörpers des niederen Selbstes zu heften. Das in der HUNA-Bezeichnung für das niedere Selbst enthaltene Stammwörtchen *pili* bedeutet u. a. soviel wie „klebrig". Was damit gemeint ist, erkennt man, wenn man z. B. Fliegenleim mit dem Finger berührt und diesen wegzieht. Es zieht sich dann ein dünner Faden der klebrigen Masse heraus, und dieser Faden verbindet den Finger mit dem Fliegenpapier. Kontakt können wir mit Dingen, Gegenständen oder Personen gewinnen, indem wir sie berühren, sehen oder hören. Ist einmal ein solcher Kontakt hergestellt und besteht ein unsichtbarer Aka-Faden, der einen mit einem Gegenstand oder einer Person verbindet, so bleibt dieser Faden mehr oder weniger bestehen; er haftet im Bereich des Solar-Plexus am Schattenkörper an. Es ist eine der charakteristischen Fähigkeiten des niederen Selbstes, daß es Aka-Körpersubstanz — wie die Fühler bei Schnecken — austreten lassen kann (wir sprechen bei diesem Austreten von der Bildung eines *Aka*-„Fingers"). Entsteht nun ein Kontaktfaden, so kann das niedere Selbst diesem mit dem *Aka*-Finger folgen und so mit dem Gegenstand oder der Person am anderen Ende des Fadens wiederum vollen Kontakt aufnehmen. Jedesmal, wenn der Faden so zu einem neuen Kontakt benutzt wird, wird er stärker und haltbarer, und es wird leichter, ihm zu folgen.

(3) Die dritte latente Fähigkeit des niederen Selbstes äußert sich in zwei Arten der Benutzung des hergestellten *Aka*-Fadens.

a) Wird der Aka-Finger ausgestreckt, um dem schon hergestellten Faden zu folgen, so kann der Finger einen Teil der aus Aka-Substanz bestehenden Duplikate der Sinnesorgane mitnehmen. (Leben wir nach dem Tode im *Aka*-Körper, so sehen, hören, riechen, schmecken und fühlen wir mit den *Aka*-Duplikaten der Sinnesorgane genau so wie während des Lebens im Körper. Bei der „Astralwanderung", auf die wir bald zu sprechen kommen, wird der gesamte *Aka*-Körper oft zu weit entfernten Orten ausgesandt, und dort bedient er sich seiner Sinne ebenso, als wäre der Körper selbst anwesend.)

Obwohl der ausgestreckte *Aka*-Finger nur ein winziger Teil des *Aka*-Körpers ist, kann er alle fünf Sinne gebrauchen, um sich Eindrücke des Objektes zu verschaffen, mit dem er in Kontakt kommt; diese sensorischen Eindrücke können längs des verbindenden (verdickten oder aktivierten) Finger-Fadens dem mittleren Selbst zur Beurteilung übersandt werden. Diese Eindrücke aber übermittelt das niedere Selbst dem mittleren Selbst nicht in der normalen Weise durch die physischen Sinneswerkzeuge, also die Augen, Ohren usw., sondern in einer eigenartigen Weise, die mehr einer Erinnerung an Eindrücke der betreffenden Art gleicht. Werden z. B. Eindrücke eines Gegenstandes zurückgesandt, so erscheinen uns diese mehr als Vorstellung denn als Realität — mehr wie eines der hundert Gedankenbilder, die wir in der Zeitspanne eines einzigen Augenblickes heraufbeschwören können. Diese Zusammenhänge werden in den nächsten Abschnitten klarer.

b) Längs der verbindenden Aka-Schnur oder des Aka-Fingers können Eindrücke in beiden Richtungen vermittelt werden. Es werden nicht nur draußen Sinneseindrücke aufgenommen und längs der Schnur dem eigenen mittleren Selbst zugeleitet, sondern es können auch Eindrücke in die andere Richtung ausgesandt werden. Zu diesem Zwecke aber müssen die echten körperlichen Sinneseindrücke, zum

Beispiel des Lichtes, Schalls oder Geschmacks zu Erinnerungen daran — zu Gedankenformen — umgewandelt werden. Dabei entstehen winzige Eindrücke, die gewissermaßen auf mikroskopisch kleine Stückchen aus *Aka*-Substanz aufgeprägt werden. Viele solcher Stückchen schließen sich zu einer Traube zusammen, um die Vielfalt der Wahrnehmungen zu übertragen, die nötig sind, um das Gedachte umfassend auszudrücken. Diese Aussendung von Gedankenform-Trauben (anstatt wirklicher Sinneswahrnehmungen) nennt man Telepathie.

Es ist absolut notwendig, das niedere Selbst zum Gebrauch seiner drei natürlichen Anlagen zu erziehen, weil sie die wichtigste Voraussetzung für das Gebet bilden. Denn ALLE GEBETE SIND TELEPATHISCHER ART. Und Ziel dieser Diskussion ist es ja, daß wir verstehen lernen, verwirklichungskräftige Gebete zu machen.

Die Bibel spricht von Gott als einem Geiste. Dem stimmen die *Kahunas* bei, fügen aber hinzu, daß auch das Hohe Selbst des Menschen ein Geist ist. Nur das niedere und mittlere Selbst-Paar lebt im dichten physischen Körper, der physische Augen und physische Ohren hat. Das Hohe Selbst aber, an das alle Gebete zuerst gehen — selbst wenn sie für den unendlichen Höchsten Gott bestimmt sind — hat keine physischen Ohren; es hört keine physischen Töne, ganz gleich wie laut oder eindringlich wir in Worten zu ihm reden. Es hat keine Möglichkeit, uns zu hören. Wir haben nur einen einzigen Weg, dem Hohen Selbst unsere Gebete darzubringen, nämlich durch die telepathische Übermittlung der Gedanken-Trauben dessen, um das wir bitten.

Bedenken wir, daß nur das niedere Selbst zum Kontakt mit dem Hohen Selbst fähig ist, indem es mit seinem *Aka*-Finger der schon bestehenden *Aka*-Schnur folgt, und bedenken wir ferner, daß nur das niedere Selbst unsere Gebetsgedanken und -worte in Gedankenformen umsetzen und längs der aktivierten *Aka*-Schnur aussenden kann, dann wird uns folgendes klar: Gelingt es uns nicht, das niedere Selbst zum Gebrauch seiner latenten Fähigkeiten zu erziehen, und es dazu zu bringen, sich ihrer beim Gebet zu bedienen, SO BRAUCHEN WIR AUF KEINEN ERFOLG ZU HOFFEN.

Das ist eines der größten Geheimnisse der HUNA-Lehre; es erklärt uns, woran es liegt, wenn Gebete offensichtlich unerfüllt bleiben. Wollen wir, daß unsere Gebete das Hohe Selbst erreichen, und nicht als „leere Worte" auf unseren Lippen ersterben, so müssen wir zur Telepathie greifen.

Gott schuf den Menschen nach Seinem eigenen Bilde. Der Mensch verfügt — wie Gott — über Schöpferkraft, wenn sie auch — verglichen mit Seiner — nur unendlich klein ist. Der Schöpfungsakt Gottes vollzog sich durch das „Wort". Zuerst bestimmte Er, was geschaffen werden sollte, dann bildete Er es in Seiner Vorstellung und bewirkte so, daß es Gestalt annahm. Der Mensch muß, bevor er zu beten beginnt, entscheiden, was er verwirklicht sehen möchte. Das Gebet dient einfach nur dazu, das Hohe Selbst zu bitten, Seinerseits zur Verwirklichung der gewünschten Umstände beizutragen und Seine weit überlegenen, mentalen und schöpferischen Fähigkeiten dafür einzusetzen.

HUNA lehrt uns, DASS ALLE DREI SELBSTE DES MENSCHEN beim schöpferischen Gebetsakt miteinander zusammenwirken müssen. Wenn auch nur eines der drei seine Arbeit nicht verrichtet, ist das Gebet wirkungslos. Und wenn das niedere Selbst nicht weiß, daß es die Aka-Schnur zum Hohen Selbst aktivieren und das Gebet auf telepathischem

Wege emportragen muß, so ist kein Erfolg zu erhoffen. Es ist die Tragik der 20 Jahrhunderte, die dahingingen, seit Jesus lebte und lehrte, daß dieser Teil des Geheimnisses verloren ging, daß der Mensch nicht mehr weiß, was das Gebet eigentlich ist und wie es benutzt werden muß.

Sehr viele aus der HRA-Gemeinschaft hielten die Lehre, daß es *Aka*-Fäden gibt, daß ihnen entlang *Aka*-Finger ausgestreckt, die Fäden aktiviert und vom niederen Selbst benutzt werden können, für reine Phantasie. Als sich dann aber nach entsprechender Erziehung des niederen Selbstes dessen latente Fähigkeiten offenbarten und sich bei der praktischen Arbeit Resultate einstellten, leuchteten ihnen die Zusammenhänge als durchaus sinnvoll ein. Man muß ja zuerst die Theorie kennen, wenn man das niedere Selbst richtig schulen will. Hat das niedere Selbst dann seine Lektion gelernt, so reagiert es automatisch und tut, wenn wir beten, immer seine Arbeit.

Die meisten Menschen wissen aus Erfahrung, daß es Telepathie gibt. Wie häufig werden unausgesprochene Gedanken z. B. zwischen Eheleuten oder Freunden gewechselt und verstanden. Nach einigen praktischen Versuchen mit der Telepathie lernte einer der HRA-Freunde schnell, seinen Hund dadurch zu rufen. Dabei spielte es keine Rolle, wie weit sich der Hund auf Wanderungen von ihm entfernt hatte.

Als wir bei der HRA-Arbeit mit der HUNA-Gebetspraxis begannen, gingen wir zunächst daran, dem niederen Selbst beizubringen, einen *Aka*-Finger zu bilden und ihn — einem *Aka*-Faden folgend — bis an dessen Ende auszustrecken und das, was sich dort befand, zu berühren.

„Astralwanderung" ist ein Begriff, der im Schrifttum über psychische Forschung häufig vorkommt. Mancher Leser kennt das Buch „Die Aussendung des Astralkörpers" von Muldoon und Carrington.*) Darin wird gezeigt, daß praktisch der gesamte *Aka*-Körper des niederen Selbstes den Körper verlassen und sich weit von ihm entfernen kann, wobei nur eine Schnur aus *Aka*-Substanz als Verbindung zum physischen Körper bestehen bleibt. Wie der Leser wohl wissen wird, ist das aber nicht leicht zu bewerkstelligen.

Demgegenüber ist das einzige, das wir hier brauchen, wesentlich leichter. Wir brauchen es nur dazu zu bringen, jederzeit einen ganz kleinen Teil der Schattenkörpersubstanz auszusenden. Selbst ein sehr untalentiertes niederes Selbst wird sich kaum scheuen, einen *Aka*-Finger ein paar Zentimeter weit aus dem Körper auszustrecken, und später wird es sicherlich willens und imstande sein, soweit wie nötig hinauszureichen. In seinem Buche „Thoughts through Space" berichtet Harold Sherman lebhaft und eindrucksvoll über seinen telepathischen Kontakt mit dem Arktisforscher Sir Hubert Wilkins. Er beweist dabei, daß bei der Aussendung von Aka-Substanz und der telepathischen Gedankenübertragung die Entfernung praktisch keine Rolle spielt.

Nach den Erfahrungen der HRA sind Schachtel-Experimente mit die leichteste Übung. Man beschafft sich z. B. vom Apotheker oder Drogisten einen Satz Pillenschachteln beliebiger Form oder Größe; wichtig ist nur, daß alle Schachteln völlig gleich sind. Dann wählt man sechs beliebige kleine Gegenstände verschiedener Art, z. B. Knöpfe, Schlüssel, Bleistiftspitzer, etwas, was man gerade zur Hand hat. In jede Schachtel legt man einen der Gegenstände; die Schachteln werden verschlossen und auf den Tisch gelegt. Mit geschlossenen Augen verschiebt man dann die Schachteln gegeneinander,

---

* Zu beziehen vom Hermann Bauer Verlag, 78 Freiburg/Br., Postfach 167.

so daß man unmöglich wissen kann, welcher Gegenstand in welcher Schachtel ist.

Bitten Sie nun das niedere Selbst, einen *Aka*-Finger durch die Schachtel zu stecken (*Aka*-Finger durchdringen ohne weiteres poröse Substanzen) und festzustellen, was in jeder Schachtel drin ist. Man kann Georg aber auch ganz einfach erklären, daß er ja schon beim Anfassen und Einlegen der Gegenstände *Aka*-Fäden an sie geheftet habe und daß er mit dem *Aka*-Finger jeweils dem Faden bis zum Gegenstand in der Schachtel zu folgen brauche und ihn so leicht finden könne. Wenn er ihn gefunden habe, soll er ihn, ganz wie er wolle, erspüren und Ihnen, d. h. Ihrem mittleren Selbst, die gewonnenen Eindrücke längs des *Aka*-Fadens übermitteln.

Es ist zweckmäßig, Georg wohlüberlegte Anweisungen zu geben. Manchmal erwies es sich als nützlich, ein Papier zu nehmen und mit wenigen Strichen eine Dose und ein paar Zentimeter darüber eine Hand zu skizzieren, von der ein *Aka*-Finger bis in die Dose hineinreicht und dort einen Gegenstand berührt. Der *Aka*-Finger und das in der Dose verborgene Objekt können mit gestrichelten Linien dargestellt werden. Selbstverständlich muß Georg klar verstehen, was man von ihm wünscht, und er muß das Gefühl haben, daß es wichtig ist, was er zu tun hat. Sein erster Impuls wird daher sein, die Dose zu ergreifen, sie zu öffnen und hineinzuschauen, um sich auf ganz normale, physische Weise davon zu überzeugen, was darin ist.

Diese an sich ganz natürliche Neigung darf man aber nicht zulassen; man muß also Georg schon sagen, warum er sich des *Aka*-Fingers zu bedienen hat. Man kann ihm geradeheraus sagen, daß das der erste Schritt zur Erlernung der Telepathie sei und daß er, wenn er sie beherrsche, mithelfen könne, Gebete zu verrichten, um dann mit der Hilfe des Hohen Selbstes viele Wünsche zu verwirklichen.

Glücklicherweise besitzt jeder Mensch seit der Geburt oder noch früher eine starke *Aka*-Schnur zwischen seinem Hohen, niederen und mittleren Selbst. Diese Schnur kann jederzeit benutzt werden; sie braucht vorher nur aktiviert zu werden. Das mittlere Selbst aber, das mit den anderen Selbsten durch *Aka*-Fäden verbunden ist, kann den telepathischen Mechanismus nicht betätigen. Das ist allein dem niederen Selbst gegeben (wäre das nicht der Fall, so müßten ja alle Gebete rechten Inhalts zur Verwirklichung kommen).

Der erste Satz Schachteln, mit denen ich meine Übungen begann, enthielt einen alten Wagenschlüssel, einen kleinen Magneten, eine Holzspule, einen kleinen braunen Keramikelefanten, zwei grüne Würfel mit weißen Flecken und einen Schaber mit Rasierklinge in einer roten Plastikhülle.

Ich nahm Papier und Bleistift zur Hand, um meine Treffer beim Raten aufzuzeichnen. Wurde bei sechs Versuchen mehr als ein Gegenstand richtig erkannt, so galt dies als „Treffer" (oder Pluspunkt). Ich hielt den rechten Zeigefinger über eine der Schachteln, ließ Georg etwas Zeit, um den Inhalt festzustellen und mir seinen Eindruck zu übermitteln und schrieb dann auf, was ich empfand; dann nahm ich die nächste Schachtel vor und so fort. Waren alle sechs Schachteln durch, so öffnete ich sie und prüfte anhand meiner Liste den Treffererfolg.

Meine eigenen Erfahrungen decken sich weitgehend mit denen vieler HRA-Freunde, die später gleichartige Versuche durchführten. Am Anfang war der Erfolg sehr gering. Übte man aber täglich fünfzehn bis dreißig Minuten (Man sollte mit üben aufhören, wenn man ungeduldig oder müde wird), so wuchsen nach und nach die Erfolge. Manche niederen Selbste lernen schneller als andere und erreichen manchmal schon beim ersten Versuch überraschende Erfolge. Gewöhnlich läßt sich nach einigen Monaten Übung die Trefferzahl so weit erhöhen, daß bei sechs Versuchen oft sechs zutreffende Identifikationen erfolgen. An schlechten Tagen allerdings, oder wenn Georg nicht interessiert ist, fallen die Erfolgsziffern manchmal weit ab; in solchen Fällen weigert sich Georg mitzuarbeiten. Vielleicht liegt das nur daran, daß er, der ja ein „Gewohnheitstier" ist, von anderen Aufgaben in Anspruch genommen ist, die gewöhnlich um diese Tageszeit getan zu werden pflegen und nun unerledigt bleiben müssen. In solchen Fällen stelle man die Übung sofort ein.

Mit fortschreitender Übung kann der Finger immer höher über der Schachtel gehalten werden, und schließlich kann der Kontakt einfach durch die natürliche *Aka*-Aussendung erfolgen, wie sie sich beim Anblick der Schachtel aus einer gewissen Entfernung einstellt, aus der man sie noch klar erkennen kann. In einer der ersten HRA-Gruppen, die sich jede Woche traf, um solche Übungen durchzuführen, übernahmen oft bestimmte Mitglieder die Vorbereitung und „Mischung" der Schachteln und die Aufzeichnung der Erfolge. Die Betreffenden stellten die Schachteln an einer Seite eines großen Zimmers auf den Teppich, während die Versuchsperson sich jeweils an die gegenüberliegende Seite des Zimmers setzte und allein durch den visuellen Kontakt die Gegenstände in den Schachteln zu identifizieren versuchte. Dabei waren hundertprozentige Trefferserien nicht einmal selten.

Bei diesen Übungen lernten wir u. a. auf eines achten: Das niedere Selbst neigt dazu, dem mittleren Selbst oft anstelle der direkten gedanklichen Eindrücke des in der Schachtel verborgenen Gegenstandes Symbole zu geben. Eines Tages legte ich in eine der Schachteln einen geborgten Fingerhut. Statt dessen aber gab mir Georg den Eindruck einer eingefädelten Nadel mit weißem Garn. Zunächst machte mich das Ersatzsymbol stutzig; bald aber lernte ich, solche Symbole auszuwerten und von ihnen auf die angedeuteten Gegenstände zu schließen. Statt des Wagenschlüssels erhielt ich oft den Eindruck des ganzen Wagens oder eine unbestimmte Überlagerung von Eindrücken aller Wagentypen, die ich jemals näher kennengelernt hatte.

Etwas leichter ließen sich die Gegenstände in den Schachteln mit dem Pendel ermitteln. Dabei wurde der Pendel abwechselnd über jede Schachtel gehalten, wobei man fragte: „Ist es die Rolle?" oder „Ist es der Schlüssel?" So ging man die Liste der Gegenstände durch (auch hier muß man zuvor eine Konvention über die Schwingungsrichtungen für „Ja", „Nein" oder „Zweifel" festlegen, damit klare Antworten erfolgen). Der Vorteil dieser Methode liegt darin, daß Georg mit dem Pendel klar aussagt, ob er glaubt, daß ein bestimmtes Objekt in einer bestimmten Schachtel ist oder nicht. Bei der anderen Methode mischt sich oft das Vorstellungsvermögen in die Arbeit ein, und man glaubt dann manchmal, Georg zeige einen echten Eindruck auf, wenn das gar nicht der Fall ist.

Die für beide Methoden erforderlichen grundlegenden Übungen sind weitgehend gleich. Georg muß verstehen lernen, unsere Bitte um Kontaktherstellung mit einer Person, einem Objekt oder — wenn die Zeit reif ist — mit dem Hohen Selbst zu erfüllen. Ist das erreicht, so ist dieser Teil des Trainings ein voller Erfolg. Bei weiteren praktischen Übungen kann man sich dann dem telepathischen Austausch zwischen zwei Menschen zuwenden, wobei sich Bilder am leichtesten senden und empfangen lassen.

Dr. Rhine von der Duke University hat die außersinnliche Wahrnehmung (Extra Sensory Perception oder kurz ESP) für die Allgemeinheit — abgesehen von ihren ultra-konservativen Vertretern — annehmbar gemacht. Seine Studenten machten vorwiegend Karten-Experimente; Schachteln wurden weniger verwendet. Die Bilder auf den Karten stellten einfache Figuren dar. Bei der HRA-Arbeit benutzten wir solche Karten oft und stellten fest, daß sich mit ihnen der gleiche Zuwachs an Treffern erreichen läßt wie mit den Schachteln.

Die Theorie, mit der Dr. Rhine die Fähigkeit der Versuchsperson zur Identifizierung der mit dem Gesicht nach unten liegenden Karten zu erklären suchte, ist nicht allzu glücklich gewesen. Nach der HUNA-Lehre vollzieht sich beim Kartenexperiment folgendes: Das niedere Selbst streckt einen *Aka*-Finger aus, durchstößt damit mühelos die Karten und ertastet die auf der gesuchten Karte abgedruckte Figur. Natürlich können auch mehrere Karten aus dem Paket so identifiziert werden. Bei seinen Erklärungsversuchen mutet Dr. Rhine dem Unterbewußtsein des Experimentators die weit schwierigere und kompliziertere Aufgabe zu, die Zukunft hellseherisch vorauszusehen und dem Bewußtsein zu melden, welche Karten in welcher Reihenfolge umgedreht werden, wenn der Packen etwas später Karte für Karte abgehoben wird. Die *Kahunas* glaubten, daß nur das Hohe Selbst die Zukunft richtig zu sehen vermag und daß Es bei Fällen von Hellsehen das von Ihm erfaßte Bild dem niederen Selbst übergibt, von wo es dem mittleren Selbst weitergereicht wird.

Eine andere Theorie, die man manchmal zur Erklärung der außersinnlichen Wahrnehmung bei Kartenexperimenten hört, ist folgende: Jedes Ding sendet dauernd eine Art Energiestrahlung aus, die charakteristisch ist für seine Zusammensetzung, seine Form, Größe, Dichte usw. Das Unterbewußtsein kann diese Strahlung spüren, während sie von den Sinnesorganen des Körpers nicht wahrgenommen werden kann.

Ohne Zweifel besitzt das niedere Selbst solche Fähigkeiten und die meisten Menschen können sie durch Übung entwickeln, wenn sie sich dafür genügend Zeit nehmen.

Radium ist ein gutes Beispiel für eine Substanz, die Energie aussendet, sich dabei langsam verbraucht und in eine weniger energiereiche Substanz umwandelt. Kohlenstoff hat ähnliche Eigenschaften, doch ist die Strahlungsfrequenz niedriger und die Strahlung milder. Sie kann mit Instrumenten gemessen werden. Macht man solche Messungen an verbranntem Holz, das bei archäologischen Ausgrabungen gefunden wurde, so kann man mit ziemlicher Genauigkeit bestimmen, wann das Feuer einst, in längst vergangenen Zeiten der Geschichte, entzündet worden ist.

Die Wassersuche mit der Wünschelrute hängt von der Strahlung des unter der Erdoberfläche fließenden Wassers ab. Das niedere Selbst kann die Gegenwart der Wasserstrahlung — gewöhnlich mit Hilfe eines einfachen Instrumentes, z. B. einer Astgabel oder eines Pendels — erspüren und anzeigen. Ein guter Wünschelrutengänger kann mit Hilfe seines Instrumentes sogar die ungefähre Menge des in der Tiefe verfügbaren Wassers angeben und gleichzeitig sagen, ob es heiß oder kalt, rein oder verunreinigt ist. Verschiedene HRA-Freunde demonstrierten die Wasserfindung mit der Wünschelrute. Einer von ihnen, ein bekannter beruflicher Wünschelrutengänger, wird häufig herangezogen, um Wasservorkommen zu suchen und den Ansatzpunkt und die Tiefe der niederzubringenden Bohrungen zu bestimmen.

Die Erklärung der übersinnlichen Fähigkeiten aufgrund von Strahlungen läßt vieles zu wünschen übrig. Nehmen wir z. B. folgenden Fall: Vor mir auf dem Teppich liegt eines der Kartenspiele, wie man sie zur Erforschung der außersinnlichen Wahrnehmung benutzt. Auf den Karten ist eine Anzahl verschiedener Symbole — alle mit gleicher Druckfarbe — aufgedruckt. Die Karten unterscheiden sich nur durch Form und Größe dieser aufgedruckten Symbole. Die von diesen ausgehende Strahlung müßte — wenn sie dem niederen Selbst als einziges Mittel zur Identifizierung und Unterscheidung dienen sollte — schon sehr charakteristische kontraststarke Merkmale aufweisen. (Sonst nämlich würden sich ähnliche Strahlungen miteinander vermischen und das niedere Selbst erhielte keine kennzeichnende Strahlung, an der es sich orientieren könnte.)

Diese Schwierigkeiten werden natürlich noch weit größer, wenn man statt der Symbol-Karten kompliziertere Gegenstände verwendet, so wie etwa der von mir benutzte Schaber mit der in einer Plastikhülle steckenden Rasierklinge. Nach wissenschaftlicher Erkenntnis gehen Strahlungen — falls sie nicht daran gehindert werden — von ihren Zentren nach allen Richtungen aus. Der Schaber in seiner braunen Schachtel — die wir beim HRA-Test verwendeten — sendet also nicht etwa gebündelte Strahlen quer durch das Zimmer nur zur Versuchsperson. Außerdem aber mischen sich die Strahlungen des Stahls, des Plastikbehälters, des Kartons, der Schachtel, des ihr aufgeklebten, braunen Papiers und der weißen Druckfarbe auf dem Schachteldeckel miteinander. Kommt zu diesen Strahlungen schließlich noch die Strahlung des Teppichs, des

Bodens und der anderen Schachteln, so ist der resultierende Strahlungswirrwarr so groß, daß das niedere Selbst wohl kaum imstande ist, bestimmte Strahlungen herauszufiltern — sofern es nicht über ein Abstimmungsgerät verfügt, das weitaus selektiver sein müßte, als die uns aus der Radiotechnik bekannten Geräte solcher Art.

Neuere Versuche von Dr. Rhine, bei denen man erkennt, daß der „Wille" beim Würfeln Einfluß auf die Zahl der erwürfelten Augen nehmen kann, bestärken die Glaubwürdigkeit der *Aka*-Finger-Theorie. Die bei der Psychischen Forschung in Zirkeln durchgeführten Telekinese-Experimente sind gar noch beweiskräftiger. Bei diesen Experimenten wurden viele Gegenstände durch Medien bewegt oder gehoben, ohne daß ein physischer Kontakt mit den Gegenständen bestand. Man gibt als Erklärung an, daß vom Körper oder von den Händen des Mediums „ektoplasmatische Stäbe" (oder Fäden) ausgehen, sich in irgendeiner Weise für kurze Zeit an entfernte Objekte anheften, echte physische Kräfte auf sie ausüben und sie dadurch bewegen (auf diese Kraft werden wir später noch zu sprechen kommen). Diese Erklärung liegt absolut auf derselben Linie wie die Theorien der *Kahunas*. Damit erkennen wir erneut, daß die Strahlung nicht als Ursache der psycho-kinetischen Effekte angesehen werden kann.

Die Fähigkeit des niederen Selbstes, seinen *Aka*-Körper auszusenden, ist für das Studium der HUNA-Lehre und für jeden, der das alte System nutzvoll anwenden will, von größter Wichtigkeit. Um in dieser Hinsicht eine besonders starke Vertrauensbasis zu schaffen, ist ein Beweis für das Austreten des *Aka*-Körpers am Platze. Es gibt sehr viele hervorragende Fälle dieser Art, zu deren Wiedergabe hier jedoch der Platz fehlt. Ich führe daher den folgenden Fall als Beweis an, weil er relativ neueren Datums und ziemlich leicht nachzuprüfen ist.

In der Märzausgabe 1952 der Zeitschrift „Stag" berichtet John Zischang über einen interessanten Fall, der mir aus anderen Quellen bereits bekannt war. Es handelt sich um einen Italiener, namens Achille D'Angelo, der nun in mittlerem Alter steht und gelegentlich die USA besucht.

Als er jung war, spazierte er einmal in Neapel etwa 20 Schritte hinter einem hübschen Mädchen. Er spürte den zwingenden Drang, hinauszureichen und das Mädchen zu berühren. Dabei machte seine Hand unwillkürlich die Bewegung einer Liebkosung. Das Mädchen reagierte, als habe sie tatsächlich die Hand gefühlt; sie schrie auf und drehte sich um, um zu sehen, wer es gewagt hatte, sie anzurühren. Da sie aber keinen in ihrer Nähe gewahrte, fiel sie — wahrscheinlich aus Furcht vor dem übernatürlichen Erlebnis — in Ohnmacht. D'Angelo, der auf diese Weise eine ihm bisher unbekannte Macht entdeckt hatte, schwor sich, sie lediglich für gute Zwecke zu benutzen, und ging daran, mit ihr zu experimentieren. Die Kraft erwies sich als nützlich für Heilungen, und D'Angelo wurde bald weit bekannt.

Die Fähigkeiten D'Angelos wurden in New York nach den Vorschriften der Psychischen Forschung geprüft. Bei vollem Lichte streckte er seine unsichtbare Hand aus und ihre Berührung wurde von Personen, die mit geschlossenen Augen im Saale saßen, deutlich gefühlt. Der Schreiber des erwähnten Artikels berichtet, wie er eines Tages erschrak, als ihn etwas scharf von hinten gegen den Hals stieß. Später erfuhr er, daß D'Angelo während seiner Vorführung im gleichen Augenblick ein Mitglied der Gesellschaft für Psychische Forschung habe anstoßen wollen. D'Angelo erklärte, er habe schon früh bei seinen Experimenten erkannt, daß er den ausgestreckten Teil seines Selbstes in der fühlbaren Form einer Hand nicht genau zu kontrollieren vermöge, so daß er nicht sicher sei, welche Person oder an welcher Körperstelle er jemanden berühre.

Die Prüfer wußten ebensowenig wie D'Angelo, was eigentlich vorging, wenn er sich vorstellte, jemanden zu berühren und dabei — weit entfernt von dem Betreffenden — die entsprechenden Bewegungen ausführte.

Die so durchgeführte Fern-Berührung ist ein ausgezeichneter Beweis für die Ausstreckung eines Aka-Fingers. Daß D'Angelo nicht mit Sicherheit imstande ist, eine bestimmte Körperstelle des zu Berührenden zu treffen, zeigt an, daß die Berührung jedenfalls *nicht* durch das mittlere Selbst D'Angelos bewirkt wird. Die Berührung erfolgt vielmehr durch das niedere Selbst, von dem ja bekannt ist, daß es sich nur ungern kontrollieren läßt, wenn es seinen eigenen Weg gehen möchte (das aber weist erneut auf die Notwendigkeit hin, daß wir das niedere Selbst erziehen müssen).

Bevor wir uns den subtileren Aspekten der Telepathie des Gebetes zuwenden können, müssen wir uns mit der Natur der Gedankenform vertraut machen. Diese Kenntnis nämlich ist nötig, um das Gebet richtig zu formulieren, bevor wir es auf telepathischem Wege dem Hohen Selbst darbringen.

IV

AKA - GEDANKENFORMEN
AURAS UND IHRE MESSUNG
DAS AURAMETER

Auf ihrem Wege in den polynesischen Raum kamen die *Kahunas* und ihr Volk auch nach Indien. Vielleicht übernahm damals die indische Bevölkerung einen gewissen Teil der HUNA-Lehre. Vielleicht auch entwickelten die Inder selbst eine zum Teil gleichartige Lehre. Jedenfalls kam durch die im wesentlichen auf indischen oder tibetanischen Glaubensanschauungen fußende Theosophie gegen Ende des vorigen Jahrhunderts die Idee der GEDANKENFORM in die westliche Welt, d. h. die Auffassung, daß der Gedanke etwas Reales, ein wenn auch feinstofflicher Gegenstand ist.

Der Begriff der Gedankenform hat sich gegenüber seiner ursprünglichen Bedeutung in der HUNA-Lehre stark verändert. Westliche Autoren haben mancherlei Überlegungen darüber angestellt, und in Indien wurde die einst so einfache Idee von Verfälschungen überwuchert. So wird uns heute allen Ernstes gesagt, daß man bei starker Konzentration ein unsichtbares Gedankengeschöpf bilden, es mit Leben erfüllen und aussenden könne, um anderen zu helfen oder zu schaden. Dabei flüstert man dann geheimnisvoll von „schwarzer Magie" und erzählt, daß schlechte Menschen üble Gedankenkreaturen geschaffen hätten, denen es gestattet sei, sich unkontrolliert in der unsichtbaren Welt herumzutreiben und

Schwierigkeiten ohne Ende zu verursachen. Auch sagt man, sie seien der „Astral-Hülle" ähnlich, doch fehle ihnen ein Selbst, eine bewußte Wesenheit, die sie beseelen und lenken könne. Auf irgend eine Weise aber sollen diese Astral-Hüllen lebendig genug sein, um als Gedankenform-Kreaturen in der Welt herumzustreifen.

Die HUNA-Lehre bringt uns zurück zur ursprünglichen Auffassung vom *Aka*-Körper des niederen Selbstes und von den Gedankenformen. Eine Gedankenform ist ein dem unsichtbaren *Aka*-Körperstoff des niederen Selbstes aufgeprägter Eindruck. Eine Mehrzahl miteinander in Beziehung stehender Eindrücke solcher Art bildet eine Gedankenform-Traube. Solche Trauben verzeichnen und bewahren die Erinnerungen an ganze Begebenheiten oder Ereignisse. Durch Denken kann kein Gedankenform-*Geschöpf* erschaffen werden. Ein aus Gedankenformen gefügter Erinnerungssatz einer ganzen Serie von Begebenheiten kann niemals zu einem unsichtbaren Geistkörper, einem Selbst oder einer mit Bewußtsein ausgestatteten Wesenheit werden.

Wir sprachen schon davon, daß nach der HUNA-Auffassung die Erinnerungen im *Aka*-Körper des niederen Selbstes und nicht in den physischen Geweben des Gehirns aufgespeichert werden. Aber neueren medizinischen Entdeckungen zufolge durchdringt während der bewußten Phase des Lebens der *Aka*-Körper des Gehirns aufs innigste die mit ihm korrespondierenden Teile des physischen Gehirns. Legt man die äußere Gehirnschicht oberhalb des Ohres und hinter diesem durch eine Öffnung im Schädel frei und reizt sie mit einer schwach stromführenden Nadel, so kann man dem Patienten, ohne ihm zu schaden, die Erinnerung an vergangene Ereignisse wiederbringen, die er dann in allen Einzelheiten wieder durchlebt. Man hat keinerlei Anzeichen dafür gefunden, daß die aufgespeicherten Erinnerungen die Zellen der Gehirnsubstanz irgendwie verändern. Es kann auch nicht bestritten werden, daß bei richtiger Durchführung der Reizungen Erinnerungen geweckt werden. Es ist also da etwas gespeichert, was materiell und reell, zugleich aber unsichtbar und unfühlbar ist.

Verschiedene Forschergruppen, die sich während der letzten hundert Jahre dem Studium der psychischen Wissenschaften widmeten, versuchten experimentell, Gedankenformen zu fotografieren oder zu bewirken, daß sie sich auf fotografischen Filmen abzeichneten, wenn man diese mit dem Haupt oder den Händen eines Menschen in Kontakt brachte, der seine Gedanken auf einen bestimmten Gegenstand, etwa einen Griffel oder eine Kugel, konzentrierte. Man kam zu gewissen Resultaten, die in Berichten, Artikeln und Büchern besprochen worden sind; doch ließen die Bilder auf den Filmen viel an Klarheit zu wünschen übrig.

Eines Tages stieß man bei der HRA-Arbeit auf ein physikalisches Verfahren, mit dem sich die in der HUNA-Lehre postulierte Existenz der Gedankenformen sowie des *Aka*-Körpers oder der „Aura" ausgezeichnet nachweisen läßt. Die Messung erfolgt mit einem Instrument fast unbekannter Art. Dieses Instrument, Aurameter genannt, war von Verne L. Cameron, einem beruflichen Wünschelrutengänger aus Kalifornien, entwickelt worden.

Vor einigen Jahren begann sein Erfinder als Wünschelrutengänger mit einer Weidenzweiggabel nach Wasser zu suchen. Obwohl er über einer schon bekannten unterirdischen Wasserader arbeitete, zeigte sich mitunter aber kein Ausschlag. „Eines

Tages", so schreibt er in seinem Buch „The Aurameter"*), „kam mir das richtige Gefühl für die Wünschelrute. Mit einer gewissen Bewußtheit schleuderte ich so etwas wie eine Aura-Ladung hinein und sofort schlug die Wünschelrute heftig aus. Damit begann meine langjährige Tätigkeit als Wünschelrutengänger."

Im Bestreben, die Weidengabel durch ein besseres Instrument zu ersetzen, prüfte er vielerlei Geräte. Schließlich entschied er sich für zwei sehr brauchbare Instrumente, die zudem recht einfach, leicht, kompakt und in diesem Arbeitsfeld einzigartig waren. Bei keinem dieser Geräte hatte die moderne Wissenschaft Pate gestanden. Cameron führte sie verschiedentlich Wissenschaftlern vor in der Hoffnung, sie würden verstehen, um was es ginge oder sie würden die Geräte zumindest akzeptieren, weil sie ja tatsächlich Ergebnisse brachten. Wenigstens arbeiteten sie bei Personen, die sensitiv genug waren, ihre Anwendung zu erlernen.

Das erste Instrument gleicht etwa einem großen Klappmesser mit einer Gewichtskugel am Ende einer dünnen runden Klinge. Der Haltegriff wird so in die Hand genommen, daß die Klinge geschlossen ist und das kugelbeschwerte Ende nach oben zeigt. Die Klinge ist so ausbalanciert, daß sie sich normalerweise gerade noch in dieser Lage halten kann. Beim geringsten, zusätzlichen Zug, der von unten her auf das Gewicht einwirkt, klappt die Klinge heraus und fällt nach unten.

Jeder weiß, daß sich beim Überschreiten einer Straße die Schwerkraft nicht spürbar ändert. Wenn Cameron aber auf einer ebenen Straße einen unterirdischen Wasserlauf über-

---

* Das von den Borderland Sciences Associates, 3524, Adams Ave., San Diego 16, Californien, geförderte Buch erschien 1952.

querte, so spürte er, daß dann eine Kraft stärker wurde. Denn beim Überqueren des Wasserlaufes wurde die ausbalancierte Klinge mit der Kugel nach unten gezogen. Immer wieder fiel die Klinge an der gleichen Stelle in die offene Position. Eine Besonderheit des Instrumentes stellte sich erst nach längerer Benutzung heraus. Immer wenn Cameron das Instrument zur Hand nahm, um mit ihm Versuche zu machen, dauerte es erst zwanzig bis dreißig Sekunden, bis die Zugkraft stark genug war, um die ausbalancierte Klinge zum Abklappen zu bringen. Diese „Zeitverzögerung" war zwar auch „unwissenschaftlich", aber sie existierte.

Das andere Instrument, das Aurameter, arbeitet nach einem anderen Prinzip. Die mit dem Gewicht beschwerte Schneide ist über ein Schwenklager so mit einem messerartigen Griff verbunden, daß sie seitlich ausschwingen kann, wenn das Instrument horizontal gehalten wird. (Das „Messer" bleibt also hier aufgeklappt, doch kann die Schneide horizontal hin und her schwingen.) Man hält das Instrument so, daß die kugelbewehrte Spitze ein klein wenig nach oben weist und gerade ausbalanciert ist, — sonst nämlich schlägt sie unter der Wirkung der Schwerkraft zur einen oder anderen Seite nach unten aus.

In mehrfacher Hinsicht ähnelt das Aurameter einem Pendel, obgleich letzterer an einer Schnur hängt und um eine vertikale statt eine horizontale Mittellinie schwingt. Der Hauptunterschied aber ist der, daß die beiden Instrumente im Gegensatz zum Pendel auf die Gegenwart von Wasser so zu reagieren scheinen, also ob an solchen Stellen die Schwerkraft stärker wirke. Um das Vorhandensein von Wasser anzeigen zu können, hängt der Pendel vom niederen Selbst des Wünschelrutengängers ab und letzteres muß den Pendel in der für die Wasserfündigkeit vorher vereinbarten Richtung zum Schwingen bringen.

Nähert sich ein guter Wünschelrutengänger einer unterirdischen Wasserader, so wird die Weiden- oder Haselrute, die Walbeingabel oder eine aus Draht zurecht gebogene Gabel nach unten gezogen. Oft ist die Zugkraft so groß, daß sich bei einer kräftig festgehaltenen Rute aus frischem Holz die Rinde einfach abdreht.

Es ist oft versucht worden, diese sonderbare Kraft zu erklären, die in ihrer Wirkung der Schwerkraft ähnelt, doch nur wenig oder nichts mit ihr zu tun zu haben scheint. Die einfachste und beste Erklärung bietet uns HUNA. Danach kann das niedere Selbst nach Erlernen der zwischen ihm und dem mittleren Selbst verabredeten Konvention über die Art der Schwingungen, mit denen die Wasserfündigkeit anzuzeigen ist, a) mit Hilfe der ihm eigenen Strahlungsempfindlichkeit Wasser im Boden erspüren und dann b) bewirken, daß die Wünschelrute ausschlägt, indem z. B. die Astgabel oder die gewichtsbeschwerte Klinge heruntergezogen oder die Kugel des Aurameters horizontal zum Ausschlagen gebracht wird.

Mana (oder Vitalkraft) und *Aka*-Substanz fließen bei der Benutzung in das Instrument ein und erlangen — unter dem Einfluß des niederen Selbstes — die ungeheuerliche Fähigkeit, sich wie eine lebendige oder intelligente Substanz oder Kraft zu verhalten und das Kugelgewicht oder die Spitze der Gabel herunterzuziehen. Die beobachtete Zeit-Verzögerung in der Reaktion der Instrumente scheint das niedere Selbst zu brauchen, um *Mana* und *Aka*-Substanz in Fluß zu bringen und aus der Hand in das Instrument überströmen zu lassen, damit es auf die Weisung des niederen Selbstes ansprechen kann. (In diesem Zusammenhang ist die Feststellung Camerons interessant, daß er so etwas wie eine Aura-Ladung in das Instrument hineingeschleudert habe.)

Zur Auffindung unterirdischer Wasserläufe dient Mr. Cameron das erstbeschriebene Instrument. Mit ihm schreitet er hin und zurück über das Gelände. Fällt die Kugel herunter, so ist Wasser vorhanden. Nach positiver Reaktion des ersten Instrumentes nimmt er das zweite Gerät, das Aurameter, zur Hand und geht mit ihm zurück an die Stelle über der Wasserader. Bei der Annäherung an sie strebt die Aurameterschneide heftig weg, als ob sie einem vom Wasser aufsteigenden Aura-Schornstein ausweichen wolle.

Je nach Größe des unterirdischen Wasserlaufes oder -Vorkommens ist die Wasser-„Aura" groß oder klein. Manchmal kommt das Wasser aus der Tiefe der Erde bis dicht unter die Oberfläche; dann bildet sich ein kreisförmiger Aura-Schornstein. Bei heißem Wasser ist die Aura gewöhnlich oval. Auch ist die Strahlung, grob gesprochen, keil- oder kegelförmig. Liegt das Wasser tief im Boden, so ist die an der Oberfläche spürbare Keil- oder Kegel-Grundfläche größer, als wenn das Wasser dicht unter der Erdoberfläche ansteht. Daraus kann man die Tiefe der zur Erschließung eines Wasservorkommens notwendigen Bohrung ermitteln. Man tastet den Oberflächenbereich der Aura-Strahlung ab, indem man mit dem Aurameter um sie herum geht, weil ja dessen Zeigerschneide stets von der Aura-Fläche wegstrebt.

In dieser Arbeit steckt wesentlich mehr, als hier erklärt werden kann. Die Wassersuche mit der Wünschelrute, von geschulten, sensitiv veranlagten Personen durchgeführt, hat sich in vielen Ländern bewährt und Anerkennung gefunden; in den USA ist das Verfahren weniger bekannt. Die Regierungen von Kanada und Australien beschäftigen ständig berufsmäßige Wünschelrutengänger zur Feststellung von Wasservorkommen. Im zweiten Weltkrieg hing der Erfolg der britischen Truppen, die in Afrika gegen die deutsche Heeresgruppe unter General Rommel kämpften, ganz wesentlich vom Erfolg ihrer militärischen Wünschelrutengänger ab. Ihnen oblag die Wasserversorgung für die marschierende Truppe. In einem berühmt gewordenen Falle fand man mit der Wünschelrute eine starke Ader reinen Wassers in einem Tal, wo frühere Bohrungen nur wenig Erfolg gehabt und nur stark mineralisiertes, zum Trinken ungeeignetes Wasser geliefert hatten.

Als Verne Cameron mein Buch „Geheimes Wissen hinter Wundern" gelesen hatte und mich zum ersten Male aufsuchte, brachte er seine Instrumente mit. Über die vielen Versuche, die wir damit durchführten, wurde später in zahlreichen HRA-Bulletins berichtet. Cameron verfügte über einen großen Erfahrungsschatz. Er hatte nämlich mit seinen Instrumenten nicht nur die Aura fließenden Wassers festgestellt, sondern auch die menschliche Aura sowie die Auren von Gegenständen, Pflanzen und Tieren gemessen. Cameron wurde Mitglied der HRA und demonstrierte mit Leichtigkeit seine in früheren Jahren gemachten Entdeckungen.

Einige Jahre zuvor hatte Dr. Kilner den menschlichen *Aka-*Körper, die Aura oder den „ätherischen Doppelgänger" untersucht. Durch eine farbige Scheibe hatte er und seine Freunde gesehen, wie dieses Etwas über die Kontur des physischen Körpers — manchmal weit, manchmal nur wenig — hinausging und wie es sich oft von der Leibesmitte aus einem sich nähernden Wesen entgegenstreckte, um dessen ebenfalls vorgestreckten Aka-Körper zu berühren. Mr. Cameron vermochte mit seinem Aurameter die Kontur des dem Auge unsichtbaren Aka-Körpers genau zu vermessen.

Die Aka- oder Körper-Aura glich den Auren unterirdischer Wasseradern insofern, als auch sie eine Kraftladung zu besitzen schien, die die Schwingschneide des Aurameters wegdrückte. Fuhr man mit dem Instrument am ganzen Aura-Bereich — nach oben, nach unten und zur Seite — entlang, so ergab die Verbindung der Punkte, wo die Aurameterspitze ausschlug, den genauen Umriß der Aura. Normalerweise stand die *Aka*-Substanz nur einige wenige Zentimeter weit über den menschlichen Körper vor, mit Ausnahme der Schulterblätter und der Genitalzonen. Dort ragte die Aura weit über den Körper hinaus. An Stellen, wo der Körper nicht normal funktionierte, z. B. über kranken Organen oder Zähnen war das *Aka* stark angeschwollen und stieß ungewöhnlich weit vor. An korrekturbedürftigen Gelenkstellen, z. B. am Rückgrat, zeigten sich Vertiefungen am Auraumriß; sie gingen nach erfolgter Korrektur prompt zurück.

Gelegentlich führte Mr. Cameron in San Diego Aurametermessungen durch, die überzeugend bewiesen, daß auch die Geister Verstorbener in *Aka*-Körpern leben (die zusammengehörigen *Aka-Körper* des mittleren und niederen Selbstes; das niedere Selbst hat den dichteren Aka-Körper, doch ist auch er dem körperlichen Auge nicht sichtbar).

Mr. Mark Probert aus San Diego, der als Medium weit bekannt ist, steht mit vielen Geistwesen in Verbindung, die durch ihn sprechen, wenn er in Trance liegt. Bei einer solchen Gelegenheit entwickelte sich mit einem dieser Geistwesen eine lebhafte Unterhaltung. Es bekundete starkes Interesse am Aurameter, das wir gerade untersuchten. Das Geistwesen war sofort bereit, sich neben das Medium zu stellen und Mr. Cameron versuchte, seinen *Aka*-Körper zu finden und auszumessen. Er fand ihn auch und konnte seine Kontur genau so leicht nachzeichnen wie die eines lebenden Menschen.

Dann schlug das Geistwesen einen Test vor. Es wollte sich im Zimmer verstecken, und Mr. Cameron sollte versuchen, es mit dem Aurameter zu finden. Man gab ihm etwas Zeit, um sich zu verstecken; dann ging die Suche los. Man fühlte mit dem Aurameter hier und da herum, bis zur Decke, längs der Wände, und kreuz und quer im Zimmer. Nach einigen Minuten schlug das Aurameter am Fußboden, unter der Ecke des großen Tisches, der in der Mitte des Zimmers stand, aus. Das Instrument hatte also den *Aka*-Körper des Geistwesens aufgespürt. Innerhalb weniger Sekunden war auch der Umriß ermittelt. Es zeigte sich, daß das Geistwesen mit übergeschlagenen Beinen am Boden hockte und sein Gesicht dem Medium zugewandt hielt; es drehte Mr. Cameron den Rücken zu. Dann bestätigte das Geistwesen aus dem Munde des Mediums, daß die Position richtig ermittelt sei und es erklärte: „Ich dachte, Sie würden annehmen, ich stände vor dem jungen Mann und blickte Sie an; um Ihnen die Arbeit zu erschweren, setzte ich mich aber hin und drehte dem Medium mein Gesicht zu.

Dieses Experiment hat die Annalen der Psychischen Forschung um ein völlig neues, sehr bedeutendes Faktum bereichert und zugleich die Richtigkeit der HUNA-Erkenntnisse erneut bestätigt.

Nun kommen wir zu der Entdeckung Mr. Camerons, daß auch geistige Bilder oder Gedankenformen von Gegenständen sowie auch die menschliche Aura mit dem Aurameter erkannt und ausgemessen werden können. Es wurden sehr überzeugende Versuchsreihen durchgeführt. Während Mr. Cameron außerhalb des Zimmers weilte, verabredeten die im Zimmer Anwesenden, daß sie sich an einer bestimmten Stelle des Zimmers einen ganz bestimmten Gegenstand vorstellen wollten. Würfel, Kugeln, Vasen verschiedener Form, alle möglichen Dinge wurden gedanklich „erschaffen". Dann wurde Mr. Cameron wieder hereingerufen. Er begann an der ihm bezeichneten Stelle mit dem Aurameter herumzufühlen und durch dessen Ausschlag die Gestalt des gedachten Körpers auszumachen. Es gelang ihm, alle Körper prompt zu entdecken.

Eigenartig war bei diesen Versuchen, daß sich der in Gedanken vorgestellte Körper beim Ausmessen manchmal als wesentlich größer oder als eingeschrumpft erwies. Das stimmt durchaus mit der Ansicht der *Kahunas* überein, nach der der *Aka*-Körper groß gemacht werden kann, so daß er weit vorsteht oder auch so klein, daß er in den Körper hineingezogen wird. Gedankenformen verhielten sich also ebenso. Sie konnten mikroskopisch klein sein, um als Gedankenformen im Gedächtnis aufbewahrt zu werden, sie konnten aber auch zur wirklichen Größe der dargestellten Objekte anwachsen.

Bei einem der überzeugendsten Aurameterversuche hatte man sich einen auf der Tischecke stehenden Kreis vorgestellt. Ein Mitglied der Gruppe aber hatte sich, ohne den anderen etwas davon zu sagen, an der gleichen Stelle ein Quadrat gedacht. Als Mr. Cameron mit den Versuchen begann, stockte er. Dann ging er noch einmal besonders sorgfältig ans Werk. Ganz vorsichtig folgte er mit dem Aurameter jeder Kurve und jedem Winkel der Gedankenform. Dann stellte er fest: „Es scheint ein Kreis zu sein, dem ein etwas kleineres Quadrat überlagert ist. Dessen Ecken stehen nämlich an vier Stellen ein klein wenig über den Kreis vor." Erst in diesem Augenblick bekannte derjenige, der das Quadrat hinzugefügt hatte, daß er für diese Absonderlichkeit verantwortlich sei.

Nachdem wir somit den alten Glauben, daß der „Gedanke etwas durchaus Reales" ist, durch diese neuen Beweise noch einmal erhärtet haben, können wir uns umso leichter vorstellen, wie das niedere Selbst — unter Verwendung seiner fünf Sinne und unter Führung des mittleren Selbstes — alles, was um uns herum vorgeht, beobachtet und wie es daraus unsichtbare, mikroskopisch kleine Gedankenformen anfertigt, die es als Erinnerungen speichert.

Das mittlere Selbst hat dabei zu entscheiden, was jede Begebenheit bedeutet und wie sie vielleicht mit anderen Ereignissen oder Begebenheiten verknüpft ist. Kurz gesagt, das mittlere Selbst „rationalisiert" diese Eindrücke im Lichte der Vernunft. Sobald das mittlere Selbst den Erinnerungs-Gedankenformen ihre rationale Bedeutung und Wichtigkeit zugeordnet hat, werden diese vom niederen Selbst im Aka-Körper gespeichert. (Kann das mittlere Selbst aus irgendeinem Grunde die Eindrücke vor der Speicherung nicht rationalisieren, so kommt es, wie schon gesagt, zu Schwierigkeiten.)

Was wir denken und was wir uns vorstellen, wird so in Gedankenbildern festgehalten. Mit der Zeit sammeln wir ein ungeheures Erinnerungsmaterial an, das in Gedankenformtrauben seinen Niederschlag findet. Was unser geistiges Leben angeht, so „sind wir, was wir denken". Wenn unser Denken unvollkommen ist oder wenn vom niederen Selbst geschaffene Erinnerungsbilder vom mittleren Selbst nicht den letzten Schliff der Rationalisierung erhalten, so können sie uns leiblichen und seelischen Schaden zufügen. — Das ist eine sehr wichtige Erkenntnis, über die wir später noch eingehend sprechen müssen.

Zunächst aber wollen wir feststellen, welche Rolle die Gedankenformtrauben bei der Telepathie spielen und wie das niedere Selbst am besten dazu gebracht werden kann, die Telepathie anzuwenden.

V

TELEPATHISCHER KONTAKT ZWISCHEN PERSONEN

Zwei Freunde oder Familienangehörige, die wissen, wie das niedere Selbst arbeitet, können damit beginnen, sich gegenseitig telepathische Mitteilungen zu geben.

Bei den Schachtel- und Kartenexperimenten haben wir gelernt, wie das niedere Selbst einen *Aka*-Finger längs eines *Aka*-Fadens aussendet, um Informationen einzuholen. Auch wissen wir, daß beim Aussenden von Mitteilungen die Gedankenformen einem *Aka*-Faden folgen. Die Realität des *Aka*-Fadens dürfte nach dem bisher Besprochenen genügend erhärtet sein.

Etwas Neues kommt nun aber hinzu: Die große Rolle, die das *Mana* oder die Vitalkraft bei der Telepathie spielt. Bei der Besprechung des Aurameters erkannten wir, daß etwas *Mana* aus dem niederen Selbst des Experimentierenden in das Gerät überfließt und dessen Ausschlag bewirkt. In gleicher Weise fließt *Mana* längs des *Aka*-Fadens der zwischen telepathisch verbundenen Menschen besteht.

Die unsichtbaren *Aka*-Fäden oder -schnüre sind etwa Telefondrähten vergleichbar, über die Mitteilungen gesandt werden. Wie der elektrische Strom durch die Drähte fließt, so fließt *Mana* über die Fäden; und wie der Telefondraht symbolische Mitteilungen zum Empfänger trägt, so tragen die *Aka*-Fäden auf dem sie durchfließenden *Mana*strom Trauben mikroskopisch kleiner Gedankenformen. Werden sie am Ende des Fadens von einem niederen Selbste aufgenommen, so bewirken sie spezifische, der Mitteilung entsprechende, mentale Eindrücke. Sie werden vom niederen Selbst des Empfängers an dessen mittleres Selbst gegeben und erwecken in ihm Eindrücke, die fast wie Erinnerungen empfunden werden, etwa so, als ob einem „etwas in den Sinn kommt".

Um was für eine Art von Kraft es sich beim *Mana* handelt, ist noch nicht geklärt. Als sicher gilt nur, daß es keine Elektrizität elektromagnetischer Art ist. Es wirkt eher wie ein durch chemische Umsetzungen erzeugter Gleichstrom. Charakteristisch ist, daß *Mana* eine intelligent-*lebendige* Kraft zu sein scheint, wenn es in der Substanz des *Aka*-Körpers oder der *Aka*-Schnur gespeichert oder durch Fäden, Schnüre oder Stangen aus dieser Substanz weitergeleitet wird. Als weiteres Charakteristikum erscheint die Tatsache, daß die *Aka*-Substanz ein *vollkommener* Leiter für *Mana* ist. Normalen elektrischen Gleichstrom kann man durch Drähte nicht über große Entfernungen fortleiten, weil er durch den Leitungswiderstand zu stark geschwächt wird. Das ist der Grund, weshalb Fernleitungen von Energieversorgungsnetzen mit hochgespanntem Wechselstrom gespeist werden.

Die Telepathie liefert den Beweis dafür, daß der *Aka*-Faden ein idealer lebender Ersatz für einen Draht ist und daß *Mana* längs eines solchen Verbindungsfadens ebenso leicht um die ganze Welt wie quer durch ein Zimmer zu fließen vermag. Die beliebte Theorie, daß die Aussendung telepathischer Mitteilungen der Ausstrahlung hochfrequenter Radiowellen durch die Luft ähnlich sei, hat sich als Täuschung erwiesen. Denn Radiowellen werden im Quadrat der zurückgelegten Entfernung schwächer, und eine so kleine Kraftstation, wie das niedere Selbst eines Menschen, würde dementsprechend kaum für einen Sendebereich von 1 bis 2 Metern ausreichen.

Personen, die mit telepathischen Experimenten beginnen, tun gut daran, in der ersten Zeit dieser Versuche nahe beieinander zu bleiben. Später können sie dann versuchen, größere Entfernungen zu überbrücken. Einer sendet jeweils die Gedankenformen, der andere ist der Empfänger; die Rollen werden dann während der Übung von Zeit zu Zeit vertauscht. Zwischen Freunden bestehen bereits feste Aka-Faden-Verbindungen, und zwischen Fremden werden sie durch Blicke oder durch Händedruck hergestellt.

Am Anfang fällt dem mittleren Selbst des Empfängers die größere Aufgabe zu. Es ist nämlich gar nicht so leicht, das mittlere Selbst still und aufnahmefähig zu machen, damit ihm das niedere Selbst seine aufgenommenen telepathischen Eindrücke präsentieren kann. Das kommt daher, weil Georg während des ganzen Tages stets bereit steht, Befehle zu empfangen und auszuführen. Von dem Augenblick an, wo er am Morgen seine Träume aufgeben muß und sein Mensch erwacht, hat er stets bereit zu sein, selbst dem kleinsten Befehle zu gehorchen. So muß er z. B. rasch auf die Uhr sehen um festzustellen, ob es früh oder spät ist, oder er muß ein Kleidungsstück suchen oder die Uhr sorgfältig aufnehmen und sie ohne sie fallen zu lassen, am Handgelenk befestigen.

Kommen dann aber Augenblicke, wo der Mensch untätig ist, wo Georg ihm nicht einmal Erinnerungsbilder für seine Gedanken an dieses oder jenes heraufzubringen braucht, so befaßt sich Georg gerne mit kleinen Wachträumen. Vielleicht bringt er nach eigenem Gutdünken Erinnerungsgehalte an und stellt sie dem mittleren Selbste vor. Die meisten niederen Selbste sind unentwegt hilfreich darum bemüht, daß die

Arbeit des Menschen richtig getan wird. In einem ruhigen Augenblick beeilt sich das niedere Selbst, an all die Dinge zu denken, die noch getan werden müssen. Vielleicht erinnert es das mittlere Selbst bei dieser Gelegenheit, wegen der Batterie die Garage anzurufen oder das neue Beet im Garten zu begießen.

Sind wir in Sorge, so versucht sich Georg helfend einzuschalten. Er schleppt dann die Erinnerungsbilder der Begebenheiten an, über die wir uns Sorge machen und die wir zu ändern wünschen. Drückt uns die Sorge um die Änderung gewisser Umstände sehr, so kann Georg sogar so geschäftig werden, daß er uns die ganze Nacht wach hält, weil er ständig neue Bilder sorgenvollen Inhaltes samt den dazugehörigen Emotionen heraufbringt.

Wegen seiner Gewohnheit, stets der Befehle des mittleren Selbstes gewärtig zu sein, weiß Georg nichts mit sich selbst anzufangen, wenn er einmal von seiner Pflicht entbunden wird und man ihm sagt, daß er sich eine zeitlang für sich beschäftigen solle. Man mache ihm daher mit aller Sorgfalt klar, daß er sich mit Aufgaben beschäftigen soll, die er allein durchführen kann. Man muß ihm sagen, daß das mittlere Selbst ihn eine zeitlang nicht führen kann, wie es z. B. der Fall wäre, wenn er an einer bestimmten Stelle einen Nagel in die Wand schlagen müßte. Man könnte sagen, man gibt Georg Hammer und Nagel und schickt ihn weg, eine Wand zu suchen und eine gute Stelle darauf, wo er ein Bild aufhängen kann; da soll er den Nagel selbst einschlagen, und dann erst zurückkommen und berichten, was er getan hat.

Sie haben Georg bereits erklärt, daß Sie mit Ihrem Freunde durch *Aka*-Fäden verbunden sind und daß die Fäden nun aktiviert und benutzt werden sollen, damit an ihnen entlang

Gedankenformen von Mitteilungen hin und her gesandt werden können. Sie sagen nun Georg, daß Ihr Freund eine Mitteilung senden möchte und daß er sie empfangen und ihnen — wie eine Erinnerung — ins Bewußtsein bringen soll. Dann hören Sie mit weiteren Anweisungen und Ratschlägen auf und lassen Georg ganz in Ruhe. Der Freund kündigt den Beginn der Sendung an. Während Sie Ihren Körper entspannen, lassen Sie Georg frei. Tun Sie nichts, was seine Aufmerksamkeit oder Hilfe erfordert. Versuchen Sie, alle Gedanken zu verbannen; öffnen Sie Ihr Inneres der zu übertragenden Mitteilung, damit sie in den Brennpunkt des Bewußtseins treten kann.

Nun warten Sie einen Augenblick. Es kommt aber kein Eindruck. Sind Sie wie die meisten von uns, so werden Sie Georg zurückzitieren und ihm noch einmal sagen, was er zu tun hat; Sie werden ihm sagen, daß Sie immer noch nichts spüren und daß er endlich die Mitteilung bringen soll. Das ist aber absolut fehl am Platze. Das ist ja, als ob man einen Hund in eine hohe Wiese schickt, einen Ball zu suchen (nachdem man ihm klar gemacht hat, was er zu tun hat) und ihn — noch bevor er seine Suche richtig aufgenommen hat — wieder zurückpfeift, um zu sehen, ob er den Ball schon im Maul hat, oder als ob man ihn immer wieder zurückruft, um immer wieder den Befehl zu erneuern. Das würde schließlich nur dazu führen, daß der Ball überhaupt nicht oder erst nach langer Zeit gefunden werden kann.

Wir können die Analogie noch weiter treiben und annehmen, in dem Stück Wiese, wo der Ball zu suchen ist, seien Kaninchen oder der Hund habe dort einmal einen Knochen vergraben und sei nun der Auffassung, die Kaninchenjagd oder das Beschnuppern des Knochens sei wichtiger als die Aufgabe, die sein Herr ihm übertragen hat. Vielleicht auch ist der Hund im Unklaren, welchen von mehreren alten Bällen, die er im Gelände findet, er nun zurückbringen soll. Vielleicht auch kommt ihm die Idee, es sei besser, einen alten Schuh oder Handschuh zu apportieren. Genauso versteht manchmal auch Georg nicht richtig, was gewünscht wird. Anstatt auf die Gedankenform-Mitteilung zu warten, die der Georg der sendenden Person ihm längs des verbindenden *Aka*-Fadens schicken soll, macht er sich vielleicht zum anderen Georg auf den Weg und fängt an, dessen Gedanken zu lesen; vielleicht beschäftigt er sich mit den Erinnerungen, die er im *Aka*-Körper des anderen Georg aufgespeichert findet und sendet dem eigenen mittleren Selbst eine nette Auswahl von alten Schuhen, Handschuhen oder anderen Bällen — anstatt ihm den einzig richtigen Ball anzubringen.

Da Georg zudem ein netter, hilfsbereiter Bursche ist, der Ihnen gerne Freude macht, tut er, wenn er keine echte Mitteilung für das mittlere Selbst erhalten kann, oft sein Bestes, einen Ersatz zu fabrizieren. So bringt er dann, falls man es ihm abnimmt, immerfort neue Vermutungen oder Eindrücke, die zu alten Erinnerungen gehören und nichts anderes sind als Phantasiegebilde.

Man muß das niedere Selbst bei der Arbeit halten, den Ball zu finden, und zwar den einen bestimmten Ball; wie es bei der Suche vorgeht, ist seine Sache, wir müssen ihm dabei seine Freiheit lassen. Um Georg bei der Arbeit zu halten und ihn zu hindern, hinter Kaninchen herzulaufen, gibt man ihm im Anfangsstadium der telepathischen Praxis am besten reale Aufgaben und vermeidet vorerst imaginäre. Man lasse ihn z. B. einen Bleistift über Papier halten und das Bild eines Gegenstandes nachzeichnen, den der telepathisch Sendende konzentriert anschaut und sendet. Zeichnungen scheinen Georg nämlich sehr zu beeindrucken. Sie bringen ihn zur Einsicht, daß die Arbeit vital und notwendig ist und er ihr alle Aufmerksamkeit widmen muß.

Vielleicht auch sendet der noch unerfahrene telepathische Sender so schwach, daß beim Empfänger mehr Zeit und Geduld zur richtigen Erfassung nötig wird. Für Anfänger ist es daher ratsam, daß beide Papier und Bleistift nehmen und daß der Sendende sorgfältig und langsam zeichnet, während er gleichzeitig seinen Georg anhält, das, was er zeichnet, dem Georg seines Freundes in der anderen Ecke des Zimmers (und später vielleicht in einer anderen Stadt oder einem anderen Lande) zu übersenden.

Man kann ein einfaches Symbol verwenden oder die Umrißlinie eines Gegenstandes oder eines Baumes. Es wurde festgestellt, daß Bilder sich am leichtesten senden und aufnehmen lassen; Farben sind leichter zu übertragen als Töne und Laute, und Geruchs- oder Geschmacksempfindungen leichter als physikalische Empfindungen wie z. B. Härte, Weichheit, Wärme oder Kälte. Schwierig ist z. B. die Übertragung folgender, aus gesprochenen Worten bestehenden Mitteilung: „Hans, halte bitte beim Nachhauseweg am Kaiser's Kaffeegeschäft und kaufe eine Dose Erbsen." Ziemlich einfach ist es dagegen, das Gedankenbild des Ladens und einer Konservendose mit Erbsen zu übersenden. Nicht selten findet man Ehemänner, die solche telepathischen Mitteilungen ihrer Frauen sicher und präzise zu empfangen vermögen. Ein HRA-Freund empfing oft telepathische Aufträge, gewisse Dinge einzukaufen und mit nach Hause zu bringen, wenn er auf der Heimfahrt vom Geschäft vor einer Ampel stand und entspannt auf grünes Licht wartete.

Dauert es lange, bis bei der telepathischen Arbeit das niedere Selbst den an es gestellten Anforderungen entspricht, so ist oft eine vorbereitende Maßnahme von Nutzen. Man setzt sich hin, nimmt Papier und Bleistift zur Hand und lädt Georg ein, eine Idee für ein Bild oder das Gedankenbild einer Begebenheit heraufzubringen. Normalerweise regen wir ja das niedere Selbst an, uns die benötigten oder gewünschten Erinnerungen zu geben, damit wir einen Denkprozeß durchführen oder eine Gedankenfolge mündlich oder schriftlich zum Ausdruck bringen zu können. Da alle normalen Gedächtnisinhalte durch *Aka*-Fäden miteinander verbunden sind und nicht verloren gehen oder isoliert bleiben, sondern in den Bezug von Zeit und Raum eingewoben sind, ist die Erinnerung an lange zurückliegende Ereignisse — z. B. solche aus der Kindheit — mit anderen Erinnerungen der gleichen Zeit und des gleichen Ortes verbunden. Möchte ich mich z. B. an den Namen eines Spielgefährten erinnern, so gebe ich Georg einen entsprechenden Hinweis, indem ich mit meinen Gedanken bei etwas verweile, was mit dem Spielgefährten zusammenhing. Georg zieht dann rasch eine Menge von Erinnerungen hervor und folgt im Erinnerungsbereich der betreffenden Zeit-Raum-Gruppe den verbindenden *Aka*-Fäden von einer Erinnerung zur anderen. Früher oder später findet er dann den Namen des Spielgefährten und präsentiert ihn.

Erlaubt man Georg für eine Weile, selbst — also völlig ohne unser Zutun — eine Erinnerung auszuwählen und sie dem gemeinsamen Bewußtseinszentrum vorzuführen, so kann man des Erfolges fast immer sicher sein. Schon nach ein paar Tagen systematischen Übens lernt das mittlere Selbst, sich zurückzuhalten und das niedere Selbst tun zu lassen, was von ihm verlangt wird. Das mittlere Selbst lernt die ruhige Sammlung, die erwartungsvoll-aufmerksame Stille, die nötig ist, und Georgs Selbstsicherheit und sein Vertrauen, das Richtige zu tun, nimmt zu.

Wer keinen Partner hat, um täglich ein paar Minuten telepathische Experimente zu machen, kann sich einer anderen ausgezeichneten, doch etwas schwierigeren Trainingsmöglichkeit bedienen, nämlich der „Psychometrie".

Um sie auszuprobieren, leiht man sich von einem Freunde ein paar Dinge, die einem Dritten gehören, den aber nur der Freund, nicht der Experimentator kennt. Diese Dinge, z. B. ein Ring, ein Taschenmesser, ein Füllhalter oder andere Kleinigkeiten, die der Eigentümer bisher gewöhnlich mit sich trug und benutzte, sind durch starke *Aka*-Fäden mit dem Eigentümer verbunden. Man weist Georg an, einen *Aka*-Finger auszustrecken, dem *Aka-Faden* bis zum Eigentümer der Dinge zu folgen und Eindrücke von ihm zurückzubringen. Dann nimmt man die Gegenstände, einen nach dem anderen, eine zeitlang zwischen die Hände. Nachdem man Georg mit seiner Aufgabe wohl vertraut gemacht hat, entspannt man sich und wartet, während Georg mit seiner Tätigkeit beginnt. Er bringt dann seine Eindrücke von der Person am anderen Ende der von den Gegenständen ausgehenden *Aka*-Fäden in den Brennpunkt des Bewußtseinzentrums des niederen Selbstes. Diese Eindrücke können erinnert oder niedergeschrieben und später in einem Gespräch mit dem Freunde auf ihre Richtigkeit geprüft werden.

Bei Psychometrie-Versuchen in einer HRA-Gruppe ließ man ein Kästchen herumgehen, um Gegenstände für verschiedene Versuche zu sammeln. Diese Gegenstände wurden dann ausgeteilt, ohne daß die Empfänger jeweils wußten, wem sie gehörten. Eine Dame, die meine Uhr bekam, teilte mit, sie empfinde den Eigentümer als einen freundlichen älteren Herrn mit weißem Bart. Als ich meine Uhr zurückerbat, gab es viel Spaß über die offenbare Mißdeutung; ich konnte aber sofort erklären, was geschehen war. Die Beschreibung paßte genau auf den ursprünglichen Besitzer der Uhr. Er hatte sie vor vielen Jahren bis zu seinem Tode getragen, und seine Tochter hatte sie mir kurze Zeit zuvor geschenkt.

Daß die *Aka*-Fäden, wie man hier sieht, zu Personen führen können, die dieses Leben bereits verlassen haben, ist einer der starken Beweise für das Überleben der Persönlichkeit des Menschen. Der *Aka*-Körper bewahrt auch nach dem physischen Tode alle Erinnerungen auf. Diese sowie die im Aka-Körper überlebende äußere Erscheinung der Person macht es möglich, genügend Informationen zurückzubringen, um das Individium zu identifizieren, wie es im Falle des früheren Besitzers meiner Uhr geschah.

Bringt Georg auf psychometrischem Wege keine Eindrücke zustande, so kann man — wie einige der HRA-Mitglieder — auf den Pendel zurückgreifen. Mit dem Pendel in der Hand und unter Benutzung der Schwingungs-Konvention für „Ja" und „Nein" beauftragt man Georg, bestehenden *Aka*-Fäden zu einem Freunde zu folgen, ihn zu finden und durch eine „Ja"-Schwingung des Pendels den erfolgten Kontakt anzuzeigen. Anschließend kann in Frage und Antwort ermittelt werden, wo der Freund ist, ob es ihm gut geht, was er tut, und ob er allein oder mit anderen zusammen ist. Die Antworten samt Datum und genauer Zeitangabe werden verzeichnet und bei nächster Gelegenheit auf ihre Richtigkeit überprüft. Ein HRA-Freund hatte einen jungen Verwandten, dessen Beruf ihn in alle Teile der Stadt führte. Mit Hilfe dieser Methode gelang es ihm, die Fahrten des jungen Mannes genau zu verfolgen. Ab und zu nahm er den Pendel zur Hand, zeigte auf verschiedene Gegenden der Stadtkarte und Georg sagte einfach „Ja", wenn der gezeigte Platz stimmte.

Alle diese Übungen, die der Entwicklung der natürlichen telepathischen Anlage des niederen Selbstes dienen, sind wertvoll; denn aus ihnen lernt man, wie man das niedere Selbst veranlaßt, *Aka*-Fäden zu anderen Personen oder Dingen zu folgen. Dieselbe Methode aber muß man beherrschen, wenn man mit dem eigenen Hohen Selbst in Kontakt kommen und Ihm Mitteilungen zusenden möchte.

Soweit uns heute bekannt ist, scheinen die verbindenden Fäden in der Gegend des Solar-Plexus des *Aka*-Körpers, nicht also des physischen Körpers, anzuhaften. Von dieser Stelle ausgehend verlaufen sie in die verschiedensten Richtungen. Es ergeben sich immer mehr Beweise dafür, daß während unseres ganzen Lebens sehr starke *Aka-Fäden* von der Solar-Plexus-Gegend ausgehend längs der Wirbelsäule verlaufen und aus dem Haupte austreten. Diese Schnur ist das natürliche Bindeglied zwischen dem niederen und dem Hohen Selbst.

Und wodurch wird diese Schnur aktiviert? Durch das *Mana*, die Vitalkraft. Als wir von der Arbeit des Wünschelrutengängers und vom Aurameter sprachen, erwähnten wir bereits das *Mana*. Wir zeigten, daß es bei der Telepathie die Gedankenformtrauben längs der *Aka*-Fäden trägt. Von ungleich größerer Bedeutung aber ist die Tatsache, daß das *Mana* die Gedankenformen auch längs der starken *Aka*-Schnur befördert, welche das niedere Selbst mit dem Hohen Selbst verbindet. *Mana* ist die Kraft, die nötig ist, um ein richtiges, wirksames Gebet darzubringen und die Verwirklichung des Gebetswunsches zu bewirken.

VI

MANA UND SEINE HOCHAUFLADUNG

Der Totempfahl der nordamerikanischen Eingeborenen bringt offenbar eine Reihe alter Auffassungen zur Darstellung, die heute leider völlig durcheinander geraten sind. Es ist eines der schönsten Symbole für die drei Selbste des Menschen und die von ihnen benutzte *Mana-* oder Lebenskraft.

Die Mittelsäule des Totempfahls besteht aus mehreren übereinander angeordneten Figuren. In vielen Fällen stehen die zwei unteren Figuren auf einem Tier; beide sind eng miteinander verbunden. Eine sitzt oft auf der Schulter einer anderen, und ihre Beine sind mit den Armen der tragenden Figur verschränkt. Die beiden sind ein schönes Symbol für das Verhältnis des niederen zum mittleren Selbst. Auch sie sind ja eng miteinander verbunden und das mittlere Selbst steht auf der Stufenleiter der Evolution schon weit über der tierischen Welt (die durch das Tier am Fuße der Säule symbolisiert wird). Noch weiter oben — und nur selten eng mit den anderen Figuren verbunden — sieht man oft eine Gestalt, die ihre Flügel ausbreitet. Sie ist eine geradezu ideale Darstellung des Schutzengels oder des Hohen Selbstes, dessen Symbol ja ein Vogel ist. Im Christentum war es die Taube, die vom Himmel niederstieg und über Jesus schwebte, als er getauft wurde.

Der Mittelstamm des Totempfahles, aus dem die Figuren herausgeschnitzt sind, kann als Sinnbild des lebenswichtigen

Manas angesehen werden. Das niedere Selbst erzeugt dieses *Mana* aus der pflanzlichen oder tierischen Nahrung, die wir essen und der Luft, die wir atmen, und speichert es in seinem *Aka*-Körper; doch haben das mittlere und das Hohe Selbst daran teil. Kommen an einem Totempfahl oberhalb der Figur, die das Hohe Selbst symbolisiert, noch weitere Figuren vor, so ist anzunehmen, daß sie auf eine Folge immer höherer Wesenheiten hindeuten, die auch alle *Mana* erhalten müssen, damit sie alle genug von dieser gewaltigen, „schweren" Kraft der physischen Welt bekommen, damit sie alle an der Materie dieser Welt schaffen und die notwendigen und gewünschten Änderungen bewirken können.

Das als Lebensenergie des mittleren Selbstes gebrauchte *Mana* wird in einer uns unbekannten subtilen Weise umgewandelt. Die *Kahunas* der alten Zeiten symbolisierten das durch die Aufspaltung des ursprünglichen *Manas* in zwei Arten. Die abgespaltene, veränderte Form nannten sie *Mana-Mana* und deuteten durch die Wortdoppelung an, daß dieses *Mana* doppelte Kraft besitzt, damit das mittlere Selbst sie einsetzen kann, um das niedere Selbst unter Kontrolle zu halten und es zu beherrschen. Das ist die Kraft, die die modernen Psychologen verschwommen als „Willen" bezeichnen. Diese Kraft sollte jederzeit stark genug sein, das niedere Selbst zu zwingen, unseren Befehlen zu gehorchen. Wie leicht einzusehen ist, kommt diese „Willens"-Kraft aber nur selten ganz zum Ausdruck, und das führt dazu, daß den meisten von uns das niedere Selbst häufig aus der Hand gleitet.

Es ist ja so viel leichter, Georg alles tun zu lassen, als selbst zu entscheiden, was am besten zu geschehen hat und dann mit dem „Willen" Georg zu packen und zur Durchführung der notwendigen Arbeiten anzuhalten. Die meisten von uns wissen aus Erfahrung, wie oft wir versagen, wenn es gilt, eine bestimmte Diät durchzuhalten, das Rauchen aufzugeben oder eine andere eingefleischte Gewohnheit abzulegen. In manchen dieser Fälle tut Georg wie ein erschrecktes Pferd, nimmt den Bissen zwischen die Zähne und geht einfach durch. Geht er aber durch, so bleibt dem Reiter kaum was anderes übrig, als ihn gewähren zu lassen, während er sich an ihm festhält und auf das Beste hofft. Lernt aber Georg, der sich meisterlich auf die Bildung von Gewohnheiten versteht, etwas in einer ganz bestimmten Weise zu tun, so setzt er alles daran, das mittlere Selbst zu hindern, solche Gewohnheiten zu brechen.

Es ist nicht allgemein bekannt, daß man durch gewisse Übungen eine besonders starke Vitalkraft-Aufladung bewirken kann, vorausgesetzt, daß man gesund und körperlich nicht allzusehr abgewirtschaftet ist. Solche Hochaufladungen mit *Mana* sind manchmal von größtem Wert, besonders wenn es gilt, andere oder sich selbst zu heilen oder ein Gebet von großer Realisationskraft zu bilden und darzubringen.

Nach Ansicht der *Kahunas* kann der Mensch seine normale, aus Nahrung und Luft gewonnene *Mana*menge vergrößern, indem er den Extraktionsprozeß durch geistige Einwirkung beschleunigt. Unsere Physiologen stützen diese Theorie. Sie fanden nämlich, daß bei der Verdauung die Nahrung nicht sofort ganz verbraucht, sondern in Glykogen oder Blutzucker übergeführt wird. Bei dessen Oxydation durch den eingeatmeten Sauerstoff erhalten wir genau die Menge an Kraft und Stärke, die wir jeweils für unsere zu verrichtenden Arbeiten benötigen. Stimmt das aber — und wir haben keinen Grund, die Ergebnisse anzuzweifeln —, so kann das niedere Selbst, das ja diese Umsetzungen kontrolliert, jederzeit durch verstärkte Atmung dafür sorgen, daß mehr Blutzucker verbrannt und mehr von dieser eigenartigen, chemisch erzeugten Kraft, die wir *Mana* nennen, produziert wird.

Meist lernt das niedere Selbst schnell, was es zu tun hat, und es kommt nur selten zu Schwierigkeiten. Natürliches Talent und genügend Übung vorausgesetzt, wird man leicht zum Spezialisten und kann — wie einige HRA-Mitglieder im Jahre 1950 bewiesen haben — durch hohe *Mana*-Aufladung eine entspannte Person bewußtlos zu Boden strecken. Natürlich heißt das nicht, daß sich ein gutes HRA-Mitglied mit solchen Dingen im praktischen Leben beschäftigt (die Demonstration wurde in Hollywood nur einmal von einem durchreisenden Mesmeristen gegeben; sie gehörte nicht zum HRA-Versuchsprogramm).

Das Interessanteste am *Mana* ist, daß es zu leben und über eine Art eigener Intelligenz zu verfügen scheint. In Wirklichkeit ist das allerdings nicht der Fall; es kann nämlich nur wirken, wenn es *Aka*-Substanz auflädt oder vitalisiert, z. B. einen ausgestreckten *Aka*-Finger; und das intelligente Bewußtsein, das sich in ihm zu äußern scheint, gehört in Wirklichkeit dem niederen Selbst, das die Ausstreckung des Fingers und alles, was damit geschehen soll, von sich aus bewirkt. (Eine Ausnahme bildet der Fall, wo ein körperloses Geistwesen die Kontrolle ergreift und die Hochaufladung an *Mana* seinem eigenen *Aka*-Körper einverleibt und für seine eigenen Zwecke benutzt.)

Bei der Hochaufladung mit *Mana* gehen wir genauso vor wie beim Pendeln oder bei den Schachtelversuchen: Wir erklären Georg, was zu tun ist und bitten ihn, es zu versuchen. Nachdem wir ihm erklärt haben, daß mehr Nahrung im Blutstrom zu verbrennen und die Menge an verfügbarer Vitalkraft wesentlich zu erhöhen ist, erleichtern wir Georg seine

Aufgabe, indem wir die bewußt betätigten Muskeln benutzen und tiefer zu atmen beginnen. Dadurch erhält das niedere Selbst die nötige Sauerstoffmenge und es wird ihm noch einmal deutlich gemacht, was wir von ihm erwarten.

Während wir dann darauf warten, daß Georg seine Arbeit aufnimmt, können wir ein paar Freiübungen machen. Dadurch wird nämlich das niedere Selbst zur *Mana*produktion angeregt; wir würden ja sonst in wenigen Sekunden unseren *Mana*vorrat verbrauchen und schlapp machen. Jeder Sportler weiß, daß er mit dem „ersten Wind" — dem anfänglichen Quantum an *Mana* im physischen und im *Aka*-Körper — nur so und so weit oder so und so schnell vorwärts kommt. Er weiß aber auch, daß er nach kurzer Zeit einen neuen Schub an Kraft — den „zweiten Wind" — erfährt und daß er mit ihm ständig und mit größter Geschwindigkeit weiter kommt.

Anstatt Freiübungen auszuführen, können wir auch die geistige Haltung eines Sportlers einnehmen, der sich anschickt, einen Wettlauf zu unternehmen. Wir konzentrieren uns auf das geistige Bild des Wettlaufes, wir atmen schneller und spannen unsere Muskeln etwas an. Fast immer wird Georg unter dem Eindruck dieser Idee damit beginnen, mehr *Mana* zu erzeugen.

In meinem Buche „Geheimes Wissen hinter Wundern" sprach ich davon, daß Baron Eugene Ferson eine praktische Methode lehrte, um eine besonders hohe Aufladung an Lebenskraft im Körper zu erzeugen. Er reiste vor Jahren durch die USA und gab Vorlesungen. Statt *Mana* brauchte er den Ausdruck „Universale Lebenskraft", und er glaubte, es gäbe davon drei Arten. Er wußte nichts von den drei Selbsten der HUNA-Lehre und nichts von den drei *Mana*arten der *Kahunas*.

Der grundlegende Unterschied zwischen den Theorien Fersons und den Anschauungen der *Kahunas* liegt in der Frage, woher die hohe Aufladung stammt. Wie die Lehrer mancher religiöser Schulen Indiens, so glaubte auch Baron Ferson, daß es eine „Universale Lebenskraft" gäbe, die gleich einem unermeßlichen Kraftozean das ganze Universum erfülle, die überall vorhanden sei und aus der alle Lebewesen ihren Anteil an lebensspendender Kraft ziehen könnten. Demgegenüber haben die *Kahunas* nichts hinterlassen, was darauf hindeuten könnte, daß sie der Lebenskraft einen universalen Charakter zuschrieben. Ferson glaubte, durch eine Anstrengung des Geistes diese Kraft gewissermaßen aus der Atmosphäre schöpfen, sie absorbieren und in seinem Körper speichern zu können.

Baron Fersons Bejahungsformel war: „Die Universale Lebenskraft fließt nun durch mich hindurch ... Ich fühle sie." Zwischen den beiden Sätzen machte er eine Pause, um den Kraftstrom anwachsen zu lassen. Während er die Bejahung sprach, standen seine Schüler mit weit gespreizten Beinen und in Schulterhöhe ausgestreckten Armen und Händen. Ferson glaubte, die vier Gliedmaßen würden, wenn sie über den Astralkörper hinausragen, die Kraftströme berühren, die in der Luft den Körper umfließen; sie würden die Universale Lebenskraft in den Körper aufnehmen wie Antennen die Radiowellen eines Senders. Bald spürte man in den Händen ein Prickeln, das möglicherweise die Folge einer starken *Mana*-Aufladung war. Es ist aber zu bedenken, daß dieses Prickeln schon durch die Bejahungsformel angekündigt war, daß man es also erwarten konnte und Georg an der Arbeit war, es zu realisieren (das Prickeln konnte schließlich auch auf einer Verringerung der Blutzirkulation in den Armen herrühren). Die Hochaufladung an *Mana* aber kam jedenfalls zustande und konnte demonstriert werden.

Der verstorbene Dr. Oscar Brunler, ein namhafter Wissenschaftler und Strahlenforscher, demonstrierte eine Methode, die der von Ferson überlegen war, obgleich auch sie sich auf die angefochtene These stützte, daß die Kraft schon in der Atmosphäre enthalten sei. Bei dieser Methode beginnt man mit Freiübungen, um tieferes, kräftiges Atmen zu erreichen und die automatische Entwicklung eines zusätzlichen *Mana*-Quantums einzuleiten. Man steht aufrecht, mit den Füßen ziemlich dicht zusammen, und „schaufelt" Luft mit weit gespreizten Fingern. Dabei stellt man sich zunächst auf die Zehenspitzen und beginnt so hoch man reichen kann; dann reicht man — unter gleichzeitigem Vorbeugen des Körpers — in weitausladenden Kreisbewegungen seitlich über die Knöchel hinweg und endet damit, daß die Hände von hinten her im Bogen hochgeschwungen werden. Der Schwingungsbogen beträgt etwa drei Viertel eines vollen Kreises. Am Ende jeder Kreisbewegung werden Arme und Hände einen Augenblick entspannt, bevor sie — unter Streckung des Körpers — wieder zur Ausgangsstellung emporgehoben werden. Indem man die Übung mehrere Male kräftig durchführt, hält man das mentale Bild fest, daß sich ein Überschuß an Lebenskraft im Körper ansammelt. Jeder Schwung wird mit der Formel gekoppelt: „Nun lade ich mich mit *Mana* auf." Dr. Brunlers Methode ist ausgezeichnet. Hat aber Georg seine Kunst einmal gelernt, so spricht er auch bereits auf eine mentale Aufforderung des mittleren Selbstes an. Bei manchen Menschen ist der normale *Mana*-Pegel bereits recht hoch; andere haben eine nur sehr geringe Ladung. Jeder aber kann zu einer nachprüfbaren Hochaufladung an *Mana* kommen.

Der Versuch, den Baron Ferson machte, war einfach. Wenn jemand mit guter Aufladung sich innerlich, plastisch und bejahend vorstellt, daß sich das *Mana* seines Körpers in den Händen konzentriert und dort magnetische Wirkungen hervorruft, so wird das eintreten. Die so geschaffenen „menschlichen Magnete" werden nun leicht von hinten auf die Schultern eines Freundes gelegt, der nicht so hoch aufgeladen ist. Werden dann die Hände langsam zurückgenommen, so wirken sie wie starke Magnete und vermögen den Freund oft mit solcher Kraft nachzuziehen, daß er das Gleichgewicht verliert. Manche Menschen reagieren auf solche Kräfte weit stärker als andere. Macht man das Experiment — jedesmal nach neuer Hochaufladung — mit verschiedenen Personen nacheinander, so findet man sicher einen sensitiven Partner, der besonders stark auf diese magnetische Kraft anspricht.

An anderer Stelle habe ich ein Experiment beschrieben, das ich als Schüler Baron Fersons in Honolulu durchführte. Ich hatte starke magnetische Zugwirkungen auf verschiedene Teilnehmer der Studiengruppe auszuüben vermocht, war aber nicht sicher, ob die Reaktionen der Betreffenden nicht vielleicht durch Suggestion oder Vorstellungsbilder hervorgerufen worden waren. Um sicher zu gehen, verabredete ich mit einem der Kursusteilnehmer, Versuche an seinem Hund vorzunehmen. Jeder von uns lud sich besonders stark auf, stellte sich hinter den Hund, legte ihm die Hände an den Rumpf und zog sie langsam zurück. Jedesmal wurde der Hund von den Händen mitgezogen, obwohl er sich mit den Pfoten im Teppich festzukrallen versuchte. Sonderbar war, daß wir dabei in den Händen keinerlei Zugkraft verspürten. (Diese Tatsache läßt sich selbst im Lichte der HUNA-Lehre schwer erklären. Es ist möglich, daß sich beim Wegziehen der Hände unser *Aka-*

Mana vorstreckte, den Hund irgendwie im Griff behielt und unter dem Befehl des niederen Selbstes die in der unsichtbaren *Aka*-Hand vorhandene Kraft dazu benutzte, den Hund nach hinten zu ziehen. Geistwesen, die nur ihre *Aka*-Körper besitzen und sie mit *Mana* füllen, das sie den Lebenden entnehmen, können beim Einsatz der gesamten *Mana*-Ladung oft gewaltige Leistungen vollbringen; (lebende Menschen, Tische und schwere Pianos werden so zum Beispiel hochgehoben und Häuser wie bei Erdbeben erschüttert.)

Wir erinnern uns, daß die *Kahunas* das *Mana* durch Wasser symbolisierten. Wollten sie sich besonders stark aufladen, so atmeten sie tief und stellten sich vor, wie das *Mana* — gleich Wasser in einer Quelle — höher und höher stieg, bis es zum Überlaufen kam. Den Körper dachten sie als Quelle und das *Mana* als Wasser. In diesem Zustand konnten sie Wurfstöcke mit starken *Mana*ladungen versehen. Die Stöcke wurden über die Köpfe der kämpfenden Krieger hinweg geworfen, und der davon getroffene Feind sank bewußtlos zu Boden. Ebenso sandte der Mesmerit aus Hollywood eine Hochaufladung in seine Sichtlinie und streckte eine Person bewußtlos zu Boden. Zweifellos bediente er sich dabei eines ausgestreckten Fingers aus *Aka-Mana*.

Zur Durchführung des magnetischen Anziehungstestes benötigt man eine andere Person. Bei der HRA-Arbeit suchten wir daher nach einem einfachen Test, den man allein durchführen kann. Man fand ihn nicht gleich, doch mit der Zeit arbeitete man ein Verfahren aus, das für jeden, der mit dem Pendel umzugehen versteht, zufriedenstellende Ergebnisse liefert.

Bei diesem Test hält man den Pendel wie gewöhnlich in der Hand, jedoch über die linke Handfläche. Man sagt Georg einfach doch eindringlich, daß er gemäß der Konvention durch den Pendel die *Mana*-Menge angeben solle, über der er zurzeit im physischen und im *Aka*-Körper verfügt (also die Normal-Ladung). Die Konvention muß klar verständlich sein; dabei achte man darauf, daß die Zahl der Ausschläge begrenzt ist. Es ist nämlich sehr ermüdend, lange Zeit hindurch einige tausend Ausschläge verfolgen zu müssen. Man suche also, mit einigen hundert Ausschlägen auszukommen, was auch durchaus angebracht und möglich ist, weil es ja nur auf einen Vergleich zwischen der Normal- und Hochaufladung ankommt. Kreisschwingungen anstelle der früheren geraden Ausschläge sind interessante Änderungen. Die Prozedur kann man bei der Konvention noch dadurch verkürzen, daß man fragt: „Ergibt die Zählung mehr als dreihundert Schwingungen?" Wenn dann die Antwort „Ja" lautet, bei vierhundert Ausschlägen aber mit „Nein" geantwortet wird, so sage man: „Nun gut, dann beginnen wir bei dreihundert". Bei Erreichen der richtigen Zahl soll Georg die Schwingung mit einem leichten Ruck oder durch Wackeln des Pendels beenden. Bestehen über die Auszählung noch Zweifel, so sollten sie gemeinsam mit Georg nach der „Ja"- und „Nein"-Methode eliminiert werden.

Besteht Einigkeit über die Normal-Ladung an *Mana*, so sollte man eine Hochaufladung bewirken, und für diesen Ladungszustand einen neuen Versuch machen. Es ist zweckmäßig die Resultate solcher Versuche täglich aufzuschreiben; denn bei nur wenigen Minuten täglicher Übung kann man feststellen, daß die Aufladung von Tag zu Tag höher wird. Alles, was über dem Doppelten des Normalen liegt, ist gut. Das Vierfache des Normalen bringt Sie und Ihren Georg bereits an die Spitze der Klasse.

Manche HRA-Mitglieder erhielten zwar Pendelschwingungen — oft sogar sehr weite Kreisschwingungen —, doch hielt sich Georg einfach daran, endlos weiterzuschwingen, bis die Arme so müde wurden, daß man den Pendel nicht länger über der Handfläche halten konnte. In solchen Fällen machte ich mit meinem Pendel und meinem Georg über den Händen der betreffenden HRA-Freunde Nachprüfungen. Mein Georg erwies sich bei der Messung der anderen ebenso brauchbar wie bei mir selbst. Er gab uns in allen Fällen die normale und nach der Hochaufladung die erhöhte Auszählung. In zwei anderen Fällen führte eine Unterhaltung mit den HRA-Freunden — und vielleicht eine stille Unterhaltung zwischen unseren Georgs — dazu, daß die späteren Übungen voll verstanden wurden und die erratischen Schwingungen normalen Auszählungsresultaten wichen. Aus dieser Erfahrung schlossen wir, daß beide Georgs die Konvention nicht richtig verstanden hatten. Sie hatten zwar verstanden, daß die Kreisschwingungen des Pendels Auflagungen an Lebenskraft anzeigen sollten — was ja einfach zu begreifen ist —, doch hatten sie nicht zu verstehen vermocht, daß eine bestimmte Zahl von Schwingungen als Indikator für die Normalladung dienen sollte und es durch eine entsprechend größere Schwingungszahl die darüber hinausgehende Hochaufladung anzuzeigen galt. Menschen mit niedrigem Normalpegel an Vitalkraft können nach einer Hochaufladung fast immer den Zuwachs an *Mana* deutlich spüren. Sie empfinden dann ein erhöhtes Wohlbefinden, eine Steigerung der physischen Kraft oder des Willens, größere Bestimmtheit oder Geistesschärfe, eine schnellere und leichtere Gedächtnistätigkeit und eine bessere Funktion der Sinnestätigkeit. Das Letztere trifft vor allem für das Sichtvermögen zu. Einer der beliebtesten HRA-Versuche in dieser Hinsicht war, daß man ein farbiges Bild aufhing und es vor und nach der Hochaufladung betrachtete. Nach der Hochaufladung ist die Sicht klarer und umfassender. Es ist ganz überraschend, ein wieviel größeres Sichtvermögen man dann hat, wieviel mehr Einzelheiten man dann wahrnimmt und wie die Leuchtkraft der Farben wächst. Einer aus der HRA-Gruppe, der lange Stunden auf seine mühsame Berufsarbeit verwenden mußte, stellte fest, daß er sich jedesmal sofort gestärkt und erfrischt fühlte, wenn er sich ein- oder zweimal am Morgen oder Nachmittag in einer Pause hoch mit *Mana* auflud.

Mana ist tatsächlich eine Lebenskraft. Mit ihr verläuft das Leben stark; ohne *Mana* sinkt es ab zur Stufe des Vegetierens. Diese Erkenntnis entstammt nicht nur der HRA-Arbeit und der HUNA-Lehre. Ärzte haben längst schon festgestellt, daß das mittlere Selbst bei zu niedrigem Vitalkraft-Pegel das niedere Selbst nicht mehr zu beherrschen vermag, und daß sich letzteres, wenn es sich selbst überlassen ist, regel- und zügellos verhält; es kommt dann zu neurotischen und psychotischen Symptomen. Sinkt das Lebenskraftniveau tief ab, so fällt das Opfer in einen Zustand dauernder Kränklichkeit und Depression, und von dort ist es dann nur noch ein Schritt bis zum völligen Irresein.

Man kann die Substanz seines *Aka*-Körpers weder erhöhen noch verlieren; man kann aber mit sehr günstigem Ergebnis den Vitalkraft-Pegel erhöhen, wenn er zu niedrig ist oder wenn man zu bestimmten Zwecken mehr Mana benötigt. Umgekehrt aber kann man *Mana* verlieren und durch dessen Verlust in zunehmendem Maße leiden. Der Totalverlust an *Mana* hat den Tod zur Folge.

Das aber ist der wichtigste Punkt unserer Betrachtungen über das *Mana*: Gelingt es uns, eine Hochaufladung an *Mana* zu bewirken, so sind wir — mit der Hilfe des Hohen

Selbstes — imstande, segensreiche, ja wunderbare Wirkungen zu vollbringen, angefangen von einfachen Heilungen bis zu wunderartigen Veränderungen an körperlichen Geweben und sogar am Schicksalsgeflecht unserer Zukunft.

Im folgenden Abschnitt wollen wir nun über die Natur des Hohen Selbstes sprechen — damit wir mit dem, was wir vom *Mana* und den Gedankenform-Trauben bereits wissen, möglichst schnell zu der einzig wichtigen Arbeit kommen, bei der alle drei Selbste in voller Harmonie zusammen wirken.

VII

DAS HOHE SELBST

Die *Kahunas* glaubten an eine dritte und höchste Bewußtseinsform im Menschen, und im Kontakt mit ihr bewirkten sie ihre wunderbaren Taten. Der Einfachheit halber wollen wir sie das Hohe Selbst nennen. Wie das niedere und mittlere, so ist auch das Hohe Selbst ein Geistwesen. In Seinem Körper aus *Aka*-Substanz lebt es außerhalb des physischen Körpers; Es kann nahe bei ihm, aber auch weit von ihm entfernt sein. Wie ein Telefondraht, so verbindet die *Aka*-Schnur ständig das niedere und das Hohe Selbst. Arbeiten die drei Selbste in der normalen Weise frei und leicht miteinander, so kann das niedere Selbst auf Verlangen des mittleren Selbstes über die *Aka*-Schnur jederzeit das Hohe Selbst anrufen und Ihm Mitteilungen zusenden.

Die *Kahunas* nannten das Hohe Selbst *aumakua*, was soviel bedeutet wie „Äußerst Vertrauenswürdiger, Elterlicher Geist" oder „Vater-Gott". Daß man damit keinen Vater im normalen Sinne meinte, zeigt das Wurzelwort *au*, was „älter" im Sinne von völlig erwachsen, völlig entwickelt und überlegen an Kraft, Weisheit und Vertrauenswürdigkeit bedeutet. *Au* ist auch „eine Schnur", in diesem Fall die Aka-Schnur, die das Hohe Selbst mit dem unteren Selbst-Paar verbindet.

Das Wurzelwort *au* bedeutet ferner „eine geistige Wirkung" und „ein Fluß oder Strom", wie im Meer. Dadurch wird angedeutet, daß das Hohe Selbst zur Verwirklichung unserer Gebete Seine geistige Kraft einsetzt — daß Es aber gleichzeitig einen Zustrom an *Mana* benötigt. (Ein Fluß oder Wasserstrom ist das Symbol für *Mana*.) *Makua* bedeutet „Vater" (Elternteil) und das Wurzelwort *ma* „begleiten". Damit wird auf die Tatsache hingewiesen, daß Es das niedere und mittlere Selbst als Führer durch das Leben begleitet. Ein weiterer Sinn des gleichen Wurzelworts ist „verfestigen". Das bringt uns nun zu einem der interessantesten Glaubensanschauungen der HUNA-Lehre: Alle Umstände und Begebenheiten, um die der Mensch das Hohe Selbst im Gebet bittet, müssen zuerst vom Hohen Selbste aus unsichtbarer *Aka*-Substanz vorgeformt werden (das Hohe Selbst verfügt über die dazu nötige Kenntnis und hat — falls Ihm die unteren Selbste täglich *Mana* spenden — auch die erforderliche Kraft dazu). In den so geschaffenen Formen wird die physische Substanz „verfestigt" oder „materialisiert". Nach beendetem „Verfestigungsvorgang" treten dann die erbetenen Umstände oder Begebenheiten als Tatsachen auf der physischen Ebene in Erscheinung.

An dieser Stelle mag man vielleicht fragen, was die Auffassung von der segensvollen Macht des Hohen Selbstes mit Gott zu tun hat. Die Idee eines Obersten Göttlichen Wesens war der Beitrag der Hebräer zu den Gedanken der Welt über dieses ewige Thema. Indem sie dieses meisterliche Stück Denkarbeit leisteten, gaben sie aber in vielen Religionszweigen den Anlaß zur Auslöschung aller Bewußtseinsformen und -ebenen zwischen dem mittleren und dem Unendlichen Obersten Gottwesen. Zwischen diesen beiden Stufen klafft eine riesige Leere, die unserer Erkenntnis von den ordnungsmäßigen evolutionären Entwicklungsprozessen auf der irdischen Ebene widerspricht. Wir sehen, wie sich die Evolution des Lebens von einer elementaren Form zur nächsten, über immer vollkommenere Formen weiter, weiter und weiter vollzieht, bis die Seele des Menschen erreicht ist.

Jede Lebensform — sei sie auch noch so einfach oder selbst mikroskopisch klein — zeigt einwandfrei, daß ein Bewußtsein sie leitet und daß sie so viel Lebenskraft besitzt, wie sie zur Erfüllung ihrer Aufgaben braucht. Hört man aber beim Menschen auf und macht von der Ebene seiner geringen geistigen und physischen Kraft einen unvorstellbar großen Sprung zum Höchsten Schöpfer des Universums, so läßt sich das nicht mehr mit dem vereinbaren, was wir allüberall um uns herum beobachten: Nämlich mit der sich Schritt für Schritt und ganz ordnungsgemäß vollziehenden Evolution zu immer höheren Ebenen. Daß es überhaupt zu einer so vernunftswidrigen Auffassung kommen konnte, liegt zum Teil darin begründet, daß die Ebenen oberhalb des physischen Menschen für das physische Auge nicht sichtbar sind.

Der Mosaische Gott war stark nach des Menschen Bild geprägt, damit der Mensch ihn besser annehmen und verstehen konnte. Für Menschen geringen Denkvermögens war er ein gütiger, alter Mann mit langem Bart und feurigen Augen, der aber in seinem Zorn gefährlich und fürchterlich wurde, wenn man seinen Befehlen nicht gehorchte. Seine Befehle — so nahm man an — gab Gott den Priestern, die sie den Gläubigen weitergaben. Mangels Befehlen aus erster Hand machte man das Buch, in dem man die früheren Befehle niederschrieb, zum „Wort Gottes", ... und wehe dem, der an diesem „Wort" zu zweifeln wagte. Dabei machte es gar nichts aus, daß es solche „Gottesworte" in allen Religionen gab und daß sie zudem hinsichtlich der von Gott gegebenen Befehle nicht einmal gut übereinstimmten. Da der Mensch aus drei

Wesenheiten bestand, glaubten die *Kahunas*, daß auch der Höchste Gott drei Wesenheiten in sich vereinige. Man nannte sie nach alten hawaiischen Legenden *Ku, Kane* und *Kanaloa*, und man hielt sie für so hoch über alles menschliche Maß entwickelt, daß sie als Wesen mit großer magischer Kraft personifiziert wurden, als Wesen, die Welten und Völker schufen und über sie herrschten.

Es zeugt von der Logik und Weisheit der *Kahunas*, daß sie zugaben, ein mittleres Selbst könne niemals die Natur des Hohen Selbstes und die Ihm eigene Geistigkeit verstehen. Wenn wir aber das zu unserem eigenen Ich gehörende, auf der allernächsten Evolutionsstufe über uns stehende Hohe Selbst nicht einmal zu verstehen vermögen, so ist klar, daß unsere Möglichkeit, noch höhere Geistwesen oder den Allumfassenden Höchsten Gott, zu verstehen, äußerst gering sein dürfte.

Die *Kahunas* lehrten, daß alle Gebete zuerst zum Hohen Selbst gehen müssen, weil ja unsere *Aka*-Schnur nur bis zu Ihm reicht und uns mit höheren Wesenheiten nicht in Kontakt bringen kann. Man glaubte allerdings, das Hohe Selbst werde, wenn Es einen Gebetswunsch nicht selbst verwirklichen könne, von Sich aus das Gebet an höhere Wesenheiten weiterleiten. Ferner existieren die Hohen Selbste nicht als „Einzelgänger". Sie bilden vielmehr in enger Freundschaft und Liebe das Hohe „*Poe Aumakua*", die „Große Gesellschaft der *Aumakuas*", und Sie sind stets bestrebt, Sich mit allen Kräften einzusetzen, um den anderen Hohen Selbsten sowie den Ihnen anvertrauten unteren Selbsten oder physischen Menschen zu helfen.

Wie in Abschnitt I kurz ausgeführt wurde, finden sich HUNA-Lehren in vielen verschleierten, wenig verstandenen Bibelstellen. Aufgrund der verwendeten Symbole und durch die Rückübersetzung in die „heilige Sprache", bei der die Wurzelworte die innere Bedeutung enthalten, konnten solche Bibelstellen ausgedeutet werden. Dabei zeigte sich, daß die Eingeweihten der biblischen Zeiten und die *Kahunas* weit draußen im Pazifischen Ozean aus der gleichen Quelle der Erkenntnis geschöpft haben.

Betrachten wir z. B. das Wort Jehova, das im Alten Testament einer der Namen für Gott war. Jehova bedeutet „ein Kommender". Die Übersetzung dieses Ausdrucks ins Hawaiische lautet *kokoke*. Das aber ergibt nun nicht nur die genannte äußere, in die hebräische Schrift übernommene Bedeutung, sondern aus den Wurzelworten erhalten wir weitergehende Aufschlüsse über die mit diesem Namen bezeichnete Gottheit. Wir erhalten, wie sich gleich zeigen wird, eine getreue Beschreibung der Kräfte des Hohen Selbstes.

Ko: „erfüllen, hervorbringen" (wie bei der Erfüllung eines Gebetes);

„erfüllen", wie man eine Vereinbarung oder einen Vertrag erfüllt;

„etwas erhalten, wonach man gesucht hat";

„ein Gesetz in Kraft setzen";

„erobern oder überwältigen" (große Kraft besitzen).

Koko: „Einen Knochen ersetzen", wie bei einer Sofortheilung;

„einen Knochen richten";

„Blut" (In der HUNA-Lehre das Symbol des körperlichen Lebens);

„erfüllen" (Nachdrücklicher als ko. Das Hohe Selbst läßt in Erfüllung Seines Versprechens, das Gebet zu erhören, Dinge geschehen).

Koke: „Nahe, nicht weit weg sein, an jemanden nahe herankommen";

„mit jemandem auf freundschaftlichem Fuße stehen";
„jemandem zugeordnet sein";
„jemanden begünstigen";
„etwas sofort, schnell, unverzüglich tun" (mit dem Kausativum *hoo*).

In modernen christlichen Kirchen der weniger orthodoxen Richtung hat man viel über den „inneren", den „innewohnenden" Gott, den „Vater, der in uns wohnt", diskutiert. Die Idee geht auf gewisse Sätze des Neuen Testamentes und wohl besonders auf die Jesus-Worte zurück: „Das Königreich des Himmels ist in Euch". Übersetzen wir nun den Ausdruck „ein Gott, der bei oder in jemandem wohnt" ins Hawaiische, so erhalten wir *akua noho*. Das ist einer der Namen, mit denen man das Hohe Selbst belegte. Die inneren Bedeutungen gehen aus den Wurzelworten wie folgt hervor:

Akua war ein dem mittleren Selbst an Intelligenz, Kraft, oder anderen Eigenschaften überlegenes Wesen. Es war überlegen durch seine höhere Urteilskraft, durch seine Fähigkeit, wertvollen Rat zu erteilen, zu führen und zu schützen. *Noho* bedeutet „in" oder „bei jemandem" wohnen — wie z. B. das Hohe Selbst auf Wunsch kommt, um beim niederen und mittleren Selbste zu wohnen. Wenn aber das Hohe Selbst bei den unteren Selbsten wohnt oder über die *Aka*-Schnur mit ihnen verbunden ist, stehen alle drei Selbste zueinander in einer besonderen Beziehung, wie die zweite, sehr wichtige Bedeutung von *noho* zum Ausdruck bringt. Sie „besitzen gleiche Privilegien". Das aber weist wieder auf die Tatsache hin, daß auch das Hohe Selbst am *Mana* oder der Vitalkraft des Menschen teilhaben muß, damit Es imstande ist, auf der dichten physischen Ebene wirken zu können und auf Seiner unsichtbaren

Stufe Seine schöpferische Arbeit zur Schaffung der Zukunft zu verrichten.

Isaias, der das Hohe Selbst als „wundervollen Berater" preist, spricht damit genau das aus, was die HUNA-Lehre sagt. Durch Seine hochentwickelte Geisteskraft und Weisheit verdient Es noch weit höheres Lob. Das Hohe Selbst ist uns Führer und Beschützer, wenn wir nur unsere beiden unteren Selbste öffnen und Ihm erlauben, Seine natürliche Rolle im Leben auf dieser Ebene zu spielen.

Isaias nennt das Hohe Selbst auch den „Ewigen Vater", und das bringt uns zurück zum Vater-Begriff in *Aumakua*, dem Namen für das Hohe Selbst. Jahrhunderte nach Isaias sprach Jesus — in absolutem Gegensatz zur früheren Auffassung von Gott als einem eifersüchtigen, zornigen Wesen — von Gott als dem „liebenden Vater". Das war kein Versehen Jesu. Wir sprachen schon davon, daß Jesus ein Eingeweihter der alten HUNA-Lehre gewesen sein muß. Als solcher aber konnte er jederzeit „eins werden mit dem Vater", sich mit ihm aufs engste verbinden; und er war dadurch imstande, in seinem Leben als Mensch aus drei Selbsten ständig die Hilfe des Hohen Selbstes zu erfahren.

Gewöhnlich sprach Jesus von sich als dem Menschensohn, manchmal aber nannte er sich auch Sohn Gottes. Zog man ihn deshalb zur Rechenschaft, so verwies er auf die alten Schriften „Ich sagte, ihr seid Götter". Er sprach dann wie der Psalmist, den er anführte, von seiner Hohen-Selbst-Ebene.

Einige HRA-Mitglieder christlicher Herkunft fragten, warum es denn nötig sei, „in Jesu Namen" zu beten. „Bittet in meinem Namen", so lehrte Jesus, und dieses klare und ungewöhnliche Gebot ist zu nachdrücklich, als daß man es als unbedeutend übergehen könnte.

Der Satz „Bittet in meinem Namen" kann ins Hawaiische zurückübersetzt werden, und dann lüftet sich das Geheimnis. Das „bitten" ist im Hawaiischen das „anrufen" eines, zu dem man betet. Das verwendete Wort ist *ku-he-a* oder alternativ *ka-he-a*. Die Wurzelwörtchen sagen uns, wie man in der HUNA-Weise das Hohe Selbst anrufen soll. Man streckt einen *Aka*-Finger aus, um das Hohe Selbst zu berühren und Seine Aufmerksamkeit zu gewinnen (vergleichsweise könnte man sagen, jemand nimmt den Telefonhörer aus der Gabel und wählt eine Nummer. Der Schalter im Apparat öffnet dem Strom den Weg durch den Draht und bringt diesen gewissermaßen zum Leben). In gleicher Weise wird die *Aka*-Schnur vom niederen zum Hohen Selbst mit *Mana* aufgeladen und für den Gebrauch vorbereitet. Die Aufmerksamkeit des Hohen Selbstes ist erregt, und Es ist bereit, die telepathische Mitteilung oder das Gebet zu empfangen. Wir geben dabei unseren Gedanken nicht nur in Worten Ausdruck, sondern in Gedankenform-Trauben, und wenn diese längs der *Aka*-Schnur auf einem Strom von *Mana* zum Hohen Selbst-Vater gelangen, drücken sie unsere Worte und Gedanken aus.

Soweit über das Geheimnis, das sich hinter den Worten „fragen" oder „anrufen" verbirgt. Welches Geheimnis aber birgt das *Kahuna*-Wort „Name"? Die Übersetzung lautet *i-noa*. Die Wurzel des Wortes gibt uns zunächst die verborgene Bedeutung von „sprechen", was darauf hinweist, daß das Hohe Selbst auf unseren Anruf antwortet. Ferner finden wir die Bedeutung „jemanden von Einschränkungen aller Art befreien". Das entspricht unserer Bitte, das Hohe Selbst möge uns helfen, alle Hindernisse zu beseitigen, die es dem niederen Selbste schwer machen, Ihm *Mana* und Gebets-Gedankenformen emporzusenden und den Kontakt mit Ihm herzustellen.

Ein anderes Wurzelwort hilft uns verstehen, warum das niedere Selbst den *Aka*-Faden — den symbolischen Pfad zum Hohen Selbst — manchmal nicht zu aktivieren vermag. Seine Bedeutung ist „einen anderen schädigen", und das ist im HUNA-Sinne „Sünde".

Im HUNA-System gibt es nur eine große Sünde, die man bewußt begehen kann: EINEN ANDEREN SCHÄDIGEN. Das Hohe Selbst steht viel zu hoch, als daß Es durch die beiden unteren Selbste verletzt werden könnte. Es hat Mitleid mit dem niederen Menschen, und wünscht sehnlich, daß er sein Leben stets gut leben möge, ohne andere zu schädigen. Es ist betrübt, wenn der Mensch in der Sünde verharrt und sich durch die Sünde von der täglichen Hilfe und Führung abschneidet, die das Hohe Selbst ihm normalerweise geben könnte. Schädigen wir andere geistig oder körperlich, oder schädigen wir unseren eigenen Körper durch Exzesse, so handeln wir voll bewußt; wir können daher auch aufhören so zu handeln. (Auf andere „Sünden" in Form von Komplexen und Besessenheit werden wir später noch zu sprechen kommen.)

Solange man schuldig ist, einen anderen verletzt zu haben, ist man nicht imstande, ein erfolgreiches Gebet durch Vermittlung des Hohen Selbstes — oder wie Jesus lehrte: in Seinem Namen — an Gott zu richten. Soweit wie möglich, müssen wir alle Verletzungen, die wir anderen zufügten, wieder gutmachen. Ist das nicht mehr möglich, kann Rückerstattung oder Wiedergutmachung nicht mehr erfolgen und Vergebung nicht mehr erlangt werden, so müssen gute Werke, die in selbstloser Weise für andere getan werden, als stellvertretende Buße eintreten.

Wenn man das Hohe Selbst als „Äußerst Vertrauenswürdiges Elterliches Selbst" bezeichnete, so war dafür eine Erkenntnis mit ausschlaggebend: Das Hohe Selbst drängt sich nie in die Tätigkeit der beiden unteren Selbste. Es beraubt sie nie ihres „freien Willens", den sie als göttliches Erbteil und Geburtsrecht besitzen. Es ist des Menschen Privileg, durch Erfahrung zu lernen, und es muß ihm zugestanden werden, seine Hände im Leben zu gebrauchen, wie er will und ohne Einmischung des „elterlichen, älteren und weiseren Hohen Selbstes". Natürlich kann das dazu führen, daß man den harten, steinigen Weg durch bitterste Erfahrung gehen lernen muß.

Manche Menschen haben das „intuitive Wissen", daß ein Hohes Selbst existiert. Intuitives Wissen aber gilt nur für den, der es hat; es läßt sich nicht auf andere übertragen. Man kann nur seiner Überzeugung Ausdruck geben, daß man die innerlich empfundene Intuition für wahr und wirklich hält. Dem anderen aber steht es frei, diese Aussage anzunehmen oder abzulehnen. In meinem Buche: „Geheimes Wissen hinter Wundern" habe ich ein mystisches System des Zen Buddhismus beschrieben, das darauf abzielt, einen intuitiven oder halb-sensuellen Eindruck vom Hohen Selbst als der „Einen Wirklichkeit" zu erhalten. Ich berichtete, wie ich selbst versuchte, diese Gefühlsempfindung und mit ihr die Überzeugung zu wecken, daß es eine Art Welt gibt, die die vollkommenen Formen aller Dinge und großen Wahrheiten enthält, obwohl man in ihr nichts anderes spürt, als das „Lebendigsein", das einfache Dasein des Körpers, losgelöst von Raum, Zeit und Erinnerung, doch immer eingetaucht in eine Lichtflut der einen oder anderen Farbe. Ich empfand mich zuweilen als ein Teil dieses Lichtes, als eins mit ihm.

Ähnliche Erfahrungen der ersten *Kahunas* dürften dazu

geführt haben, daß man das Hohe Selbst als LICHT symbolisierte. Auch gab man Ihm den Namen *Ao* oder *Io*, was soviel bedeutet wie „Licht" und „Wahrheit" oder „die echte Wahrheit und Wirklichkeit". Oft wurde das Hohe Selbst *Ala* genannt, was nicht nur „der Gesalbte", bedeutet, sondern auch „Weg" oder „Pfad" — beides Symbole für die zum Hohen Selbst gehende *Aka*-Schnur.

Im Neuen Testament sind diese Bezeichnungen nur in ihrer äußerlichen Bedeutung erhalten. Jesus, der sich als „eins mit dem Vater" bezeichnete und daher berechtigt war, stellvertretend für das Hohe Vater-Selbst zu sprechen, sagte denjenigen seiner Schüler, die er in das alte Geheimnis einweihte: „ICH BIN DER WEG, DIE WAHRHEIT UND DAS LEBEN". Das „Leben" ist in diesem Falle das vom Hohen Selbst transformierte und den unteren Selbsten als heilende und segnende Kraft wieder zugesandte *Mana* — die lebensspendende Kraft des Hohen Selbstes.

Jesus sprach von sich als dem „LICHT" der Welt, und wenn er lehrte, daß man nur durch ihn in das Königreich des Himmels gelangen könne, so sprach er symbolisch von sich als der *Aka*-Verbindung, dem „WEG" zum Hohen Selbst; denn das ist der eine und einzige Weg, der zum Kontakt mit dem Hohen Selbst führt, auf daß man in der HUNA-Weise zu Ihm beten kann. Auch ist mit dem „Königreich des Himmels" symbolisch das Hohe Selbst gemeint. Messias oder der „Gesalbte" (wie *Ao* andeutet, einer, der mit dem Hohen Selbst in Kontakt ist) war ein im Alten Testament häufig gebrauchter Titel; Jesus wies Jahrhunderte später auf ihn als eine Prophezeiung für sein eigenes Kommen und seine geistige Aufgabe hin. Die Bibelstellen, die sich auf „den Gesalbten" beziehen, sind leicht verschleierte Hinweise auf das Hohe Selbst und

Seine gesegneten Kräfte zur Hilfe und Erlösung vom Übel und zur Vergebung der Sünden.

Wenn Jesus zu Uneingeweihten sprach, so benutzte er die äußeren Bedeutungen der Worte; dasselbe taten die *Kahunas* in Ägypten und später in Polynesien. Seine Jünger aber lehrte er die HUNA-Bedeutungen, die sich hinter den Wurzel-Wörtchen der „heiligen Sprache" verbergen. Im Neuen Testament, Matth. 13: 10-11, wird sehr klar über diese inneren Lehren gesprochen. Es heißt dort: Da traten seine Jünger näher und fragten ihn: „Warum sprichst Du in Gleichnissen zu ihnen?" Er antwortete: „Euch ist es vergönnt, die Geheimnisse des Himmelreiches zu verstehen, doch jenen ist es nicht vergönnt." Da HUNA aber das „große Geheimnis" war, weist dieser Ausspruch mit kaum bezweifelbarer Deutlichkeit darauf hin, daß das HUNA-System den Inhalt der Lehre bildete.

Es ist ein Glück für die Menschheit, daß beim normalen Lebensablauf alle drei Selbste miteinander zusammenarbeiten und die unteren Selbste das Hohe Selbst einladen, Seinen rechtmäßigen Anteil bei der Erfüllung der Lebensaufgaben zu übernehmen. Dabei erhält dann das Hohe Selbst Seinen Anteil am „täglichen Brot", am niederen *Mana*, und setzt Seine überlegene Weisheit und Kraft in bestmöglicher Weise zur Führung und Heilung des Menschen sowie zur günstigen Gestaltung seiner Zukunft ein.

Die größte Entdeckung im Leben eines Menschen ist die Feststellung, daß es ein Hohes Selbst gibt; die zweitgrößte ist es, zu erfahren, wie man mit Ihm zusammen arbeiten und Seine Hilfe erlangen kann.

Im normalen Leben leitet und führt uns das Hohe Selbst automatisch und gewissermaßen von hinter den Kulissen, selbst wenn man sich dessen gar nicht bewußt wird. Die Dinge

„geschehen" einfach richtig; Schwierigkeiten werden vermieden und das Leben verläuft glatt, glücklich und erfolgreich. Man dient andern und empfängt die „Freude des Herrn" oder das Glück, das der Hilfe entspricht, die man andern gibt. Gleichzeitig entwickelt man sich. Das niedere Selbst wird geschult und lernt schnell, sich mehr und mehr dem mittleren Selbst anzugleichen. Das mittlere Selbst wird von Tag zu Tag vertrauenswürdiger, und bald kommt die Zeit, da es aufsteigen kann auf die nächsthöhere Bewußtseins- und Lebensstufe, auf der es zu einem Hohen Selbst wird. Wer sich häufig durch das niedere Selbst über die *Aka*-Schnur mit dem Hohen Selbst verbindet, ist symbolisch unter dem „Joch" des Herrn — des Hohen Selbstes. Stellvertretend für den „Vater" lehrte Jesus: „Mein Joch ist sanft, meine Bürde leicht" und die *Kahuna* sagten dasselbe von einem Menschen, der gereinigt und willens war, sich mit dem Hohen Selbst zu verbinden.

Jedes der drei Selbste hat seine eigene Geistigkeit. Das niedere Selbst hat die Gabe der Erinnerung, das mittlere Selbst, dem die Erinnerungsfähigkeit fehlt, hat Vernunft und Urteilskraft, um klar zu erkennen, was um den Menschen vorgeht. Die Geistigkeit des Hohen Selbstes scheint die Erinnerungsfähigkeit einzuschließen, über eine Urteilskraft weit höherer Art zu verfügen und imstande zu sein, die Vergangenheit und den bereits kristallisierten Teil der Zukunft zu erkennen.

Wegen dieser Verschiedenheit der geistigen Kräfte können die beiden unteren Selbste das Hohe Selbst nicht ganz verstehen. Das Beste, was wir tun können, ist, daß wir — soweit unsere Einsichtskraft reicht — zu verstehen suchen, und dann einfach weitergehen... in Liebe zu unserem gottgleichen Hohen Selbst und im heiteren Bewußtsein, daß Es uns immer liebt, gleich, ob wir Erfolg haben oder versagen und daß Es stets bereit ist, auf unseren Anruf zu antworten und uns zu helfen, wenn wir darum bitten.

Es liegt ganz an uns — den unteren Selbsten — wenn Seiner Hilfe Schranken gesetzt werden.

VIII

AUFBAU DES GEBETES AUS
GEDANKENFORM - TRAUBEN

Die wichtigsten Aussagen über das HUNA-Gebet finden sich in einigen Worten, die dem in die Geheimlehre Eingeweihten vertraut und von tiefer Bedeutung, für den Außenstehenden aber bar jedes besonderen Sinngehaltes sind.

Der zum Überlaufen gefüllte Becher oder Kelch ist eines der bevorzugten Symbole, denn er kann die Form-Trauben der Gedanken versinnbildlichen, die zum Aufbau des Gebetes verwendet werden. Das Gebet muß vom niederen und mittleren Selbst in gemeinsamer Arbeit gestaltet und auf telepathische Weise längs der *Aka*-Schnur dem Hohen Selbst dargebracht werden.

Das Füllen des Bechers symbolisiert die „Erfüllung" des Gebetes, die Verwirklichung des Gebetswunsches durch das Hohe Selbst. Damit ergibt sich auch ein weiteres, gutes Symbol für die Art, wie die „Erfüllung" geschieht. Sendet man dem Hohen Selbst längs der *Aka*-Schnur die *Mana*-Gabe und mit ihr telepathisch die Gedankenformen, die den Inhalt des Gebetes ausmachen und eine Traube oder einen „Becher" bilden, so wird das *Mana* als Wasser symbolisiert, das wie in einer Quelle aufsteigt.

Erreicht es das Hohe Selbst, so wird es zu einem Nebel oder einer Wolke und dazu verwandt, den Gebetswunsch zu verwirklichen. Nach Ablauf einer angemessenen Frist (sofern die

Antwort nicht spontan erfolgt) treten die neuen Umstände als physische Realität in Erscheinung. Das wird durch Regentropfen symbolisiert, die vom Hohen Selbst niederfallen und den Becher füllen.

In Ägypten und besonders in Indien vertritt die kelchförmige Lotosblüte den Becher. Da die Lotosblüte an einem langen Stengel (Andeutung der *Aka*-Schnur) auf dem Wasser (Symbol für das *Mana* des niederen Selbstes) schwimmt, ist sie ein gutes Sinnbild dessen, was zum Gebet erforderlich ist.

Die HUNA-Bedeutung der Symbole ging irgendwann verloren, und in Indien hat der Lotos heute andere Bedeutungen — obwohl der in Mantrams verwendete Ausdruck „Oh, du Juwel im Lotos" das *Mana* andeutet, das als Regen oder Tau symbolisiert, in Tröpfchen niederfällt und den Becher füllt.

Die *Kahunas* der ältesten Zeiten sorgten dafür, daß das Bechersymbol nicht mißverstanden werden konnte. Sie fügten nämlich die Worte für „Spritzwasser" und „Schnur" zusammen und erhielten *ki-aha*. Dessen Übersetzung ergibt auch heute noch „Becher". Das längs der *Aka*-Schnur zum Hohen Selbst „gespritzte Wasser" — wie das Symbol es ausdrückt — ist natürlich die Hochaufladung an Mana. Die „Schnur" ist die *Aka*-Schnur, die das niedere mit dem Hohen Selbst verbindet. Der Becher ist die Form oder das Gefäß, in welches das Hohe Selbst — in Erfüllung des Gebetes — symbolisch den Regen seines Segens niederfallen läßt, so wie man etwas in eine Form schüttet, um einen Abguß herzustellen.

Daß es heute, nach so langer Zeit noch möglich ist, die geheime Lehre wieder zum Leben zu bringen, verdanken wir der ständigen Wiederholung solcher Symbole. Gewöhnlich benutzten die Kahunas für einen Sinninhalt mehrere Symbole und vermieden dadurch, daß das in ihnen enthaltene Geheimnis durch etwaige verspätete Veränderungen eines Wortes oder seiner Bedeutung verloren gehen konnte.

Die Kahunas waren fest davon überzeugt, daß das Hohe Selbst auf der Ebene der unsichtbaren Zukunft Dinge und Umstände erst dann zu „Antworten" umformen könne, wenn Ihm genug niederes *Mana* zugesandt wird. Ob diese Auffassung zu Recht besteht oder nicht, können wir erst sagen, wenn wir sie auf ihren praktischen Wert geprüft haben. Das gleiche gilt von ihrer Auffassung, daß das mittlere Selbst als erste Maßnahme den „Becher", die grundlegende Gedankenform, bilden muß, d. h., daß es sich ein klares Vorstellungsbild der gewünschten neuen Bedingungen schaffen muß, bevor es das Hohe Selbst bittet, Seinen Teil zur Verwirklichung beizutragen. Eines aber wissen wir unbezweifelbar: Was die *Kahunas* als die Grundlagen des Gebetes ansahen, was sie darüber dachten und wie sie sie erarbeiteten. Das Wissen um diese Dinge ist gesichert durch die Symbole, die die Kahunas mit so großer Sorgfalt und Weitsicht der Nachwelt zu erhalten verstanden haben.

Noch häufiger als den Becher und die Lotosblüte benutzte man den „Samen" als Symbol. Gedankenformen sind unsichtbar und äußerst klein, gewissermaßen stäubchenfeines Gedankengut; zusammengeballt könnte man sie anschaulich als Samen-„Knötchen" symbolisieren, die längs der Aka-Schnur auf einem Strom von *Mana* emporgetragen werden.

Hat man ein Samenkorn in die Erde gelegt, so muß man es feucht halten, damit aus ihm die Pflanze wächst. Die dem Hohen Selbst täglich dargebrachte *Mana*gabe wurde durch Wasser symbolisiert; es diente dazu, den „Samen" zu bewässern, der dem Hohen Selbst bereits zugesandt und inzwischen der Erde des unsichtbaren Gartens Eden anvertraut worden war, in dem alle Früchte reifen. (Trägt aber ein Baum die Frucht der fleischlichen Erkenntnis des Übels — den Komplex — und liegt diese Frucht im niederen Selbst, so erfolgt die Austreibung aus dem Garten Eden, und die gute Frucht der Erfüllung des Gebetes kann nicht mehr reifen.)

Es ist interessant, den geheimen Bedeutungen nachzuspüren, welche die Kahunas in das Wort für Samen, nämlich *ano-ano* legten. Es bezeichnet nicht nur den Samen im normalen Sinne des Wortes, sondern die Wurzelwörtchen weisen außerdem noch auf etwas hin, das *den Zustand der Dinge oder die gegenwärtigen Umstände verändert*. Damit ist genau gesagt, was das Hohe Selbst tut, wenn man um Hilfe zu Ihm betet — z. B. um Heilung eines verletzten Beines. Das Gedankenbild des geheilten Beines wird erzeugt und telepathisch als Gebet ausgesandt: das Bild ist der „Samen". Eine andere der vielen Bedeutungen hinter dem Wort *ano* weist hin auf *eine Ähnlichkeit oder ein Abbild gewünschter Umstände;* damit ist *die Bedeutung der Worte des Gebetes gemeint*, die laut gesprochen werden, während das Gebet gleichzeitig vom niederen Selbste telepathisch aufwärts gesandt wird. Und noch eine weitere Bedeutung : „*Etwas, das einem besonderen Zweck vorbehalten — geheiligt oder geweiht ist.*"

Das Wort für „Samen" ist zugleich das Wort für „jetzt". Das öffnet uns das Verständnis für die eigenartige Anweisung, die uns Jesus gibt, wenn er sagt: „Bittet im Glauben, daß ihr es jetzt empfangen habt." *Der Samen ist das mentale Bild des Gewünschten, des Herbeigesehnten, NICHT ABER der gegenwärtigen Unvollkommenheit, die uns umgibt*. Das Bild des schon fertigen, vollkommenen Zustandes nach der Heilung oder Korrektur muß schon bei der Herstellung des Samens leuchtend und klar vor den inneren Augen *gesehen* werden. Es ist eine JETZT-BEDINGUNG im status nascendi, oder anders ausgedrückt: Man kann dem Hohen Selbst ja nicht das Bild des verletzten Beines übersenden, damit Es diesen Zustand schaffe. Man muß sich die gewünschte Zukunft als JETZT und HIER bereits existierend vorstellen, wenn es auch nur im Gedanken-Form-Bild des „Samens" geschieht.

Die Hauptarbeit der *Kahunas* war es, Gebete darzubringen, die sofort oder später zur Verwirklichung führten. Eine der Wurzeln des Wortes „*Kahuna*" zeigt an, daß als erster Schritt beim Gebet mikroskopisch kleine Gedanken-Formen, s t a u b a r t i g kleine Teilchen hergestellt werden müssen. Staub ist ein gutes Symbol. Er steigt auf, wenn man ihn in Bewegung bringt; er erhebt sich, als ob er aufwärts schwebe zum Hohen Selbst. Das gleiche Wurzelwort bedeutet auch „verbergen", und das weist auf die zweite große Aufgabe der *Kahunas* hin: Die Geheimhaltung, das Verbergen oder Verschleiern der „Geheim"-Überlieferung.

Die Vorbereitungen zum Gebet waren bei den *Kahunas* von größter Wichtigkeit. Man mußte sich zunächst mit aller Sorgfalt darüber klar werden, was man wollte; dann mußte man in allen Einzelheiten ein möglichst vollständiges und vollkommenes geistiges Bild der gewünschten, zu verwirklichenden Bedingungen gestalten. Das Bild mußte real und als *jetzt* bereits existent gesehen werden, wenn auch die Verwirklichung erst nach einer gewissen Zeit in Erscheinung trat. *Hoano* hieß bereitmachen oder „den Samen bereiten" und bedeutet ferner „den Geist feierlich stimmen" — wie zur Vorbereitung für die Anbetung oder vor Beginn eines „kühnen Unternehmens". Das großartigste Unternehmen aber, dessen ein Mensch überhaupt fähig ist, war nach der HUNA-Lehre das Gebet.

Bei der HRA-Arbeit zeigten schon die ersten Versuche zur Verrichtung eines HUNA-Gebetes, daß der Durchschnittsmensch sich kaum vorstellen kann, wie er an die Erzeugung eines klaren mentalen Bildes herangehen muß. Aus den uns zugesandten Berichten über die Art der benutzten Gebete ging hervor, daß in gut der Hälfte der Fälle, die zu beseitigenden Krankheiten oder die unerwünschten Umweltbedingungen mit in das Gebet eingebaut und gewissermaßen als Bestandteil des Bildes dem Hohen Selbst zugesandt worden waren. Wenn z. B. ein gebrochener Knochen nicht mehr richtig heilen will, so betet man nicht etwa „... heile mein krankes Bein"; denn sonst wird ja die Verletzung zu einem Teil des Bildes oder Samens.

Binnen kurzer Zeit griffen wir bei der HRA-Arbeit auf elementare Dinge zurück, um von grundauf zu lernen, ein Bild zu gestalten, das ausschließlich den gewünschten Zustand beinhaltet — also etwa das Bild des Knochens in seiner JETZT schon vollkommenen Gestalt, so wie er JETZT im Bild-Samen-Becher bereits als geheilt und vollkommen existiert. Das war gar nicht so einfach; denn im niederen Selbst sind ja alle mit der Verletzung des Knochens und seinem Krankheitszustand verbundenen Erinnerungen durch viele Assoziationsfäden aus Aka-Substanz miteinander verbunden. Selbst bei der Erzeugung des neuen Bildes gelang es nur mit Mühe, die Gedankenkette von etwas anderem als der Verletzung ausgehen zu lassen.

Die Theosophen unter uns und diejenigen, die die Praxis der Konzentration, Meditation und Kontemplation beherrschten, waren natürlich den anderen voraus, die sich nie Zeit genommen hatten für die große Kunst, ihre Gedanken auf dem einzigen Pfad zu halten, der zu einem und nur einem

Ziele führt. Jede Erinnerung an einen Gegenstand oder ein Ereignis umfaßt dessen Aussehen, Geschmack, Duft, Gefühl und Temperatur, seinen Platz in Zeit und Raum und seine rationalen Beziehungen zu allen verbindenden Ereignissen. Ebenso muß auch ein gutes mentales Bild einer zukünftigen Situation so gestaltet werden, daß es diese Aspekte beinhaltet. Möchten wir lernen, wie der Geist in dieser Hinsicht arbeitet, so brauchen wir uns nur einmal ruhig hinzusetzen und uns die Ereignisse der letzten paar Stunden, Wochen oder Monate, vielleicht auch des vergangenen Jahres, in die Erinnerung zu rufen. Gewöhnlich bringt uns das niedere Selbst zuerst die visuellen, die Eindrücke des Auges wieder; erst später stellen sich im Rahmen der Zeit-Raum-Situation die Erinnerungen an die anderen Sinneseindrücke wie Klang, Duft, Geschmack und Gefühl ein.

Das visuelle Bild hat den Vorrang. Das Auge ist unser höchst entwickeltes Sinnesorgan und es scheint daher natürlich, daß das erschaute Bild nicht nur als erstes aus der Erinnerung auftaucht, sondern vom niederen Selbste auch als die leichteste telepathische Verständigungsmöglichkeit bevorzugt wird. Bei der Besprechung der telepathischen Verbindung zwischen zwei Menschen wurde schon darauf hingewiesen, daß sich das mentale *Bild* weit besser senden läßt, als z. B. Schalleindrücke, selbst wenn sie durch Worte symbolisiert werden.

In unseren Träumen zeigt sich, daß Georg gewöhnt ist, aufgenommene Erinnerungen oder Gedankeneindrücke in visuelle Eindrücke umzuformen. So sehen wir z. B. ein Piano stellvertretend für Musik, einen Hund für Bellen und Knurren, und einen mit leckeren Speisen gefüllten Teller als das Bild für die Befriedigung unseres Geschmacks. Georg scheint ein Bild für wertvoller zu halten als tausend Worte. Will man dahinter kommen, was Georg zu bestimmten Träumen veranlaßt, so tut man gut daran, aufzupassen, welche Dinge auf solche Weise in visuelle Symbole umgeformt werden. Wir lernen daraus, daß sich die Gedankenform-Trauben des Gebetes am besten herstellen lassen, wenn man *visuelle Bilder* als Rahmen benutzt. Andere Sinneseindrücke können natürlich zusätzlich benutzt werden, sofern sie klar und lebhaft erzeugt werden können. Manche Dinge oder Umstände, um deren Verwirklichung wir beten, eignen sich besser als andere zu Bildern, die aus verschiedenen sensorischen Empfindungen zusammengesetzt sind. Ein Gebet für ein ausgiebiges Mahl könnte z. B. fast alle Sinne beschäftigen, doch ist das nicht der Fall, wenn man um eine Nacht tiefen, gesunden Schlafes betet.

Soll das Bild der zu erbetenden Sache oder Situation von Worten begleitet werden, so müssen diese mit größter Sorgfalt gewählt und beizeiten einstudiert werden. Viele Wörter haben nämlich verschiedene Bedeutungen, und Georg ist durchaus fähig, anstelle der vom mittleren Selbst gewählten Bedeutung die andere zu nehmen und so den Sinn des Gebetes zu verzerren. Wenn Georg, wie gewöhnlich, Worte in visuelle Bilder umsetzt, nimmt er vielleicht beim Gebete „Gib mir Gesundheit, Wohlstand und Glück" als Symbol der Gesundheit den Preisboxer, der kürzlich so großen Eindruck auf ihn machte, als Symbol des Wohlstandes das Tresorgewölbe der Bank in der Straße nebenan, und als Bild des Glückes den kleinen Hund von Meiers nebenan, der immer so aufgeregt mit dem Schwanz wedelt, wenn Frauchen heimkommt. Werden aber derartig verzerrte Bilder telepathisch dem Hohen Selbst gesandt, so ist es klar, daß auch die Erfüllung — wenn sie überhaupt erfolgt — irgendwie verzerrt sein wird.

Um einem solchen Mißerfolg vorzubeugen, erarbeitet man gemeinsam mit dem niederen Selbst das Bild völliger Gesundheit sorgfältig und so lange, bis man sich im endgültigen visuellen Bilde in einem Zustande vollkommener Gesundheit erblickt, einem Zustand, in dem man all das tun und sich an all dem erfreuen kann, was nur bei völliger Gesundheit möglich ist. Auch hinsichtlich Wohlstand und Glück müssen die Bilder definitiv und unmißverständlich klar ausdrücken, was man meint. (Betet man für einen anderen, so ist sinngemäß das gleiche zu beachten.)

Nicht ohne Grund beschäftigten wir uns so eingehend mit den Schachtelexperimenten und dem Pendel, um das niedere Selbst und seine Schrullen kennen zu lernen. Man kann seinen Georg gar nicht gut genug kennen. Dies wird an einem Bericht eines berühmten englischen Telepathie-Forschers klar. Er teilte seine Mitarbeiter in zwei Gruppen ein. Die eine schickte er aus dem Zimmer mit der Weisung, einen Gegenstand auszusuchen, dessen Vorstellungsbild der anderen Gruppe dann telepathisch übermittelt werden sollte. In einem Falle ging die Gruppe in die Küche, um einen günstigen Gegenstand zu finden. Man einigte sich auf einen blauen Porzellanteller; doch als sein Bild der anderen Gruppe übermittelt wurde, gab es eine Überraschung. Nicht nur der blaue Teller war telepathisch übermittelt worden, sondern auch noch andere in der Küche gesehene Gegenstände. Die Uhr auf dem Kaminsims und eine kleine Figur, die in der Nähe des blauen Tellers stand, waren von den Empfängern deutlich wahrgenommen worden, ebenso wie der Tisch mit einem Stuhl davor und sogar das Bild einer Jagdszene, das an der Wand hing. Spätere Versuche erwiesen, daß das niedere Selbst bei wiederholter starker und sorgfältiger Konzentration auf einen einzelnen Gegenstand dazu gebracht werden kann, nur das eine Bild dieses Gegenstandes zu senden und alle anderen Gegenstände, die vielleicht ganz in der Nähe standen und seine Aufmerksamkeit ebenfalls erweckt hatten, wegzulassen.

Wir sollten also gedanklich Hausputz machen und uns aller Gedankenformen entledigen, die dem, um das wir uns zu beten anschicken, im Wege stehen. Wie man bei den Schachtelversuchen und Pendelübungen oder bei der Hochaufladung an *Mana* Georg ins Vertrauen zieht und ihm im voraus sagt, was er zu tun hat, so muß man dem niederen Selbst oft genug in zu Herzen gehenden Gesprächen erläutern, was es bei einer Gebetsaktion alles zu tun hat.

Es darf selbstverständlich angenommen werden, daß jeder einen Wunsch, eine verschwiegene Sehnsucht nach besseren Lebensbedingungen hat, die er ohne Hilfe nicht glaubt verwirklichen zu können. Vor der Formulierung des Gebetes ist es unbedingt erforderlich, den betreffenden Wunsch klar und kritisch ins Auge zu fassen. Wenn sich der Wunsch nämlich in Erfüllung des Gebetes verwirklicht, so kann er leicht zu weiteren Verantwortlichkeiten führen, die sich bei genauerer Überlegung als unerträglich herausstellen. Je größer der Segen, desto größer die Verantwortung. Gesundheit dürfte am leichtesten auf der Waage der Verantwortung wiegen, obgleich die meisten von uns beim Gebet um Gesundheit vor die anstrengende Aufgabe gestellt werden, ihren eigenen Beitrag zur Herbeiführung der gewünschten Gesundheit zu leisten. Vielleicht müssen wir uns mehr Bewegung verschaffen und weniger essen. Die meisten Menschen ziehen aber eine mittelmäßige Gesundheit vor, anstatt Gott zu helfen, ihnen selbst zu helfen.

Bei der Wahl des Gebetsgegenstandes ist Vernunft und normales Denken nötig. Das logische mittlere Selbst glaubt nicht im entferntesten daran, daß jemand in Erfüllung eines Gebetes den Mond zum Geschenk bekommt; und was man im Lichte der Logik nicht als wahrscheinlich oder möglich erkennt, kann einem auch nicht gegeben werden. Der Unglaube macht die Erzeugung eines vollkommenen Bildes des Gewünschten und die Überzeugung, daß es uns jetzt und hier bereits gewährt ist, unmöglich. Was das mittlere Selbst mit seiner Logik nicht akzeptieren zu können glaubt, wird das niedere Selbst sicherlich nicht akzeptieren; und wenn das niedere Selbst nicht an die Erfüllung des Gebetes glaubt, so zerstört es das Gebetsbild schon bevor es dem Hohen Selbst dargebracht wird.

Da später noch oft vom „Glauben" die Rede sein wird, wollen wir uns schon hier etwas näher damit befassen. Für den Eingeweihten in die HUNA-Lehre war „Glaube" NICHT NUR vollkommenes Für-Wahr-Halten. Das Wort für „Glaube" war in der heiligen Sprache *mana-a-io*. Seine erste Bedeutung ist „glauben" im normalen Sinne, doch aus den Wurzelwörtchen ergeben sich noch weitere Bedeutungen: (1) „Anwendung einer hohen „*Mana*-Aufladung" (Wurzelwörtchen *Mana* plus *Io* im Sinne von „übermäßig" ergeben zusammen die Bedeutung einer ausnahmsweise hohen Ladung an *Mana*.) (2) „Etwas Gewünschtes herbeirufen" und „ausreichen oder ausstrecken", wie man eine Hand ausstreckt, um etwas „zu berühren". Dies weist darauf hin, daß man längs des *Aka*-Fadens ausreichen muß, um das Hohe Selbst zu „berühren" und Es um die Realisierung des Gewünschten zu bitten (alles aus der Wurzel *u*). (3) „Real, wirklich sein" oder, mit dem Kausativum *hoo*, soviel wie „verursachen, bewirken, daß etwas realisiert wird." (Wurzelwort *Io*).

„Glauben ohne Werke ist tot". Das wird nun klar, da wir wissen, daß zu den „Werken" die Sendung einer starken *Mana*-Ladung zum Hohen Selbst gehört und daß sie ein wesentlicher Teil der Arbeit ist, den die Realisierung des Gewünschten erfordert.

Bei der Formulierung des Gebetes sollte man sich schon in die Zeit versetzen, wo das Gewünschte verwirklicht sein wird. Dabei wird man dann feststellen, daß eine ganze Reihe neuer Anforderungen auftritt. Betet man z. B. um einen neuen Wagen und denkt sich hinein in die Zeit, da man ihn übernimmt, den Motor anläßt, ihn fährt und für seine Unterhaltung Auslagen haben wird, so stößt man vielleicht darauf, daß man nicht um den Wagen allein, sondern auch um das Geld beten muß, ihn fahren und unterhalten zu können. Das aber erfordert, daß man um bessere Verdienstmöglichkeiten betet; und das größere Einkommen, das man erwartet, verlangt von uns wieder größere Anstrengungen und größeren Zeitaufwand.

Eine HRA-Freundin berichtete, sie und ihr Mann hätten sich eines Tages nach gründlicher Überlegung entschlossen, um ein 6-räumiges, schön eingerichtetes Haus mit Garage und einen neuen schönen, großen Wagen zu beten. Schließlich aber beteten sie um ein komfortabel eingerichtetes Apartment in schöner Wohnlage und einen guten Gebrauchtwagen. Sie erhielten beides und die Bezahlung der bescheidenen Rechnungen fiel ihnen nicht schwer.

In Honolulu entschloß sich ein HRA-Mitglied, einem jungen Manne zu helfen, der durch Kinderlähmung seine Beine nicht gebrauchen konnte. Die beiden kamen überein, um die Wiederherstellung der Beine zu beten und machten sich eifrig daran, die nötigen Gebete den Regeln entsprechend darzubringen.

Alles ging gut, und die gelähmten Beine begannen schon zu kribbeln und Zeichen der wiederkehrenden Gesundheit zu zeigen. Da ergriff den jungen Mann plötzlich eine Panik, denn er sah voraus, daß er sich nun werde aufmachen und seinen eigenen Lebensunterhalt suchen müssen. Er gab sich dieser Furcht hin, und über Nacht überkam seine Beine wieder der alte Zustand völliger Lähmung. Er hatte versäumt, sich bei seinen täglichen Übungen in die Realität der Zukunft zu versetzen und sich allmählich mit dem Gedanken vertraut zu machen, eines Tages wieder mit Freude die Verpflichtungen übernehmen zu dürfen, die ein normales Leben in Gesundheit dem Menschen auferlegt. Man hat nie festgestellt, ob sein niederes oder sein mittleres Selbst mehr über die Aussicht der zukünftigen Heilung bestürzt war.

Der Mensch, der im Leben seine volle Verantwortung trägt (ein solcher Mensch ist auch stets bereit, anderen zu helfen), hat vielleicht den klarsten Pfad zum Hohen Selbst; denn durch sein Gefühl, alles getan zu haben, was er kann, besitzt er die wichtige Grundlage des Vertrauens und des Glaubens, wenn er um Hilfe in Angelegenheiten bittet, die er allein nicht bewältigen kann. Eines Tages, als ich auf einem verlassenen Pfad in Wyoming ritt, traf ich einen einsamen Mann. Er kauerte hinter einem Zaun, den er zu flicken versuchte und sprach dabei fortwährend mit sich selber. Ich ritt näher heran und ließ die Bemerkung fallen: „Hier draußen in der Einsamkeit muß man schon mit sich selbst sprechen." Er stand auf, grinste kopfschüttelnd und erklärte mir: „Nein, das nicht gerade, aber ich bete hier draußen viel. Ich betete eben darum, daß die Pferde nicht weglaufen". Ich erwiderte: „Und dabei flicken sie doch den Zaun?" „Och", sagte er „ich halte das für die beste Art zu beten. Ich kann doch nicht den Zaun kaputt gehen lassen und Gott bitten, die Pferde drinnen zu halten".

Etwas anderes gibt es beim Gebet noch zu bedenken: Das Hohe Selbst macht sich nicht zum Partner eines Diebstahls. Wer darum betet, das Haus des Nachbarn tatenlos zu bekommen, der wird es nicht erhalten. Und wenn jemand um ein ähnliches Haus betet, ohne bereit zu sein, die erforderlichen Mühen auf sich zu nehmen, um es rechtmäßig zu erwerben, so sollte er daran denken, daß viele Männer viele Tage haben arbeiten müssen, um das Haus zu bauen. Es ist mehr als wahrscheinlich, daß die Hohen Selbste der Arbeiter oder Erbauer nicht willens sind, zuzulassen, daß ihre Schützlinge der Bezahlung beraubt werden, nur damit ein anderer das Haus einfach um eines Gebetes willen besitzen kann.

Wenn wir die Augen aufmachen und die Welt um uns betrachten, so erkennen wir das große Gesetz: Wie wir säen, so werden wir ernten. Ohne Saat keine Ernte. Schon oft hörte ich Leute sagen, da Gott ja alles in Fülle habe, solle er dem Menschen einfach geben, um was er bittet. (Leute, die so sprechen, legen oft auch einen mürrischen Unwillen an den Tag, für sich selbst zu sorgen oder zum Wohle anderer beizutragen. Oft sind sie zudem noch neidisch auf das „Glück", das andere im Leben haben.) Diese Einstellung läuft allen Erfahrungen des täglichen Lebens zuwider. Wer so denkt, wird kaum Aussicht haben, daß seine Gebete vom Hohen Selbst erfüllt werden, denn das Hohe Selbst weiß, daß Sein Mensch die Segnungen, um die er bittet, gar nicht verdient.

Hat man (d. h. das mittlere Selbst) sich nach sorgfältigem Durchdenken aller in Betracht zu ziehenden Begleitumstände entschieden, um die Erfüllung eines bestimmten Wunsches zu beten, so sollte man sich mit dem niederen Selbst ernstlich über die Entscheidung beraten. Man erkläre Georg alles und nenne ihm die Gründe, warum dies und das erstrebenswert ist. Auch ist es gut, ihm zu sagen, warum frühere Pläne aufgegeben wurden. Die Zukunft sollte man ihm in leuchtenden Farben ausmalen, damit Georg überzeugt ist, daß es gute Dinge sind, um die gebetet werden soll.

Hat man Georg so vorbereitet, so entspannt man sich körperlich und geistig. Dann lädt man Georg ein mitzumachen und stellt sich lebhaft vor, daß das Gebet bereits erfüllt ist und daß man sich des neuen Lebens unter den neuen Verhältnissen erfreut. Bei dieser Übung kann man sozusagen mit halb geschlossenen Augen beobachten, was das niedere Selbst tut, wie es reagiert, wenn es nicht unter Druck steht, und ob es das im Bilde vorgestellte Leben gerne mitmacht oder ablehnt.

An den kleinen emotionellen Schwankungen der Zu- oder Abneigung, der Sorge oder Befriedigung, der Freude oder Furcht usw. kann man die Reaktion des niederen Selbstes ablesen. Scheint eine Einzelheit, die das mittlere Selbst als wünschenswert ansieht, eine unvernünftige emotionale Reaktion auszulösen, so kann man die Sache laut mit dem niederen Selbst besprechen. Man erklärt ihm eingehend, wieso der erwünschte oder als störend empfundene Punkt in Wirklichkeit recht gut ist. Wenn man genug Übung hat und wenn zwischen beiden Kontakt und Vertrauen besteht, kann man Georg fragen: „Erinnert dich diese Situation vielleicht an etwas, das dir früher schon einmal Schwierigkeiten machte? Kannst du mir ein Bild oder eine Erinnerung geben, damit ich weiß, was es war?" Wenn man dann entspannt wartet, kann es sein, daß das niedere Selbst den Anlaß der ursprünglichen Reaktion ins Zentrum des gemeinsamen Bewußtseins rückt. Geschieht das, so diskutiert man mit geduldigen Argumenten und Beispielen und weist darauf hin, daß die zukünftige Situation mit der damaligen nicht verglichen werden kann, und daß nichts Beunruhigendes aus dem früheren Vorfall in die neue Situation hinübergenommen wird.

Die letzte bei der Planung des Gebetes zu stellende Frage ist, inwieweit durch die Erfüllung des Gebetes Mitmenschen, z. B. Verwandte, Freunde, Geschäftsfreunde, ja sogar Konkurrenten oder gesellschaftliche Rivalen betroffen werden.

Betet jemand um sein eigenes gutes Geschick, so findet er sein eigenes Hohes Selbst schon bereit, ihm zu helfen. Betet er um das Wohlergehen der Familie, so spricht er die Hohen Selbste der ganzen Familie an. Plant und betet jemand für die Verbesserung der Lebensmöglichkeiten einer großen Gruppe von Menschen, so wird er — wenn er hoffnungsstark und kräftig an der Erreichung des Zieles mitarbeitet — bald die Hilfe des *Poe Aumakua*, der „GROSSEN GESELLSCHAFT DER HOHEN SELBSTE", erfahren.

Betet aber jemand um Hilfe in einer Sache, durch die andere verletzt, ungerecht oder hart betroffen werden, so können deren Hohe Selbste die Erfüllung des Gebetes aktiv verhindern. Die Liebe der Hohen Selbste für die Ihnen anvertrauten Menschen ist eine vollkommene und selbstlose Liebe höherer Art. Wie niedrig auch ein Mensch noch stehen mag auf der Stufenleiter der Evolution, sein Hohes Selbst sehnt sich danach, daß er des Lebens Lektionen erlernt und Fortschritte macht. Selbstlose Hilfe, die man „dem Niedrigsten" zuteil werden läßt, ruft die Hilfe des Hohen Selbstes dieses unglücklichen Menschen mit auf den Plan.

Wie Insekten die Lektionen des Bienenstocks lernen, so sollte die Menschheit lernen, daß durch einträchtige Arbeit für das gemeinsame Wohl vieles erreicht werden kann. Einträchtige Zusammenarbeit im gemeinsamen Interesse der Familie, des Stammes, der Nation oder gar der ganzen Menschheit ist eine gewaltige Macht. Bis heute haben wir jedoch noch nicht gelernt, als Nationen zusammenzuarbeiten; diese Lektion aber wird als eine der nächsten auf uns zukommen. Jedes Gebet, das das Wohl anderer mit einschließt, hat weitaus größere Chancen, erfüllt zu werden.

Etwas sei noch gesagt über den weit verbreiteten Glauben, daß man um materielle Dinge nicht beten dürfe. In den größeren Religionen Indiens unterbindet der Karma-Glaube den Wunsch nach materiellen Gütern, ja sogar nach der Freude des Lebens. Nach dem Glauben dieser Menschen würde nur noch mehr „schlechtes Karma" daraus erwachsen und einen noch stärker an das „Rad der Wiedergeburt" fesseln. Der Einzelne strebt danach, sich dem Leben zu entziehen, indem er aufhört, zu wünschen. (Karma ist eine uralte religiöse Lehre, die mit dem Glauben an die Reinkarnation oder Wiedergeburt verknüpft ist. Nach ihr ergeben sich die Lebensumstände des Menschen aus der Summe seiner guten oder bösen Taten in früheren Lebensabläufen.)

Die *Kahunas* der Bibel und die *Kahunas* Polynesiens dürften die gleiche Einweihung erfahren haben, denn sie hatten genau die gleiche Einstellung zu Anschauungen wie Karma und Reinkarnation. Als sie mit den damals in Indien geltenden religiösen Anschauungen bekannt wurden, verwarfen sie offenkundig den Glauben an schier endlose Inkarnationen. Sie konzentrierten sich darauf, das jeweilige irdische Leben mit der Hilfe des Hohen Selbstes so gut wie möglich zu durchleben. Sie glaubten, daß nach dem Tode das Leben im Geiste fortdauern werde, und sie waren sicher, daß ein gut durchlebtes irdisches Leben die beste Voraussetzung für ein glückliches nachtodliches Dasein ist.

Da man im Laufe der Zeit verlernte, im HUNA-Sinne wirksam zu beten, kam es im Christentum angesichts des häufigen Versagens der Gebete zu einer Lehre der Hoffnungslosigkeit. Man sagte dem Gläubigen, er habe die Mängel des irdischen Lebens mit Geduld und Resignation zu ertragen und er müsse mit aller Kraft danach trachten, zu einem glücklicheren Leben im Himmel zu kommen. Demgegenüber hielten die *Kahunas* es für wichtig und für möglich, sowohl auf Erden als auch nach dem Tode ein gutes, glückliches Leben zu führen.

Die Worte „Trachtet zuerst nach dem Königreich Gottes und seiner Gerechtigkeit und alle diese Dinge werden euch zufallen" sind mißdeutet worden, weil die HUNA-Bedeutungen hinter diesen und ähnlichen Worten nicht mehr bekannt waren. Dieses Mißverständnis, das so vielen HRA-Mitgliedern hinderlich war, wenn sie sich zu beten anschickten, muß bei jedem von uns beseitigt werden. Das Königreich Gottes oder der Himmel ist ja nach der alten Lehre nichts anderes als das als Höhere Ebene symbolisierte Hohe Selbst. In gleicher Weise herrschen das niedere und das mittlere Selbst über das Königreich der Erde.

Das „Königreich suchen" bedeutet (1) zu lernen, daß es ein Hohes Selbst gibt; (2) den rationalen Glauben zu entwickeln, daß das Hohe Selbst bereit und imstande ist, uns zu helfen und (3) durch praktische Erfahrung zu lernen, wie man das niedere Selbst dazu bringt, über die *Aka*-Schnur mit dem Hohen Selbst in Verbindung zu treten und ihm das Gebet mit einer *Mana*-Gabe zu überreichen.

In einfachen HUNA-Worten kann man sagen:„ Lerne zuerst das Hohe Selbst auf Seiner hohen Ebene zu erreichen. Gelingt dir das, so können deine Gebete zu Ihm aufsteigen und du kannst alles bekommen, was durch das Gebet zu erlangen ist".

Johannes der Täufer rief aus, das Königreich des Himmels sei nahe. Sicherlich hat er damit nicht gemeint, daß die hohen Ebenen zu uns herabkommen würden, um sich mit den niederen Ebenen zu vereinen. Als ein *Kahuna* meinte er vielmehr, daß das Hohe Selbst für uns erreichbar ist und daß es nur darauf wartet, daß wir mit Ihm in Kontakt kommen. Aber er wies auch darauf hin, daß dieser Kontakt nicht möglich ist, solange wir unsere Sünden nicht bereuen. Vergessen wir nie, daß wir anderen angetanes Unrecht wieder gutmachen müssen, weil wir sonst das Gefühl nicht los werden, der Begegnung mit dem Hohen Selbst unwürdig zu sein. Solange das niedere Selbst aber eine Empfindung der Scham hegt, wird es nicht bereit sein, sich dem Hohen Selbst über die *Aka*-Schnur zu nahen.

Die alte Idee, das normale Leben aufzugeben und mit gefalteten Händen zu warten, bis Gott unsere Nöte erkenne und unsere Wünsche erfülle, hat — das sei hier noch einmal nachdrücklich festgestellt — nichts mit HUNA zu tun. Außerdem ist eine solche Haltung unvernünftig und entbehrt jeder Spur gesunden Menschenverstandes. Wir sind nicht auf Erden, um uns zu bemühen, dem irdischen Leben zu entfliehen, ohne es richtig zu durchleben und aus den gewonnenen Erfahrungen zu lernen. Wir sind vielmehr hier, um zu leben und zu lieben, um zu wachsen und Fortschritte zu machen. Sportliche Übungen entwickeln die Muskeln; der Intellekt aber entwickelt sich nur durch seine Anwendung. Der freie Wille wurde uns gegeben, damit wir ihn betätigen. Wir dürfen ihn nicht verschleudern im Versuche, die Verantwortung des Lebens voll und ganz dem Hohen Selbst zuzuschieben.

IX

KONTAKT MIT DEM HOHEN SELBST
UND DARBRINGUNG DES GEBETES

Einige aus der HRA-Gruppe trachteten danach, das niedere Selbst beim Beten auszuschalten; allzugerne hätten sie gesehen, wenn das bewußte, urteilsfähige mittlere Selbst sich direkt mit dem Hohen Selbst hätte in Verbindung setzen können. Leider aber wußte man nicht, wie das geschehen könnte. Als wir begannen, Bibelsprüche in die „heilige Sprache" zu übersetzen, richteten die Betreffenden ihr Hauptinteresse darauf, ausdrückliche Hinweise auf den einzuschlagenden Weg zu finden. Einer von ihnen schrieb mir wie folgt:

„Ich bin sicher, der Schlüssel liegt in den Worten „Bittet und ihr werdet empfangen, suchet und ihr werdet finden, klopfet an und es wird euch aufgetan werden." Übersetzen Sie doch bitte diese Sätze zurück ins Hawaiische. Vielleicht erfährt man dabei, wie man das Hohe Selbst direkt erreichen kann." Das geschah dann auch; der Satz wurde sofort untersucht.

„Bittet" ergibt im Hawaiischen keinen anderen Sinn; hier gewinnen wir also keinen weiteren Aufschluß. Mit den Worten „Suchet" und „klopfet an" aber ist es anders.

In der HUNA-Sprache bedeutet „suchet" *i-mi*. In den Wurzelworten steckt die Bedeutung von „hervorbringen, erzeugen", das „Samen"-Bild pflanzen und Wasser — Symbol für *Mana* — ausgießen. Mit anderen Worten also: Sobald das Wunsch-Bild der neuen Verhältnisse geschaffen und mit dem

Mana-Strom längs der *Aka*-Schnur emporgesandt wird, ist der Zeitpunkt gekommen, zu „suchen" und das Hohe Selbst oder das symbolische „Königreich des Himmels" zu finden, wo der Samen eingepflanzt und vom „Herrn" des Reiches behütet wird.

„Anklopfen heißt *kikeke;* es hat die geheime Bedeutung von „aufteilen, verteilen". Das aber symbolisiert die Aufteilung der starken *Mana*-Ladung, von der ein Teil über die *Aka*-Schnur dem Hohen Selbst zugeleitet wird.

Puka ist das hawaiische Wort für die „Tür", die sich öffnen soll, wenn man „anklopft" und „sucht" — wenn man *Mana* sendet und auf seinem Strome den „Samen" (die Gedankenformen) des Gebetes forttragen läßt. *Puka* bedeutet, *"etwas ändern, etwas aus einem Zustand in einen anderen überführen."* Das besagt in Ausdrücken der HUNA-Sprache, daß sich die Türe zum Hohen Selbst öffnet, welches allein imstande ist, unser Gebet zu erhören und zu verwirklichen.

Ich übersetzte noch viele andere Bibelstellen, die sich auf das Gebet beziehen. Jesus sprach ganz offen von der Notwendigkeit zu beten, doch beschrieb er die geheimen Elemente und Methoden des HUNA-Weistums mit Worten, deren innere Bedeutung nur ein angehender *Kahuna* verstehen konnte. Das 6. Kapitel des Matthäus-Evangeliums ist eine wahre Fundgrube für Aussagen über das HUNA-Gebet, vorausgesetzt natürlich, daß man genug von den geheimen Bedeutungen weiß.

Vers 1. „Hütet euch, daß ihr eure Almosen vor den Menschen gebt, um euch vor ihnen zur Schau zu stellen. Ihr würdet sonst keinen Lohn erhalten von eurem Vater, der im Himmel ist."

Der Schlüssel liegt hier im Worte „Almosen". Das entsprechende hawaiische Wort *mana-wa-lea* sagt uns durch seine Wurzelwörtchen, daß unter „Almosen" das *Mana* zu verstehen ist, das wir dem Hohen Selbst in reflektierendem Denken (*wa*) darbringen und daß uns nach Aussendung von *Mana* mit Gedankenformen des Gebetes Freude beschert wird (lea). Die „Almosen" sollen nicht in aller Öffentlichkeit gegeben werden, denn es sind ja *Mana*-Gaben, die von innen her längs des *Aka*-Fadens dem Vater dargereicht werden. Es wird die Warnung angefügt, „sonst würdet ihr von eurem Vater keinen Lohn erhalten".

Vers 2 bezieht sich nicht auf HUNA, sondern wiederholt nur, daß Beten die Aussendung von *Mana* bedeutet, also eine innere und keine äußere Handlung ist.

Vers 4. „Dein Almosen bleibe im verborgenen und dein Vater, der ins Verborgene sieht, wird es dir vergelten".

Ein anderes hawaiisches Wort für „Geheimnis" ist *nalo,* und seine Bedeutung ist „verborgen, versteckt, unsichtbar". Es bezeichnet auch das Hohe Selbst, wenn es „in der Ferne verschwindet und sich den Blicken entzieht". Wiederum haben wir es mit einem innerlichen Geschehen sowie mit der Tatsache zu tun, daß das Hohe Selbst in einer Entfernung sein und nicht gesehen, doch durch die *Aka*-Schnur erreicht werden kann, indem man Ihm auf telepathischem Wege *Mana* und Gedankenformen übermittelt.

Die Verse 5 und 6 wiederholen die Anweisung, innerlich zu beten. Vers 7 warnt vor dem falschen Glauben, das Hohe Selbst höre richtige Worte, gleichgültig wie laut sie gesprochen werden. Vers 8 sagt wieder etwas über das HUNA-Geheimnis aus. „Euer Vater weiß ja, was ihr braucht, noch bevor ihr ihn gebeten habt." Im Hawaiischen heißt „bedürfen" *pono;* dieses Wort bedeutet ferner, anderen angetanes Unrecht wieder gutgemacht haben, das Nötige getan haben, um „angenommen" zu werden, um zur Verrichtung des Gebetes bereit zu sein.

Diese Bedeutung wirft ein völlig anderes Licht auf die von einigen Mitgliedern der HRA aufgeworfene Frage, warum es überhaupt nötig sei, sich den Wunschgedanken des Gebetes zunächst in einem klaren geistigen Bilde auszumalen. Sie meinten, es bedürfe des Gebetes doch nicht, wenn das, was wir brauchen, schon bekannt ist, bevor wir beten. Wäre beten aber nicht nötig, so hätte Jesus nicht gelehrt, warum und wie das Gebet zu verrichten ist, und wer es ist, der das Gebet erhört und unter welchen Verhältnissen es erhört wird. Natürlich weiß das Hohe Selbst besser als die niederen Selbste, wessen der Mensch bedarf, doch setzt Es deswegen den freien Willen nicht außer Kraft, sondern läßt den Menschen im Streben nach der Verwirklichung seiner Wünsche aus seinen eigenen Erfahrungen lernen.

Zwar sind unsere Bedürfnisse bekannt, doch lehrt uns das HUNA-Geheimnis, daß unser Gebet solange wertlos bleibt, bis wir begangenes Unrecht wieder gutgemacht und unser Haus in Ordnung gebracht haben.

Pono hat noch einen anderen wichtigen Sinn. Es bedeutet, daß alles ordnungsgemäß und formgerecht getan wurde. Das bezieht sich besonders auf die Erzeugung der Gedankenform-Bilder. Sie müssen richtig, sie müssen zum Wohle aller Betroffenen sein und *sie müssen Dinge oder Zustände betreffen, deren Erlangung möglich ist,* denn sonst sind sie NICHT pono.

Betrachten wir nun einmal das „Vater unser". Prüfen wir, welche visuellen oder mentalen Bilder nötig sind, um jeden Satz in ein Gedankenformbild umzuprägen, das telepathisch dem Hohen Selbst als Samen oder Form zur Verwirklichung des Gebetsgedankens zugesandt werden kann.

Die einleitende Zeile enthält kein solches Gedankenform-Bild; sie soll lediglich darauf hinweisen, daß im Gebet das Hohe Selbst angerufen wird, zu dem die niederen Selbste in Ehrfurcht aufblicken.

„Zu uns komme Dein Reich, Dein Wille geschehe im Himmel wie auf Erden." Bei Übersetzung ins Hawaiische ergibt sich aus dem äußeren Sinn der Worte und den Wurzelwortbedeutungen folgendes: „Hohes Selbst, erlaube mir, mit Dir in Verbindung zu treten und Dir *Mana* zu senden; verwende es, um das Gedankenform-Bild, das ich Dir gebe, auch auf der irdischen Ebene Wirklichkeit werden zu lassen, so wie es jetzt bereits auf Deiner Ebene der Gedankenform-Saaten Wirklichkeit ist." (Die Schlüsselworte sind „Königreich" oder *au-puni* samt seinen Wurzelwortbedeutungen; ferner „komme" oder *e hiki mai* mit seinen sieben zusätzlichen allgemeinen HUNA-Bedeutungen und vielen weiteren in seinen Wurzelwörtchen verborgenen Sinngehalten. „Wille geschehe" ist im Hawaiischen verschlüsselt in den Worten *malamaia* und *makemake*. Aus deren Wurzelworten ergibt sich, daß „Wille" gleich „Wunsch" ist und daß ein solcher Wunsch symbolisch „Schöpferkraft" besitzt, indem er bewirkt, daß etwas größer wird oder wächst. Hier haben wir wieder das Bild des „Samens", das Gedankenform-Bild des Gebetes.)

Vers 11. „Unser tägliches Brot gib uns heute." Dieser Satz hängt mit dem Wortspiel aus dem Alten Testament zusammen, wonach als Nahrung für die Israeliten Manna vom Himmel fiel — was wohl als Symbol und nicht als historische Tatsache zu werten ist. Es war *Mana*, Vitalkraft, das „Brot des Lebens" oder das „Wasser des Lebens" — es gab eine Anzahl von Symbolen für die drei *Manas* der *Kahunas*. In diesem Falle war das *Mana* das gleiche, was nach der biblischen Erzählung „vom Himmel fiel". Das *Mana,* das zum Hohen Selbst emporgesandt wird, stammt vom niederen Selbst, von der Erde, ist irdisch; wenn aber das Hohe Selbst die Kraft zurücksendet, wird sie zum „Regen", zum „Manna" — zu einer segensvollen Stärkung. Es ist zugleich die Hilfe und Führung, der Schutz, den allein das Hohe Selbst gewähren kann und den der Mensch nur erhält, wenn er das Hohe Selbst vollen Anteil an seiner Lebensführung nehmen läßt. Im täglichen Gebet muß dem Hohen Selbst niederes *Mana* emporgesandt werden, wenn Es auf der physischen Ebene Arbeit verrichten soll.

Vers 12. „Vergib uns unsere Schuld, wie auch wir vergeben unseren Schuldigern" bezieht sich nicht auf Unrecht, das wir anderen angetan und wieder gutgemacht haben und von dem wir uns innerlich freigemacht haben müssen, bevor wir zu beten beginnen. Dieser Satz bezieht sich vielmehr auf eine andere Art von Sünde — eine Sünde des „Versagens", der Unfähigkeit, zum vollständigen Kontakt mit dem Hohen Selbst zu kommen und richtig zu beten, weil sich im *Aka*-Körper des niederen Selbstes Fixationen oder Komplexe aus nicht rationalisierten Erinnerungs-Gedankentrauben festgesetzt haben. Sie werden von uns genommen, wir werden von ihnen befreit werden, wenn wir anderen helfen, sich davon freizumachen. Auf diese Zusammenhänge werden wir später noch zu sprechen kommen. Vorerst wollen wir uns mit dem normalen Zustand befassen, bei dem der Pfad nicht stark von Komplexen blockiert ist (Vers 14 betont erneut denselben wichtigen Gedanken).

Vers 13. „Und führe uns nicht in Versuchung, sondern erlöse uns von dem Übel; denn Dein ist das Reich und die Macht und die Herrlichkeit in Ewigkeit. Amen" wird im Lichte der HUNA-Lehre zu folgendem: „Laß die *Aka*-Schnur nicht erschlaffen (symbolisiert die Unfähigkeit des niederen Selbstes, den Kontakt zum Hohen Selbst herzustellen und zu erhalten) oder bewahre uns vor Fallstricken (Symbol des Komplexes), denn wir wissen, Du bist gut und vollkommen und schön und wirst es immer sein. Amen." Dieser Gedanke beschließt die Aussendung des Gebetes.

Diese Betrachtungen der dem „Gebet des Herrn" zugrunde liegenden HUNA-Gedanken zeigt uns, daß das „Vaterunser" keineswegs ein Gebet im HUNA-Sinne darstellt. Es ist vielmehr eine Art Formel, in der die Elemente und Voraussetzungen aufgeführt werden, die bei der Formulierung und Darbringung des HUNA-Gebetes zu berücksichtigen sind. Es enthält fast nichts, was dem Gedankenform-Bild oder dem „Samen" des echten Gebetes entspricht. Diese Dinge werden dem einzelnen überlassen, damit er sie seinen eigenen Bedürfnissen entsprechend gestalte.

So fanden wir also nicht den „Abkürzungsweg" zum Direktkontakt mit dem Hohen Selbst, nach dem wir gesucht hatten. Dafür aber fanden wir eine eindrucksstarke Bestätigung der HUNA-Methoden zur Formulierung und Darbringung des Gebetes. Wir waren mehr als zufrieden, wußten wir doch nun, daß es nur den einen Weg gab: Das Gedankenform-Bild mit aller Sorgfalt zu gestalten und unser niederes Selbst zum Verständnis und zur Mitarbeit zu bringen, damit es die notwendige Hochaufladung an *Mana* bewirkt und das Gebet längs der *Aka*-Schnur dem Hohen Selbst emporreicht.

Woran merkt man aber nun (falls man das intuitive „Wissen" nicht hat), wann der Kontakt mit dem Hohen Selbst zustande kommt? Lassen wir einige aus der HRA-Gruppe ihre Empfindungen beschreiben:

(1) Ein prickelndes Gefühl im ganzen Körper oder in Teilen des Körpers. Manche hatten das Gefühl, als riesele ein feiner, prickelnder, elektrisierender „Regen" vom Hohen Selbst nieder. Andere wieder fühlten ein Prickeln in den Händen, längs des Rückgrates, in den Genitalien oder im ganzen Körper bis hinunter zu den Zehen. Dieses Gefühl dauert manchmal nur eine oder wenige Sekunden an, kann aber auch eine ganze Minute oder länger anhalten; es wird gewöhnlich von einem Gefühl des Wohlbefindens abgelöst.

(2) Ein plötzlicher starker Strom von Freude, Liebe und Ehrfurcht: Dieses Gefühl kann man nicht willkürlich hervorrufen. Es kommt vielmehr aus dem niederen Selbst und bekundet dessen Freude, das Hohe Selbst berührt zu haben. (Die *Kahunas* glaubten, nur das niedere Selbst könne Emotionen wie Haß, Furcht, Zorn, Liebe, Begierde oder Sehnsucht hervorrufen, das mittlere Selbst aber könne an solchen Emotionen teilnehmen.)

(3) Ein sonderbares schwaches Gefühl im Solar-Plexus — von wo wahrscheinlich die *Aka*-Schnur zum Hohen Selbst ausgeht. Diese Stelle des Körpers ist nach Auffassung der *Kahunas* das Zentrum des niederen Selbstes für seine mentalen Aufgaben im Erinnerungsbereich und im *Mana*-Haushalt. Die gleiche Empfindung spürt man beim „Ausstrecken des *Aka*-Fingers", wenn man etwas erreichen möchte, was nahe zur Hand ist, oder wenn man einen *Mana*-Strom längs eines schon bestehenden Aka-Fadens vom eigenen niederen Selbst zum niederen Selbst eines anderen aussendet. Versteht man sich auf dieses Gefühl, so ist es ein zuverlässiges Zeichen dafür, daß der Kontakt zum Hohen Selbst so vollständig gebildet wurde,

wie es der Grad der Offenheit oder der Versperrung der *Aka*-Schnur jeweils erlaubt. Häufig hat man neben dieser Empfindung noch das Gefühl, als legten sich Spinnweben über das Gesicht oder die Handrücken.

Die wohl höchste transzendente Erfahrung im Kontakt mit dem Hohen Selbst tritt meist nur ein- oder zweimal im Leben eines Menschen auf. In aller Stille tritt dann plötzlich das niedere Selbst durch das unsichtbare Tor und der Kontakt ist da. Das niedere Selbst bringt seine *Mana*-Gabe dar und der Mensch wird von Glückseligkeit überflutet. Vielleicht gar sieht er dabei das weiße Licht, das entsteht, wenn das Hohe Selbst das *Mana* annimmt und in eine Lichtschwingung umwandelt. Dieses Erlebnis ist so gewaltig, daß es als heilige Erinnerung und überzeugender Beweis der Wahrheit dauert bis ans Ende der Tage. Kommt diese segenvolle Vereinigung zustande, kehrt der verlorene Sohn nach langer Zeit ins Haus des Vaters zurück, so verlöschen gewöhnlich alle Gedanken an Bitten und Wünsche des irdischen Bereichs. In diesem Augenblick gilt nur eines: Wieder zu Hause zu sein und die Freude des Kontaktes zu spüren. Aber bald schon wird das Kommen und Gehen des heimgekehrten Sohnes regelmäßig und normal. Das gemästete Kalb wird nicht mehr geschlachtet, und es werden keine neuen Kleider mehr auf die mit Lumpen bedeckten Schultern gelegt.

Aber auch dann, wenn man zeitweilig keine der genannten Empfindungen spürt, bleibe man unentwegt bemüht — nach vorheriger starker *Mana*-Aufladung — zum Kontakt zu kommen. Man hält das Bild der erwünschten Verhältnisse bereit. Doch vor der Darbringung des Gebetes erfolgt ein Ritual. Das mittlere Selbst meditiert über das Hohe Selbst und seine ehrfurchtsvolle Liebe zu Ihm, und das niedere Selbst macht aus dieser Liebe eine machtvolle Emotion. Das mittlere Selbst gibt diesem Antrieb die Richtung zum Hohen Selbst, bis der Kontakt zustande kommt. Dann wird dem Hohen Selbst eine *Mana*-Gabe für Seine eigenen hohen Ziele im Dienste des Weltganzen überreicht. Sodann erst wird das niedere Selbst angehalten, den *Mana*strom fortzusetzen und auf ihm das sorgfältig vorbereitete Bild des Gewünschten hinaufzutragen, damit es verwirklicht werde.

Um ein präzises, klares Bild zu erzeugen, genügte den *Kahunas* oft ein kurzes Gebet. Darin beschrieben sie knapp und exakt, was gewünscht wurde. Das Gebet sprachen sie dreimal nacheinander, um sicher zu sein, daß das Bild sich nicht änderte und daß es klar und kräftig genug war. Sie sprachen laut, als ob sie mit dem Hohen Selbst redeten, doch wußten sie, daß das Bild vom niederen Selbst längs des *Aka*-Fadens zum Hohen Selbst hinaufgereicht wurde.

Ein einziges gut vorbereitetes Gebet kann schon genügen, falls derjenige, der das Gebet formuliert und darbringt über genug Erfahrung und ungewöhnlich großes Geschick verfügt. Für die meisten von uns ist es nötig, die Gebetsaktion bis zur Verwirklichung des Gewünschten täglich zu wiederholen. Ist das Bedürfnis sehr dringend, so bete man „ohne Unterlaß" oder doch so oft, wie man sich zurückziehen und frisches *Mana* sammeln kann. Der Fähigkeit des Hohen Selbstes zur Änderung unserer Verhältnisse scheint keine Grenze gesetzt zu sein. Alles scheint abzuhängen von der Menge an *Mana*, die wir dem Hohen Selbst zu geben vermögen, vorausgesetzt natürlich, daß das Bild des Gewünschten gut und stark ist.

Haben zwei Menschen dasselbe Wunschbild, so können sie gemeinsam arbeiten, ihre *Mana*-Kräfte vereinigen und auch ihre Hohen Selbste veranlassen zusammenzuwirken, um die gewünschte Heilung oder die Änderung der Umstände herbeizuführen. Ist einer von ihnen schwach oder krank und mangelt ihm *Mana,* so kann der gesunde andere wesentlich mithelfen, die erforderliche Menge an *Mana* aufzubringen.

Nicht alle unsere Gebete haben die Verbesserung unserer Gesundheit oder Lebensumstände zum Ziel. Vielfach beten wir um Erleuchtung und Führung vor wichtigen Entscheidungen oder Tätigkeiten. Wir benötigen dann *Ideen* als Antwort und nicht die Realisierung physischer Dinge. Wie aber tut uns in solchen Fällen das Hohe Selbst seine Antwort kund?

In meinem Buche „Geheimes Wissen hinter Wundern" erzählte ich, wie ein mir gut bekannter Aufzug-Monteur den Kontakt mit dem Hohen Selbst empfand und wie Es ihn führte. Er sagte, er fühle oder höre beim Kontakt ein scharfes „Tingeling", so als läute eine elektrische Schelle in ihm. Jeden Tag setzte er sich dreimal zurück, um mit dem Hohen Selbst in Kontakt zu kommen. Er wußte aus Erfahrung, daß es da war, doch wußte er nicht genau, was es eigentlich war. Immer aber spürte er das Signal, wenn der Kontakt hergestellt wurde. Sobald er zustande kam, entspannte er sich gedanklich und wartete. Bestand für ihn oder einen der unter ihm arbeitenden Leute Gefahr, so überkam ihn eine Ahnung und er war dann auf der Hut. Er konnte spüren, ob die Gefahr groß oder klein war, ob sie nahe bevorstand oder erst später eintreten würde. Sowie dann das Ereignis näher rückte, wiederholte er seinen Kontakt immer häufiger, und manchmal sah er dann in Gedanken, wohin er gehen müsse, um der Gefahr zu begegnen. Indem er so rechtzeitig auf der Hut war, gelang es ihm, Schäden oder Unfälle für seine Arbeiter, für sich selbst, sein Werk und seine Bauten abzuwenden.

Weder von den *Kahunas* noch aus der Arbeit unserer HRA-

Gruppe haben wir etwas darüber erfahren können, wie das Hohe Selbst den niederen Selbsten Mitteilungen zukommen läßt und wie Es sie führt. Mitteilungen vom Hohen Selbst scheinen über die *Aka*-Schnur und das niedere Selbst zu kommen, doch neigt das niedere Selbst dazu, solche Mitteilungen in Form von Symbolen oder als Bilder weiterzugeben, die oft gar von akustischen oder anderen sensorischen Empfindungen begleitet sind. Solche symbolischen Mitteilungen sind sehr deutlich und erfolgen oft in lebhaften Träumen. Doch muß der Einzelne lernen, Mitteilungen dieser Art und Herkunft klar zu erkennen und nach ihnen Ausschau zu halten.

Das Hohe Selbst wird auch *Akuahaiamio* d. h. „der leise sprechende Gott" genannt. Demnach ist das Hohe Selbst imstande, den Eindruck gesprochener Worte durch das niedere Selbst zu vermitteln. Diese „leise Stimme" ist an sich die ideale Art der Mitteilung; doch nur Wenige können sie hören, und diese Wenigen sind nur selten ganz sicher, daß das Hohe Selbst es war, das zu ihnen sprach und daß das niedere Selbst die Mitteilung bei der Weiterleitung nicht geändert oder verfärbt hat.

Bei der vielleicht gebräuchlichsten Art der Mitteilung seitens des Hohen Selbstes „erhebt sich ein Gedanke in unserem Geiste", wie die Kahunas es ausdrückten. Diese Erfahrung scheint die Annahme zu bestätigen, daß das Hohe Selbst in unserem Gemüt Gedanken auslösen kann. Vielleicht läßt Es dabei Samen-Gedanken durch das niedere Selbst gehen, so daß wir meinen, wir hätten selbst über gewisse Dinge nachgedacht, während uns in Wirklichkeit diese Ideen in Erfüllung unseres Gebetes um innere Führung vom Hohen Selbst zugesandt werden. Wo große Kunstwerke oder gewaltige Errungenschaften das normale Maße menschlicher Schöpferkraft zu übersteigen scheinen, spricht man gewöhnlich von „Inspiration". Vielleicht auch sagt jemand, es sei ihm eine Idee gekommen oder er habe sich veranlaßt gefühlt, dies oder das zu tun.

Wenn sich nach einem ernstlichen Gebet zum Hohen Selbst ein „Gedanke in unserem Geiste erhebt", der sich klar und nachdrücklich auf den Gegenstand unseres Gebetes bezieht, so sollte man ihn als Antwort ansehen und danach handeln.

X

ZUSAMMENFASSENDE DARSTELLUNG DER HUNA - GEBETSMETHODE

Bisher mußte so vieles über die HUNA-Auffassungen und -Methoden gesagt werden, daß es angebracht erscheint, die verschiedenen Schritte, die für ein wirksames HUNA-Gebet nötig sind, einmal übersichtlich zusammenzufassen. Ein HUNA-Gebet zu verrichten, ist gar nicht so einfach und setzt folgendes voraus:

a) Man muß mit seinem niederen Selbste vertraut sein und etwas von seinen Sympathien und Antipathien wissen. Man muß zu ihm ein auf Liebe, Verständnis und ruhiger Disziplin beruhendes Lehrer-Schüler-Verhältnis besitzen und ihm beigebracht haben, daß es vom mittleren Selbste Befehle entgegenzunehmen hat.

b) Das niedere Selbst muß gelernt haben, die ihm eigene Gabe der Telepathie zu entwickeln. Sodann muß es verstehen, auf Anweisung des mittleren Selbstes Gedanken-Formtrauben längs *Aka*-Schnüren auszusenden.

c) Das niedere Selbst muß gelernt haben, Hochaufladungen an *Mana* zu erzeugen. Ist es durch Übungen und sorgfältige Prüfungen entsprechend unterwiesen, so sollte ein Befehl an das niedere Selbst zur Zeit des Gebetes genügen, um die Aufladung mit Sicherheit zu bewirken.

Die einzelnen Schritte der Gebetsaktion

Vorbereitende Maßnahmen

1. Anderen angetanes Unrecht muß wiedergutgemacht werden. Kann das nicht direkt geschehen, so helfen gute Taten, mildtätige Gaben und Fasten, die das niedere sowie das mittlere Selbst davon überzeugen, daß das alte Schuldkonto ausgeglichen ist und man nun wieder verdient, vom Hohen Selbst Hilfe zu erhalten.
2. Man muß sich darüber klar werden, um was gebetet werden soll, und sich dessen bewußt sein, daß bei Erfüllung des Gebetswunsches für alle Beteiligten nur Gutes erwächst und niemand geschädigt wird. Man sollte sich bereits in die Zukunft hineingedacht und sich vorgestellt haben, wie man unter den neuen Bedingungen und in der neuen Umwelt leben wird. Man muß nämlich ganz sicher sein, daß auch das niedere Selbst die angestrebten Bedingungen für durchaus wünschenswert hält und einsieht, daß sie den zu ihrer Verwirklichung erforderlichen Arbeitsaufwand rechtfertigen. Auch muß man alle aus der Erfüllung der neuen Verhältnisse resultierenden zusätzlichen Verantwortungen durchdacht und akzeptiert haben.
3. Die Verrichtung einer Anzahl täglicher Gebete für ein bestimmtes Ziel ist planmäßig festzulegen; dabei muß das Gebet immer in genau gleicher Weise gesprochen werden. Eine sofortige wunderbare Erfüllung scheint sehr große *Mana*-Mengen zu erfordern, damit das Hohe Selbst die erbetenen Änderungen auf der physischen Ebene verwirklichen kann. Nur außergewöhnliche Menschen werden imstande sein, dafür ausreichende *Mana*-Ladungen mit genügend starken Bildern der gewünschten Bedingungen dem

Hohen Selbst darzubringen und sofort oder fast sofort Verwirklichungen zu erzielen. Auch sei daran erinnert, daß viele Probleme — besonders solche, bei denen andere Menschen mit betroffen werden — mehr Zeit brauchen, bevor sich die Verhältnisse Schritt für Schritt ändern können.

4. Man sollte nicht drei- oder viererlei verschiedene Dinge in ein Gebet zusammenfassen. Wünscht sich z. B. jemand vollkommene Gesundheit, neue nützliche und erfreuliche Arbeit, Freunde und schließlich noch die Heilung eines kranken Angehörigen, so ist es am besten, wenn er für jeden einzelnen Fall ein besonderes Gebet macht und die einzelnen Gebete mit den betreffenden lebhaften Vorstellungsbildern nacheinander, jedoch mit mindestens einer Stunde Abstand, aussendet.

5. Man stelle sich das Gewünschte bereits verwirklicht vor, doch lege man sich nicht allzu spezifisch darauf fest, w i e die Resultate zustande kommen sollen. Dann nämlich bleibt es dem Hohen Selbst freigestellt, die gewünschten Bedingungen auf Seine Weise zustande zu bringen.

Man darf ja nicht vergessen, daß das Hohe Selbst der „Äußerst Vertrauenswürdige Elterliche Geist" ist und daher am besten weiß, was für Seinen Menschen gut ist. Niemand kann das Hohe Selbst zwingen oder bestimmen etwas zu tun, was falsch wäre, einen Gebetswunsch zu verwirklichen, der für den eigenen Menschen oder für andere nachteilig wäre. Man versuche nicht, das Hohe Selbst zur Gewährung eines Wunsches zu drängen; noch „bestürme man die Tore des Himmels", indem man — in der modernen Weise — mit aller zu Gebote stehenden Willenskraft die Bejahung festhält, daß das Gewünschte hier und jetzt Wirklichkeit wird, ob es für alle Beteiligten gut oder für manche von ihnen schlecht ist. Vielmehr bittet man das Hohe Selbst — so wie man seinen Vater bitten würde —, das Gebet zu verwirklichen, doch unter der Voraussetzung, daß Gutes und Förderliches daraus erwächst.

6. Erst nach längerer Praxis wird sich der Kontakt zum Hohen Selbst auch ohne Verrichtung eines Gebetes jederzeit leicht und schnell herstellen lassen. Diese Praxis ist einfach. Man sammelt zunächst einen Überschuß an Mana, geht dann in die Stille und meditiert über die Natur des Hohen Selbstes..., daß Es wirklich da ist... daß Es jederzeit liebend gern bereit ist, uns zu helfen... daß Es nur darauf wartet, von uns angerufen zu werden, damit Es uns geleite zu einem Leben des Glückes, des Erfolges und der Hilfsbereitschaft. Das zentrale Anliegen jeder Meditation sollte die Liebe sein, die Liebe des Hohen Selbstes zu dem Ihm anvertrauten Menschen und dessen Liebe zu seinem Hohen Selbst. Denn man muß im niederen Selbste eine emotionale Antwort der Liebe erwecken — eine Antwort, die es erfühlen und mit dem mittleren Selbst teilen kann. Diese Liebe ist die magnetische Kraft, die das niedere Selbst begehren läßt, den Kontakt zum Hohen Selbst herzustellen und Ihm seine Gabe an *Mana* längs der verbindenden *Aka*-Schnur darzubringen.

Liebe wünscht immer zu geben und zu dienen, und *Mana* ist die ideale Gabe des niederen Menschen an das Hohe Selbst. *Mana* frei hinzugeben, ohne ein Gebet hinzuzufügen, ist eine ideale Opfergabe. Denn sie ermöglicht es dem Hohen Selbst, auf der physischen Ebene des Lebens all das zu verwirklichen, für das wir uns selbst gerne einsetzen möchten. Durch die Vermittlung des Hohen Selbstes tragen solche Gaben dazu bei, daß anderen die notwendige Hilfe zuteil wird und in weltweitem Umfang Segen erwächst.

Die Verrichtung des Gebetes

1. Der Gegenstand des Gebetes wird nochmals durchdacht und zu einem klaren Gedankenbild geformt. Sobald das erste Gebet einer Gebetsserie einmal gesprochen ist, sollte man nichts mehr zufügen oder weglassen, es sei denn, man habe das Hohe Selbst gebeten, das betreffende Gebet unbeachtet zu lassen und aus gutem Grunde an seiner statt ein anderes, besseres Gebet anzunehmen.
2. Wurde zwischen den Gebetszeiten der Glaube irgendwie beeinträchtigt, so ist es nötig, ihn wieder zu bekräftigen. Vielfach ist es erforderlich, täglich vor Beginn des Gebetes den Glauben kräftig zu bejahen.
   Es ist unklug, anderen zu sagen, um was man betet. Äußern nämlich andere gedankenlos Zweifel an der Erfüllung des Gebetes, so kann der Glaube und das Vertrauen des für Suggestionen äußerst empfänglichen niederen Selbstes erschüttert werden. Eine solche Suggestion des Zweifels kann dann nur durch sehr starke Glaubensbekräftigung wieder ausgemerzt werden. Von Anfang an und bis zuletzt muß man entschlossen sein, nicht den geringsten Zweifel am positiven Ausgang der Gebetsaktion aufkommen zu lassen. Falls nötig, stärke man den Glauben und das Vertrauen durch zusätzliche Gebete.
3. Man lade sich stark mit *Mana* auf und beauftrage das niedere Selbst, diese *Mana*-Mengen im Augenblick des Kontaktes mit dem Hohen Selbst als Gabe zu überreichen.

4. Sodann meditiere man über das Hohe Selbst (wobei der Körper — gleich ob stehend, sitzend oder liegend — gelockert und entspannt sein soll) bis im niederen Selbste die Emotion der Liebe zum Hohen Selbst spürbar wird.

5. Hat das niedere Selbst einmal gelernt, daß durch Meditation die Gedanken gesammelt werden und ihm dabei Gelegenheit wird, Kontakt mit dem Hohen Selbst aufzunehmen, so wird es schnell bereit sein, mit Liebe zu reagieren, den Kontakt fast augenblicklich herbeizuführen und seine *Mana*-Gabe während des Gebetes zu überreichen. Als Antwort des Liebenden, Elterlichen Hohen Selbstes kann den Betenden ein emotioneller Rausch von Liebe und Glück überkommen. Auch spürt man dann wohl das Prickeln, das die *Kahunas* als Zeichen des „Regens", des „Niederfallens" von *Mana* ansahen, das auf höhere Frequenz gebracht und vom Hohen Selbst zurückgesandt wird zum Segen des Menschen. Natürlich kann sich beim Einzelnen der Kontakt auch durch irgendein anderes, individuelles Gefühl oder Zeichen bemerkbar machen.

6. Spürt man solcherart, daß der Kontakt hergestellt ist, so bittet man das niedere Selbst, die Gedankenformtraube des Gebetes telepathisch auf einem Strome zusätzlichen *Manas* darzubringen.
Die *Kahunas* pflegten sich beim Gebet das Gewünschte im Geiste klar und lebhaft auszumalen und es genau zu beschreiben. Die kurze Beschreibung wurde — zur Kräftigung des „Samens" — Wort für Wort dreimal nacheinander gesprochen, während die Kahunas — zur „Bewässerung des Samens" — gleichzeitig einen Strom von *Mana* aussandten. Durch die Wiederholung des gründlich durch-

dachten und niedergeschriebenen Gebetes prägt sich dessen Bild dem niederen Selbste stark und klar ein.

7. Nachdem das Wunschbild laut oder — falls lautes Sprechen nicht angebracht ist — leise gesprochen wurde, beende man das Gebet mit der gleichen Präzision, mit der es begann.

    Vielleicht sagt man dabei einfach nur: „Ich danke Dir, liebender Vater, und lasse das Bild meines Gebetes in Deinen Händen. Lasse das Bild, das auf Deiner Ebene bereits Wirklichkeit ist, in Zukunft auch auf der irdischen Ebene Wirklichkeit werden. Lasse den Licht-Segen des hohen *Manas* niederfallen. Ich ziehe mich jetzt vom Kontakt zurück. Das Gebet ist beendet. Amen."

8. Das verrichtete Gebet bleibt dem Hohen Selbst anvertraut, bis beim nächsten Gebetskontakt unter Darbringung neuen *Manas* der gleiche Wunsch wieder vorgebracht oder auf das ursprüngliche Bild des „Samens" eine weitere, stärkere Schicht aufgetragen wird.

Anmerkungen

Die meisten von uns sind schon früh im Leben nachlässig geworden und suchen das Gebet so schnell wie möglich hinter sich zu bringen. Wie Kinder beten wir, wenn wir schon halb eingeschlafen sind. Alles wird zur reinen Gewohnheit, und so sprechen wir beim Beten inhaltsleere, völlig unnütze Worte. Eine andere große Nachlässigkeit ist es, über dem Beten einzuschlafen. Soll nämlich das Gebet wirksam sein, so muß es ordentlich, mit Eifer und aus innerem Antrieb verrichtet und von starker, belebender Liebe durchdrungen sein. Der Wille des mittleren Selbstes muß das Gebet lenken; diese Kraft aber ist nur dann wirksam, wenn das bewußte Selbst hellwach ist, ganz aufmerksam jeden Schritt lenkt und die wichtige Arbeit des niederen Selbstes bei der Darbringung des Gebetes ständig überwacht.

Eine andere üble Angewohnheit ist es, die Zweifel, Befürchtungen und Sorgen des Augenblicks mit hineinzunehmen in die Zeitspanne, die dem Gebet gewidmet ist. Solche Dinge müssen mit aller Entschiedenheit beiseite gelegt werden, damit der Glaube gestärkt und die Ausgeglichenheit des Gemütes erreicht werden kann, die zur Meditation erforderlich ist. Hat man einmal gelernt, im Gebet leicht mit dem Hohen Selbst in Kontakt zu kommen, so ist es vielleicht ganz gut, die *Mana*-Gabe darzubringen und ihr die Bejahung folgen zu lassen, daß die eine oder andere Sorge zurückgestellt oder völlig aufgegeben wird. Sind die sorgenschweren Gedanken dann abgeschaltet, so kann man mit ein paar einfachen Worten (mit Hilfe des niederen Selbstes, das die entsprechenden Gedankenformen dem Hohen Selbst zu bringen hat) eine Bitte aussprechen, wie z. B. „Vater, ich habe beiseitegeschoben, was mich störte. Bitte vergib mir und erlöse mich davon."

Bei der HRA-Arbeit haben wir erfahren, daß die kurze Zeitspanne, die man darauf verwendet, das Alltagsdenken abzuschalten und die Hilfe des Hohen Selbstes zur Beseitigung von Sorgen, Ärger und Verdrießlichkeiten des Tages oder Augenblicks zu erreichen, oft großen, dauerhaften Segen bringt.

Eine solche Reinigung des mittleren und niederen Selbstes kann natürlich jederzeit vorgenommen werden, auch wenn kein besonderes Gebet folgt.

Auch zwischen den Gebetsaktionen ist manches zu tun. Der normale Vollzug einer Serie von HUNA-Gebeten ähnelt den uns bekannten irdischen Wachstums-Vorgängen. Zuerst wird der Same, das Gedankenbild des Gebetswunsches, erzeugt. Dann muß der Same sorgfältig bewässert und sein Wachstum eine zeitlang geschützt werden. Wir senden täglich *Mana* aus, um den Samen und die sich aus ihm bildende Pflanze zu bewässern. Zu gegebener Zeit kommt dann die Antwort auf das Gebet; sie ist die Frucht der Pflanze. Auf solche Art scheint sich der Schöpfungsvorgang universell zu vollziehen. Das Ei wird befruchtet, umhegt und ausgebrütet. Dann wird das Küken umsorgt und wächst zum Huhn heran. Aber weder der Same noch das Ei, noch das Gedankenbild des Gebetswunsches kann mehr geändert werden, wenn man sich einmal festgelegt hat. Sonst nämlich kann niemals das gewünschte Ergebnis daraus heranreifen.

Das ist der Grund, warum bei einer Gebetsserie, in der man das dem Hohen Selbst übergebene „Saat"-Bild unverrückbar und unverändert festhält, der Erfolg von Tag zu Tag weiterwachsen muß, bis die Ernte kommt. Manchmal spürt der Betreffende deutlich den Fortschritt, der sich während der Wachstumsperiode vollzieht. Vielleicht merkt er von Tag zu Tag eine allmähliche Besserung, bevor sich schließlich völlige Heilung einstellt.

Ebenso wie man sich schon beim Gebet in die gewünschte neue Situation hineinversetzen, in ihr „leben" muß, ist es erforderlich, daß man nachher, wenn man an den Wunschinhalt des Gebetes denkt, diesen so sicher und real erwartet wie die Pflanze aus dem Samen, wie das Küken aus dem Ei. Die zugrundeliegende Realität ist ja die gleiche; der Unterschied liegt nur in der Zeit, die das Wachstum erfordert. Wenn man das versteht, dann kann man an den Wunschinhalt des Gebetes als etwas schon Existierendes denken, ohne die eigene Urteilskraft und Intelligenz zu verletzen.

Und hier noch etwas sehr Wichtiges, das vom Augenblick des ersten Gebetes an bis zu seiner völligen Verwirklichung immer wieder zu geschehen hat: Man muß auch auf der physischen Ebene alles tun, um zur Verwirklichung der neuen Verhältnisse beizutragen. Gott hilft dem, der sich selbst hilft! Hier kommt es auf den gesunden Menschenverstand und klares Denken an. Wenn es um die Verwirklichung eines Gebetes geht, kann man nicht einfach „die Hände in den Schoß legen und warten". Die drei Selbste sind im Leben Partner; und jedes von ihnen muß, so gut es kann, mithelfen, die gewünschten Bedingungen zustande zu bringen.

Ein richtig und wirksam dargebrachtes Gebet hat nichts mit entwürdigender Bettelei zu tun. Zunächst nämlich muß man des Gebetes wert werden. Sodann ist das Gebet ein Bauen mit der ganzen Kraft des Urteils und der Erfahrung, deren das mittlere Selbst fähig ist. Schließlich ist es ein schöpferischer Akt, bei dem alle drei Selbste die ihnen zufallende Rolle spielen.

Die Vergangenheit läßt sich nicht mehr ändern. Die Gegenwart entzieht sich unserem Zugriff. Die Zukunft aber ist unser. Sie können wir in jeder Hinsicht gestalten. Mit den großen *Kahunas* der ältesten Zeit können wir frohlockend ausrufen „Siehe, ich werde alles neu machen".

„Neu machen" heißt in der Sprache der Eingeweihten *hou;* und hinter diesem Wörtchen stehen folgende geheime Bedeutungen:

a) „Neu machen" (neue Bedingungen schaffen durch Gebet, Arbeit und Planung);

b) „Hinausreichen von einer Stelle zu einer anderen." (Symbol des Aka-Fadens und der Herstellung des Kontaktes);

c) „Mit Wasser durchnässen" (Symbol der *Mana*-Spende zur Bewässerung des Samens);

d) „Eine Handlung wieder tun, noch einmal tun" (Symbol der Wiederholung des täglichen Gebetes, damit genug *Mana* dargebracht und das Bild klar und stark erhalten wird, damit alles in Zukunft „erneuert" werde).

XI

HEILUNG DURCH AUFLEGEN DER HÄNDE

Wo im Alten Testament von Handauflegung die Rede ist, handelt es sich nicht um Heilungen, sondern um einen Teil des Rituals oder der Ordination. Wurden Leviten in die priesterliche Gemeinschaft aufgenommen, um am Altar für das ganze Volk zu dienen, dann versammelten sich die Menschen und legten ihnen als Teil des Ordinationsritus die Hände auf. Seitdem hat sich dieser Ritus durch alle christlichen Jahrhunderte erhalten, nur daß später Priester und Prälaten die Hände auflegten und nicht die Gemeinde, wie es zu Mosis Zeiten der Fall war. Doch liegt das durchaus auf der Linie des — nach der Überlieferung — an Moses ergangenen Befehls, Josua, dem neuen Führer einer späteren Zeit die Hände aufzulegen und einen „Teil seiner Ehre" auf ihn zu übertragen.

Weniger zeremoniell ist der hier oder dort geübte Brauch, jemanden zu segnen, indem man ihm die Hände aufs Haupt legt. Auch werden Nahrung und Getränke gelegentlich gesegnet, indem man die Hände darüber hält. Hinter diesen Riten steht der Gedanke, daß etwas Unsichtbares, doch Reales aus den segnenden Händen auf die zu segnenden Personen oder Dinge überströmt.

Bei der Ordination kann es sich um die Übertragung von *Mana* handeln, wobei Gedankenformen auf das niedere Selbst des Ordinanden übertragen werden. Vielleicht auch wird durch die Berührung eine *Aka*-Schnur zwischen dem Ordinanden und demjenigen geschaffen, der die Ordination vollzieht. Ist letzterer in vollem Kontakt mit seinem Hohen Selbst, so kann er wahrscheinlich mit dem neuordinierten Priester Kontakt halten und ihn fortan bei seiner neuen Arbeit unterstützen.

In der Apostelgeschichte 6: 6 lesen wir, daß sieben Proselyten ausgewählt wurden, um bei der Ausbreitung der neuen Lehre des Christentums zu helfen. Diese Männer wurden „... vor die Apostel gestellt, und diese legten ihnen unter Gebet die Hände auf." In 13: 3 wird in ähnlicher Weise von der Entsendung anderer Priester gesprochen; nur daß in diesem Falle die Phropheten und Lehrer, die die Ordination ausübten, zusätzlich zu Gebet und Handauflegung fasteten. Da Fasten zur allgemeinen, unpersönlichen Wiedergutmachung gehört, um „Sünden" oder Schuldkomplexe im niederen Selbst zu tilgen, ist anzunehmen, daß auch die Ordinanden fasteten. Das Ritual lief darauf hinaus, den Ordinanden zu helfen, ihre *Aka*-Schnüre von Komplexen (auf sie werden wir später ausführlich zu sprechen kommen) zu befreien und vollen Kontakt mit den Hohen Selbsten herzustellen (dieser Kontakt kündigte die Niederkunft des „Heiligen Geistes", des Hohen Selbstes, an).

Jesus heilte oft durch Auflegen seiner Hände. Auch wird berichtet, daß er diejenigen, die er heilte, anrührte. So nahm er z. B. die Hand eines, den er vom Tode auferweckte. In anderen Fällen wurde er selbst berührt. So berührte eines Tages jemand den Saum seines Gewandes und spürte eine starke Wirkung. Seine Bemerkung „Ich fühlte, wie Kraft davon ausging" beweist erneut, daß bei der Berührung Heilkraft hohen Grades übertragen wurde.

In der Frühkirche heilte man durch Auflegen der Hände und das Gebet. In einigen Kirchen der heutigen Zeit wendet man dieselbe Methode an; doch ging inzwischen das Geheimnis des HUNA-Gebetes und des *Mana* verloren.

Nicht nur in den Kirchen war die Handauflegung ein wesentlicher Faktor der direkten Heilung. In ähnlicher Weise, — doch ohne Gebet — übten seit vielen hundert Jahren „Naturheiler" ihre Kunst aus. In vielen Religionen legte man Kranken die Hände auf, und zwar mit oder ohne Gebet sowie mit oder ohne Anwendung von Weihwasser, Fetischen oder Gesängen. In späteren Jahrhunderten traten „Magnetiseure" auf. Sie glaubten, aus Magneten Kraft in ihren eigenen Körper ziehen und durch ihre Hände zur Heilung von Patienten wieder ausstrahlen zu können.

Früher glaubte man in einigen Ländern, daß Könige die Kraft besäßen, durch Berührung ihrer Hände zu heilen. Die Priester der heiligen Kirche segneten Kleider und Amulette; sie erfüllten diese Dinge mit heilender Kraft, und wenn sie dann von einem Kranken getragen wurden, so teilte sich ihm diese Kraft mit. Der Mesmerismus benutzte in breitem Maße die Kraft, die man zuerst aus Magneten zu ziehen glaubte, und die — wie man später erfuhr — im menschlichen Körper wohnt. Die Heilung durch direkten Kontakt mit „animalischem Magnetismus" bekam damals starken Auftrieb, und in Europa entwickelte sich schnell eine neue Schule von Heilern. Die ersten „Magnetiseure" heilten durch Auflegen der Hände, durch den Blick ihrer Augen oder durch Streichungen, die mit oder ohne Berührung des Patienten über dessen Körper vorgenommen wurden. Es liegt auf der Hand, daß diese Heiler imstande waren, *Mana* von sich auf den Körper des Patienten (und dadurch in dessen niederes Selbst und seinen *Aka*-Körper) zu übertragen und ihm so die zur Wiederherstellung oder Heilung erforderliche Lebenskraft zu übermitteln.

Soweit wir zurückdenken können, galt die Hand als Symbol der Kraft. Isaias, dessen Äußerungen ihn eindeutig als *Kahuna* erkennen lassen, sagte in 40: 10 „Der Herr, der Herr kommt mit starker Hand, und sein Arm wird herrschen". Das Wort „Hand" wurde bei der Übersetzung der King-James Fassung der Bibel eingefügt (die Übersetzer glaubten, die Bedeutung dadurch klarer zum Ausdruck zu bringen). Übersetzt man diese Stelle aber in die „Heilige Sprache", so erfährt man, daß das Wort „*lima*" sowohl Arm wie auch Hand bedeutet. Wo also dieses Wort verwendet wurde, meinte es entweder den Arm oder die Hand oder beides.

Dringen wir weiter in den sprachlichen Bereich vor, so zeigt sich, daß das Geheimnis der Direktheilung durch Handauflegung sich im Wort „Finger" und nicht in der Wortgruppe Arm/Hand verbirgt. „Finger" bedeutet *mana-mana*. Die Verdoppelung dieses grundlegenden Wortes weist auf seine verstärkte Kraft hin und deutet an, daß aus dem niederen *Mana* des niederen Selbstes das beherrschende, machtvolle Mana des „Willens" hergestellt wird, den das mittlere Selbst zur Beherrschung und Lenkung des niederen Selbstes benötigt. *Mana-mana* bedeutet auch „aufteilen" oder „sich verzweigen". Die Finger bilden gewissermaßen die Verzweigung des Handendes am Arme, und das ergibt eine Parallele zu der wichtigen Tatsache, daß sich auch das *Mana* bei der Direktheilung verzweigen muß. Der Heiler muß es im Überfluß, als Hochaufladung, besitzen und so verteilen, daß sowohl das mittlere wie auch das niedere Selbst genug davon bekommen, um ihre individuellen Aufgaben beim Heilungsprozeß zu erfüllen. Bei der schließlichen Verteilung geht ein Teil der Kraft des Heilers auf den Patienten über. Damit aber wird klar, daß alle Heiler bei ihrer Arbeit und beim Auflegen der Hände — ob sie es wissen oder nicht — *Mana* aus ihren Händen auf den Patienten übertragen (Benutzt der Heiler zusätzlich das Gebet, so muß auch das Hohe Selbst einen Teil des *Manas* erhalten).

Nach den „Magnet-Heilern" kamen Heiler einer anderen Schule. Sie setzten Suggestionen unter gleichzeitigem Einsatz von Vitalkraft. Suggestion ist die — telepathisch oder durch das gesprochene Wort bewirkte — Einpflanzung einer Idee ins Unterbewußtsein des Patienten. Zunächst nahm man an, durch Suggestion könne man den „animalischen Magnetismus" ersetzen. Dieser Magnetismus, der ja nichts anderes ist als Vitalkraft oder *Mana*, spielte aber bei diesen Bemühungen eine nicht unerhebliche Rolle. Bei fast allen Heilbehandlungen ist die Suggestion beteiligt, selbst wenn man sie nicht bewußt anwendet. Der heilungssuchende Patient ist mehr als bereit, in jeder Art von Behandlung, in jeder medizinischen Praktik die rettende Möglichkeit zu sehen, die ihm zur Wiedererlangung der Gesundheit verhilft.

Die *Kahunas* setzten ihren Patienten nur schwache Suggestionen und ließen gleichzeitig aus ihren Händen *Mana* auf die Patienten strömen. Es empfiehlt sich hier, einen kurzen Rückblick auf die Heilungspraktiken der *Kahunas* während der letzten fünfzig Jahre vor der Jahrhundertwende einzuschalten. Sie waren die geschulten Therapeuten ihrer Zeit und arbeiteten mit allen drei Selbsten des Menschen.

Zuerst reinigte der *Kahuna* seinen Patienten mit aller Sorgfalt von Schuldgefühlen, die sich als Folge von Unrecht, das er anderen angetan hatte oder infolge von Schädigungen seines eigenen Körpers durch Exzesse in seinem Unterbewußtsein festgesetzt hatten. Auch sorgte der *Kahuna* dafür, daß Komplexe und Einflüsse von Besessenheit mit Sicherheit beseitigt wurden. Nach diesen Vorbereitungen lud sich dann der *Kahuna* hoch mit *Mana* auf und gestaltete wirkungsvolle Bilder des vollendeten Heilungszustandes. Diese Bilder präsentierte er dem Hohen Selbst und bat um dessen Hilfe. Faßte er den Patienten an — wobei oft die kranke oder verletzte Stelle massiert wurde —, so gingen *Mana* und „willensstarke", hochaufgeladene Gedankenform-Trauben vollendeter Gesundheit auf den Patienten über; und während mehr und mehr *Mana* gebildet wurde, wartete der *Kahuna* darauf, daß das Hohe Selbst Sein Werk beginne und die Heilung vollziehe.

Die Erteilung einer Heilungssuggestion ging Hand in Hand mit der Anwendung eines „physischen Stimulans". Das war etwas, das gesehen, gefühlt, ertastet oder auf irgend eine andere Weise über die Sinnesorgane vom niederen Selbst des Patienten wahrgenommen werden konnte und infolgedessen die Suggestion wirksam unterstützte. So wusch z. B. der *Kahuna* seinen Patienten kräftig mit Wasser ab, besprühte und bürstete ihn mit einem Bündel grüner *Ti*-Blätter, während er ihm gleichzeitig versicherte, daß er nun — nachdem er getanes Unrecht gutgemacht habe — von jeglicher noch übrig gebliebener Schuld sowie von aller Krankheit reingewaschen werde.

Da unsere HRA-Arbeit darauf abzielte, mit dem Hohen Selbst in Berührung zu kommen, entschlossen wir uns, die Behandlung kleinerer gesundheitlicher Störungen durch Handauflegung zu versuchen und dabei lediglich den oben beschriebenen Teil der Gesamt-Heilungsmethode der *Kahunas* zu benutzen. Diese Versuche schienen uns Erfolg zu versprechen, wußten wir doch, daß viele Heiler schon allein durch

Handauflegung — also ohne zusätzliche Anwendung des Gebetes — gute Resultate erzielt hatten. Auch glaubten wir, auf diesen Versuch genügend vorbereitet zu sein; denn wir hatten in langen Übungen unsere niederen Selbste dazu erzogen, auf Befehl Hochaufladungen an *Mana* zu bewirken und *Mana* zusammen mit gut vorbereiteten Gedankenformbildern auszusenden.

Bei den Versuchen, uns selbst oder andere zu heilen, übernahmen wir von den *Kahunas* nur die Technik der Handauflegung. Wir verlangten vom niederen Selbst, eine Hochaufladung an *Mana* zu bewirken und diese Kraft auf die Hände zu konzentrieren, während wir ein starkes mentales Bild der vollzogene Heilung erzeugten. Bild und *Mana* zusammen wurden mit starker Willenskraft durch die Hände ausgesandt und auf den Patienten übertragen. Einige von uns versuchten, diese Technik noch auszuweiten. Sie verstärkten die Heilungs-Suggestion oder den willentlichen Heilungs-Befehl an das niedere Selbst durch Anwendung eines physischen Stimulans, — wie die *Kahunas* es früher auch getan hatten. Man rieb die beschädigte oder kranke Stelle mit einer Salbe, einem Linderungsmittel oder einer Tinktur ein und wandte Wärme, kalte Kompressen, Massage oder andere Behandlungsarten an. Dabei kam es darauf an, daß das niedere Selbst des Patienten stark von der heilenden Wirkung der Maßnahme beeindruckt wurde.

Man kann mehrere Male laut und mit festem „Willen" befehlen, daß völlige Heilung erfolge. Bei solchen Befehlen aber darf niemals die zu heilende Krankheit oder Verletzung auch nur erwähnt werden. Man halte sich stets vor Augen, daß man dem niederen Selbst nicht etwa sagen darf: „Verwende das aus meinen Fingern auf das kranke Knie ausströmende *Mana* zur Heilung der Wunde." Man sollte statt dessen sagen: „Benutze den starken *Mana*-Strom, der jetzt in das Knie einfließt und bewirke, daß es völlig gesund, völlig normal, kräftig und heil wird." Die anzuwendenden Gedankenform-Trauben dürfen also niemals die Krankheit, Verletzung oder Mißbildung enthalten, die es beim Patienten oder bei uns zu beseitigen gilt. Sie müssen vielmehr ausschließlich die mentalen oder *Aka*-Formen des gewünschten Normalzustandes beinhalten.

Die mir später übersandten Berichte über das Ergebnis der Versuche waren geradezu erstaunlich. Es scheint, daß die meisten von uns über viel, viel größere natürliche Heilungskräfte und -Fähigkeiten verfügen, als sie ahnen. Kopfschmerzen verschwanden unter der direkten Behandlung, Schmerzen ließen nach, das Fieber fiel, die Kraft kehrte zurück, der Friede des Gemütes wurde wieder hergestellt. Es scheint, daß die *Mana*-Gabe und die wirkungsvollen Gedankenbilder eines Gesunden, der als Heiler dient, sich sehr positiv auf die Harmonie der *Mana*-Vibration eines Kranken auswirkt.

Die meisten Menschen haben ja niemals den Versuch gemacht zu heilen; sie haben daher auch keine Ahnung, was man mit ein klein wenig Übung alles zustande bringen kann. Mütter und Väter sollten fähig sein, ihren Kindern oder Familienmitgliedern in solcher Weise zu helfen. Auch werden so nicht nur physische Krankheiten beseitigt, sondern auch Schäden und Wirkungen emotionalen Ursprungs. *Mana* mit Liebe gepaart beseitigen Gefahren, Ärger und Sorgen. Der Mut kann wesentlich gesteigert und die gesamte Einstellung eines Kindes schnell zum Besseren gewandelt werden. Rastlosigkeit und übermäßige Motorik können abgestellt und Entspannung, Wohlgefühl und gesunder Schlaf herbeigeführt werden. Selbst unsere Haustiere sprechen gut auf solche Behandlungen an, und sogar von Pflanzen und Bäumen haben wir ausgezeichnete Beweise dafür, daß Liebe und *Mana*, die durch die Hände auf sie übertragen werden, ihre Entwicklung fördern. Der Möglichkeiten sind unendlich viele.

Auch einige Ärzte beteiligten sich an den HRA-Versuchen mit dieser Heilungsmethode. Diejenigen Ärzte, die — wie Osteopathen und Chiropraktiker — bei der Behandlung normalerweise den Patienten mit den Händen anfassen, hatten mit dieser direkten Heilungsmethode beachtlichen Erfolg. Vielfach übernahmen sie diese Methode nachher in ihre normale Praxis. Wenn die Patienten bereits von HUNA wußten, so wurde die direkte Behandlungsmethode mit Wissen und unter Mitwirkung des Patienten durchgeführt; dabei kam es dann zu weit überdurchschnittlichen Erfolgen.

Bei der Untersuchung der HUNA-Theorien im Rahmen der HRA-Arbeit hatten wir es uns zur Gewohnheit gemacht, uns gegenseitig über alles zu unterrichten, was andere Forscher, die von HUNA nichts wußten, auf ähnlichen Gebieten bereits erarbeitet hatten. Auf einige solcher Berichte werden wir später noch zu sprechen kommen. In Bezug auf die Direktheilung hörten wir von einer Heiler-Schule, welche lehrt, daß Gott die Heilung vollzieht, wenn der Heiler die Kraft gibt.

Die Praktiker der beiden bedeutendsten Schulen dieser Kategorie versuchen, auf geistigem Wege die „Kraft" zu veranlassen, aus ihrem Körper auszutreten und auf die zu behandelnde Stelle des Patienten „auszustrahlen". Einige von ihnen können Gelenke einrenken, ohne sie zu berühren; andere halten ihre Hände über das betreffende Gelenk und üben einige Zeit später nur einen leichten Druck aus. Häufig erreichen sie dabei bessere Resultate, als beim Einsatz größerer körperlicher Kraft. In allen Fällen wird die „Ausstrahlung" von Kraft und „Willen" durch Gebete begleitet; es ist also durchaus möglich, daß diese Heiler mit dem Hohen Selbst in Berührung kommen.

Die besprochene Heilungsmethode probierte ich an mir selbst aus. Ich habe eine Kreuzbein-Luxation, die manchmal behandelt werden muß, und es kam mir gerade recht, daß damals wieder eine Behandlung fällig war. Gewöhnlich benutze ich die mir geläufigen *Kahuna*-Methoden; diesmal aber verwendete ich lediglich die Therapie des mittleren und niederen Selbstes. Ich lud mich stark mit *Mana* auf, legte mich aufs Bett, und zwar auf die linke Seite und legte meine rechte Hand über die Stelle, an der die Behandlung zu erfolgen hatte. Dann nahm ich eine entschlossene Geisteshaltung an, d. h. ich befahl mit der ganzen Kraft meines „Willens" meinem niederen Selbst, die *Mana*-Ladung in die Finger der rechten Hand zu konzentrieren, dann einen *Aka*-Finger zu bilden, die *Mana*-Ladung auf ihn zu übertragen und schließlich mit dem kraftvollen *Aka-Mana*-Finger die Gelenkstelle wieder in die richtige Lage zu bringen. Mein Georg, dem die oft von Ärzten vorgenommene Behandlung ja bekannt war, griff die Idee sofort auf. Er verstand sich gut darauf, einen *Aka*-Finger zu bilden und ihn z. B durch die Decke von Schachteln zu stoßen. Da der Körper sein ureigenstes Arbeitsfeld ist und er ihn sehr gut kennt, war es Georg möglich, binnen weniger als zehn Sekunden die Gelenkstelle mit einem kleinen Klicken wieder einspringen zu lassen.

Von Anfang an war uns bei der HRA-Arbeit mit dem niederen Selbst und beim Einsatz von *Aka-Mana* unter dem beherrschenden Zwang des mittleren Selbstes aufgefallen, daß die Heilungsarbeit in gewisser Weise dem Auswendiglernen ähnlich ist. Beim Auswendiglernen nimmt man nämlich den Stoff immer und immer wieder vor und macht dadurch die Gedankenform-Trauben eines Verses oder einer Formel immer kräftiger. Sie verweben sich daher immer inniger miteinander und können so leichter und vollständiger reproduziert und erinnert werden. Sofern es sich nicht um ganz einfache Dinge handelt — wie z. B. die Wiedereinrenkung eines Gelenkes — die man in einer einzigen Sitzung erledigen kann, geht man bei der Heilung fast genau so vor, wie beim Auswendiglernen eines langen Gedichtes. Das Bild des gewünschten Zustandes wird immer wieder vor uns aufgestellt und immer mehr *Mana* und Lebenskraft auf die Stärkung des Bildes verwandt. Die Anstrengung des mittleren Selbstes kann schließlich sogar im niederen Selbst die Emotion gläubigen Vertrauens auslösen.

Der berühmte Couè, der uns die Formel bescherte „Es geht mir jeden Tag in jeder Hinsicht besser und besser", hatte schon das Wesentliche richtig erkannt: Die fortwährende Wiederholung mit dem dauernden Gedanken der Heilung und Besserung. Hätte er damals auch noch *Aka-Mana* und Gedankenform-Trauben anzuwenden verstanden, so wäre seine Methode nicht so schnell in Vergessenheit geraten.

Es ist ein deutlicher Unterschied, ob eine Heilung oder die Wiederherstellung von Körpergeweben in normaler Weise erfolgt oder aufgrund einer *Mana-Hochaufladung* und eines entsprechenden „Willens"-Aktes. Die Erfahrung der medizinischen Wissenschaft lehrt, daß gewisse Körpergewebe nach Verletzungen nicht wieder in der ursprünglichen Weise, sondern — wenn überhaupt — durch Narbengewebe ersetzt werden. Bei der HRA-Arbeit konnten wir noch nicht feststellen, wo hinsichtlich des Ausheilens die Grenze von Behandlungen liegt, bei denen große *Mana*mengen wiederholt in die kranke Stelle des Körpers eingebracht werden unter gleichzeitiger entsprechender Anweisung an das niedere Selbst und möglicherweise in Verbindung mit einem eindrucksvollen physischen Stimulans.

Es braucht wohl nicht betont zu werden, daß mit der Hilfe des Hohen Selbstes die Heilungsaussichten und -möglichkeiten ungleich größer sind.

Ich möchte nun einen Brief anführen, der mir nach Veröffentlichung meines Buches „Geheimes Wissen hinter Wundern" zuging. Der Brief zeigt deutlich, was — im Bereiche der Heilung — intelligentes Verständnis und richtige Anwendung des Wissens um die Auflademit Mana und seine Aussendung durch die Hände vollbringen können. Er läßt beharrliche Zielstrebigkeit und festen Glauben erkennen. Niemals hat mir jemand einen ähnlichen Brief geschrieben. Obwohl die Schreiberin es nicht deutlich sagt, bin ich davon überzeugt, daß sie während des Heilungsvorganges mit ihrem Hohen Selbst in Verbindung stand, denn sie spricht von einer „ . . . gewissen wissenschaftlichen Barriere, die kein spirituelles Licht aufkommen läßt." Die Dame ist kein Mitglied der HRA-Gruppe. Sie untersuchte und prüfte die Kahuna-Lehre ganz für sich allein. Ich veröffentlichte den Brief bereits in einem Rundschreiben und darf sagen, daß er für die HRA-Freunde eine Quelle der Inspiration war; er begeisterte sie, ihre Arbeit fortzusetzen. Das nun ist der Inhalt des Briefes:

Sehr geehrter Herr Long:

Schon lange wollte ich Ihnen über meine Erfahrung zum Thema Heilung durch HUNA berichten, doch glaubte ich bisher, noch abwarten zu sollen, bis mein Arzt endlich zugeben würde, daß meine Heilung von Dauer ist. Obgleich die Heilung wundervoll und von seinem Standpunkt aus einfach „unmöglich" war, bestand er nämlich darauf, es könne sich nur um ein vorübergehendes Phänomen handeln und ich müsse unbedingt mit einem Rückfall rechnen. Da nun aber mehr als ein Jahr verstrichen ist, ohne daß es zu einem Rückfall kam, gab er schließlich widerstrebend zu, daß ich geheilt bin, obwohl er gewisse Aspekte dieser Heilung auch heute noch für „unmöglich" hält und sagt, daß sie nach den Erfahrungen der Medizinischen Wissenschaft „nicht denkbar" seien.

Vor vierzehn Monaten lag ich mit einem Augenleiden im Krankenhaus. Es begann mit einem Bindehautkatarrh, der sich bald zu Regenbogenhautentzündung, zu doppelseitiger Hornhautentzündung (beides gilt als unheilbar) und einem Hornhautgeschwür entwickelte. Schon vor der Einweisung ins Krankenhaus war das Geschwür zweimal ausgebrannt worden; dabei war eine beträchtliche Narbe auf der Hornhaut zurückgeblieben. Der Arzt hatte das Ausbrennen für absolut notwendig gehalten, weil das Geschwür auf alle anderen Behandlungsarten nicht angesprochen hatte. Er hatte mir gesagt, daß ich nach dem Ausbrennen zeitlebens eine Narbe behalten würde. Ich war also darauf gefaßt.

Als ich schließlich aus dem Krankenhaus entlassen wurde, war ich völlig entmutigt, denn mein Sichtvermögen war nun sehr schlecht und ich war für immer geschädigt. Nachdem sich das kranke Auge nach einem weiteren Monat an die neuen Verhältnisse gewöhnt hatte, verordnete man mir starke Gläser. Damit sah ich sehr unvorteilhaft aus und — was viel schlimmer war — ich durfte nicht mehr viel lesen. Während ich mich zu Hause erholte, las ich Ihr Buch „Geheimes Wissen hinter Wundern" und die Hoffnung, die ich daraus schöpfte, besiegte meine Niedergeschlagenheit. Ich brauche nicht zu betonen, daß ich sofort mit der Praxis begann. Ich reicherte mich mit Mana an und konzentrierte es in meine Hände. Dann setzte ich mich immer wieder hin, legte meine Hände über die Augen und befahl, daß die Kraft in die Augen eintrete und sie heile.

Bei einer Nachuntersuchung sagte ich meinem Augenarzt nichts von der inzwischen eingetretenen Besserung. Er untersuchte meine Augen mit fast allen Instrumenten, die er besaß und murmelte schließlich, das sei unglaublich und er könne es nicht verstehen. Am Ende meinte er, bevor er etwas verschreiben könne, müsse er die Augen noch einmal unter Tropfen untersuchen. Nach dieser weiteren Untersuchung sah er sich gezwungen zuzugeben, daß etwas geschehen sei, was er absolut nicht verstehen könne. Es seien nämlich keinerlei ersichtliche Symptome der Regenbogen- und Hornhautentzündung mehr vorhanden. Was aber viel wichtiger war: das Narbengewebe war völlig verschwunden. Er erklärte mir, Narbengewebe sei von der Blutzufuhr abgeschnitten und könne daher nicht resorbiert werden; es *müsse* also auf dem Auge sein, ob er es feststellen könne oder nicht. Das Schönste an der Sache aber war, daß mein Sichtvermögen sich so weit gebessert hatte, daß ich nach siebzehn Jahren, in denen ich immer eine

Brille hatte tragen müssen, nun keiner Brille mehr bedurfte.

Der Arzt befragte mich immer wieder, was nach meiner Auffassung inzwischen geschehen sein könne. Ich versuchte, ihm nun zu erzählen, wie ich vorgegangen war, doch schon bald mußte ich einsehen, daß ich damit nicht weiter kam, weil er die gewisse wissenschaftliche Barriere besaß, die keinerlei spirituelles Licht zuläßt. Er lachte mich aus und sah mich wie einen harmlosen Narren an.

Als er mich entließ, gab er mir die Warnung mit auf den Weg, daß ich längstens binnen drei Monaten mit einem Rückfall rechnen müsse. Zwar sei etwas Seltsames eingetreten, doch könne es sich zweifellos nur um einen vorübergehenden Zustand handeln. Das nun brachte mein irisches Blut in Wallung. Ich brachte ihn schließlich dazu, mir zu versprechen, daß er die Dauerheilung zugeben müsse, wenn sich binnen eines Jahres kein Rückfall einstellen werde. Er war seiner Sache so sicher, daß er das bereitwillig versprach und noch hinzusetzte, das könne er beruhigt abwarten.

Als sichtbaren Beweis für ungläubige Thomase lege ich meinen alten Führerschein bei. Er ist in dicken Buchstaben quer mit dem Vermerk überdruckt: „Ohne Benutzung einer Brille ungültig". Mein neuer Führerschein hat diesen Aufdruck nicht mehr.

Ich bin Ihnen ewig dankbar für Ihre Arbeit, für Ihr Buch und für diese wundervolle, wundervolle Heilung.

Ich habe mir die Erlaubnis zur Veröffentlichung dieses Briefes geben lassen. Er ist einer von vielen, die ich sorgsam in meinen Akten aufbewahre, doch wäre es, glaube ich unfair, den Namen und die Adresse der Schreiberin zu nennen. Alle Briefe solcher Art sind nicht nur als Heilungsdokumente interessant, sondern auch in einer anderen Weise:

Sie zeigen nämlich, daß geschriebene Worte solange wertlos sind, wie die darin ausgedrückten Gedanken nicht angewandt und in persönliche Erfahrung umgeformt werden.

XII

DIE ARBEITSGRUPPE FÜR GEGENSEITIGE HEILUNG AUF TELEPATHISCHER GRUNDLAGE

Ausgehend von den HUNA-Theorien über die *Aka*-Schnur und den mit ihrer Hilfe möglichen Austausch telepathischer Mitteilungen, führte eine Anzahl speziell interessierter HRA-Mitglieder ein bemerkenswertes Experiment durch. Sie bildeten dazu eine Arbeitsgruppe, die wir die „Gruppe für Gegenseitige Heilung auf Telepathischer Grundlage" (Telepathic Mutual Healing Group oder kurz MTHG-Gruppe) nannten. Zu Beginn des Experimentes hatte man seine Dauer und die der zugehörigen Berichtsperiode auf nur einen Monat angesetzt; wegen des großen Interesses und der bedeutenden Ergebnisse aber wurde es jahrelang beibehalten.

Wir sprachen schon davon, daß die HRA-Mitglieder weit über die USA, Kanada, Europa und Asien verstreut wohnten. Briefe und Rundschreiben bildeten die einzige Möglichkeit zu gemeinsamem Austausch. Viele Mitglieder wollten mit anderen, an gleichen Fragen interessierten oder arbeitenden Gesinnungsfreunden in Verbindung kommen. Andere waren in dringender Not und hatten nicht genug Vertrauen in die Kraft ihrer eigenen Gebete. Es stimmt schon, daß ein Einzelner, der für sich allein arbeitet, vielleicht bescheidene Erfolge erzielt, während Großes erreicht werden kann, wenn sich mehrere Personen zu gemeinsamer Arbeit zusammenschließen.

Unsere Mitglieder konnten sich nicht persönlich treffen, wie es in einer Kirche oder einem Vortragsraum möglich ist. Warum aber sollte man sich nicht auf telepathischem Wege treffen? Wir hatten doch unsere niederen Selbste dazu erzogen, ihr ureigenstes Talent zu nutzen. Hier bot sich also die Chance zu einem Experiment großen Stiles. Hier war die Möglichkeit, dem Hilfesuchenden zu helfen.

Jahrelang hatten moderne religiöse Organisationen bereits Fernbehandlungen durchgeführt, ohne daß man je erwähnt oder sich vorgestellt hätte, daß das telepathische Element dabei eine Rolle spielte. Schon immer gab es Gebete für Freunde oder geliebte Menschen, die weit voneinander entfernt waren; oft auch führte man gemeinsame Gebetsaktionen durch, an die sich weit entfernte Mitglieder einer großen Gruppe zu festgesetzten Zeiten anschließen konnten.

Ich suchte in den Aufzeichnungen über die Praxis der *Kahunas*, ob es damals schon etwas ähnliches gegeben hatte, was uns bei der Planung des Experimentes von Nutzen sein könnte. Die ideale Kombination für eine Heilung war natürlich der *Kahuna* und sein Patient. Der *Kahuna* konzentrierte alle seine Anstrengungen jeweils auf nur eine Person, bevor er sich einer anderen zuwandte. Schließlich aber fand ich im „Verseilen von Aka-Schnüren" eine sehr interessante Praxis, die unseren Zwecken genau entsprach.

Aus der voraufgegangenen Telepathie-Schulung des niederen Selbstes wußten wir, daß Gedankenform-Mitteilungen längs *Aka*-Fäden oder -Schnüren wandern, die vom niederen Selbst des Sendenden zum niederen Selbst dessen ausgesandt werden, dem die Mitteilung gilt. Wir wußten um den Glauben, daß die Hohen Selbste zusammengehörender Wesengruppen das *Poe Aumakua* oder die „Große Gesellschaft der Hohen Selbste" bildeten. Auch glaubten wir an eine große, aus der Zusammenarbeit der Hohen Selbste resultierende Macht. Das Symbol dafür war ein aus vielen Schnüren geflochtenes Seil.

Ein Seil ist viel stärker als eine Schnur. Man kann daher logischerweise folgendes annehmen: Wenn viele Menschen zur gleichen Zeit ihre *Aka*-Schnüre zusammen mit *Mana* und den Gedankenformen des gleichen Gebetes ihren Hohen Selbsten zusenden, kann eine gewaltige Arbeit zu Nutz und Frommen der betreffenden im Gebet vereinten Gemeinschaft mittlerer und niederer Selbste verrichtet werden.

In Polynesien bestanden die Tempel vielfach aus großen, erhöht aufgeführten, mit Steinen gepflasterten Flächen, auf denen verschiedene strohbedeckte Hütten standen. Jede Hütte diente einem besonderen Zweck. Eine war ganz allgemein für das Gute des Stammes bestimmt. Wenn die dort versammelten Menschen nach dem üblichen Ritus gereinigt worden waren, entzogen sich die Priester der Sicht der Gemeinde und vollzogen das mysteriöse Endritual: Sie flochten aus Kokusnuß-Fasern ein starkes Seil. Es symbolisierte die besondere Kraft der vereinten *Aka*-Fäden aller Versammelten und wurde diesen gezeigt. Das Gebet galt sodann als gemacht und zum Hohen Selbst emporgesandt.

In den älteren japanischen Religionsgemeinschaften, wo heute noch vieles an die HUNA-Lehre erinnert, findet man dieses Symbol in Gestalt eines Seilstückes, das zwischen zwei Säulen vor den Tempeln aufgehängt ist. Das Seil ist in der Mitte fast so dick wie ein menschlicher Körper, wird aber nach den Enden zu dünner, bis es schließlich nur noch aus einer einzelnen Litze besteht. Dieses Seil spricht mit eindringlicher Symbolkraft für die Macht und Stärke, die aus gemeinschaftlicher Anstrengung resultiert.

Von der Idee des aus Schnüren geflochtenen Seiles ging unser Arbeitsplan aus. Ich schlug vor, selbst als Mittler zu fungieren und den Ritus des „Verseilens", so gut ich konnte, durchzuführen und das mir von allen Seiten längs der *Aka*-Fäden zufließende *Mana* den Hohen Selbsten zuzuleiten. Die Teilnehmer der Gruppe sollten mir längs den uns verbindenden *Aka*-Fäden *Mana* und Gedankenformen zusenden.

Beim Studium der Psychometrie haben wir gelernt, daß jeder, der einen Gegenstand anfaßt, einen *Aka*-Faden an ihm zurückläßt. Nimmt ein Psychometriker den Gegenstand später in die Hand, so kann sein niederes Selbst durch den *Aka*-Faden z. B. mit dem Eigentümer des Gegenstandes in Kontakt kommen und dabei nachprüfbare Einzelheiten über ihn in Erfahrung bringen. Aus dieser Überlegung heraus sandten mir alle HRA's, die am Experiment teilnehmen wollten, als *Aka*-Faden-Verbindung Briefe und Unterschriften.

Der Brief sollte das wohldurchdachte Gebet enthalten (von dem der Schreiber nicht abgehen durfte). Er mußte mit Tinte unterzeichnet sein, und der Absender sollte den Brief eine halbe Minute lang in den Händen halten und dabei die Unterschrift unentwegt fixieren. Wir wollten so sicher gehen, daß sich *Aka*-Fäden sowohl an den Brief wie auch an die Unterschrift knüpfen würden. Bei mir sollten die Briefe dann in eine Schachtel gelegt werden, auf die ich während der Ausführung des Gebetsritus meine Handflächen ruhen lassen wollte. Vor der festgesetzten Stunde aber wollte ich jeden einzelnen Brief berühren und mich kurze Zeit auf ihn konzentrieren, um durch mein Unterbewußtsein und die *Aka*-Schnur schon einen vorläufigen Kontakt herbeizuführen.

Für die Herstellung des gemeinsamen Kontaktes und die Gebetsaktion setzten wir eine bestimmte Tageszeit an. Da manche HRA-Mitglieder nur nachmittags, andere nur abends Zeit für das Experiment hatten und da auch der Zeitunterschied zwischen den verschiedenen Teilen der Welt berücksichtigt werden mußte, setzten wir die Arbeitszeiten auf nachmittags 3 Uhr und abends 7 Uhr kalifornischer Zeit fest. Es blieb dem Einzelnen dabei überlassen, die Zeitdifferenz zu errechnen und sich nach Wunsch einzuschalten. Alle, die am Experiment teilzunehmen wünschten, erhielten genaue Anweisungen für ihr Verhalten bei der Gebetsaktion. Die nachstehende, verkürzte Fassung dieser Anweisungen soll die Durchführung der Versuche erläutern.

Die TMHG- Gebetsaktion umfaßt folgende Stufen:
1. Prägen Sie sich die Gedankenformen des erstrebten Zustandes so klar wie möglich ein, damit Sie sich jederzeit unverzüglich darauf besinnen können. Wenige Minuten vor dem Stundenschlag der festgesetzten Zeit nehmen Sie eine Haltung ernsten Strebens ein und sammeln in sich eine größtmögliche Aufladung an *Mana*. Genau beim Stundenschlag nehmen Sie telepathischen Kontakt mit Ihrem eigenen Hohen Selbst und den Hohen Selbsten der anderen auf. Richten Sie dabei Ihre Aufmerksamkeit auf mich als Zentrum der Aktion und halten Sie den Willen fest, durch mich den telepathischen Kontakt herzustellen, weil von mir das aus den vereinigten *Aka*-Fäden geflochtene Seil aufsteigt, um alle Hohen Selbste zu erreichen und so die Kraft der Gebetsaktion aller Beteiligten zu verstärken. Senden Sie in voller Bewußtheit durch mich als Zentrum Liebe, Segen und *Mana* zu den Hohen Selbsten. Verweilen Sie dabei zwei Minuten lang, bitten Sie um weltweiten Segen und stellen Sie sich die Wirkung dieses Segens vor. Bringen Sie

Mana dar, damit die Hohen Selbste es zur Durchführung Ihrer großen Aufgaben verwenden können.

2. Nach etwa zwei Minuten entspannen Sie sich; lassen Sie mich Ihnen Liebe, Segen und die Verwirklichung der gewünschten, glücklichen Umstände zustrahlen. Ich werde dabei auch eine Farbe senden, um Ihre Aufnahmefähigkeit gegenüber telepathischen Mitteilungen zu erhöhen. Machen Sie sich aber keine Sorgen, wenn Sie diese Eindrücke nicht jederzeit spüren. Wir wissen aus Erfahrung, daß bei fehlender oder geringer Empfangsfähigkeit der Segen, den die Aktion Ihnen bietet, nicht beeinträchtigt wird.

3. Etwa vier Minuten nach dem Stundenschlag beginnen Sie wie üblich mit Ihrer Gebetsaktion. Erinnern Sie sich an Ihre Wünsche, und malen Sie sich in allen Einzelheiten lebhaft und so genau wie möglich die Verhältnisse aus, die Sie mit Hilfe der Hohen Selbste in Zukunft verwirklicht sehen möchten. Stellen Sie sich vor, wie Sie in die neuen Verhältnisse hineinwachsen, wie Sie all das tun, was Sie tun müssen oder wollen, sobald diese Wünsche materialisiert sein werden, sobald also die Erfüllung durch die Hohen Selbste in vollem Umfang gegeben sein wird. In diesen Augenblicken tun Sie gut daran, sich auszumalen, wie auch andere durch die Realisierung Ihrer gewünschten neuen Lebensbedingungen gesegnet werden, wenn sich Ihr Leben mit dem Leben der Betreffenden irgendwie berührt oder wenn es gar von Ihnen abhängt.

4. Gegen Ende der acht Minuten bemühen Sie sich zu senden. Dabei sagen Sie sich, daß Sie die Gedankenformen der gewünschten Bedingungen mit einem starken *Mana*-Strom — durch das Zentrum und die verseilten Aka-Schnüre — zu den Hohen Selbsten emporsenden. Ist das getan, so

bleiben Sie ein paar Sekunden in der Stille; dann beenden Sie Ihr Gebet zeremoniell und definitiv, indem Sie sagen „Das Gebet schwebt empor ... Laß den Segen niederregnen" (Das ist der Rückstrom von Mana, das nun als Hohes Mana uns wiederbelebt und segnet). „Au ... ma ... ma ..." (oder „Amen").

Das Experiment wurde mit äußerster Präzision einen Monat lang durchgeführt. Während dieser Zeit und auch später wurden Berichte eingesandt. Nachstehend der gekürzte Schlußbericht, der am Ende der Versuchsperiode in einem Rundschreiben versandt wurde:

BERICHT ÜBER DAS EXPERIMENT DER
GEGENSEITIGEN TELEPATHIE-HEILUNG

25. November bis 25. Dezember 1948

Die größte Schwierigkeit war die Zeitfrage. Manche von uns mußten gesellschaftliche Veranstaltungen oder häusliche Verpflichtungen unterbrechen, um an der Arbeit teilnehmen zu können. Manche waren oft nicht imstande teilzunehmen. Erstaunlich viele machten die Feststellung, daß sie die Zeit vergaßen und sich erst später daran erinnerten (vielleicht war in solchen Fällen Georg desinteressiert). Die vielen aber, die teilnahmen (ca. 40 oder 50 Personen) schalteten sich auch an den meisten Abenden in das Experiment ein.

Das Experiment sollte der Klärung dreier Fragen dienen: 1. Würde es mir gelingen, vom Zentrum in Los Angeles gleichzeitig einer größeren Zahl von Gesinnungsfreunden telepathische Impressionen zu übermitteln? 2. Würden sich die telepathisch ausgesandten Bilder unverändert empfangen lassen? 3. Welche Wirkungen würde die Gruppenarbeit im

Lichte der HUNA-Lehre in bezug auf die Heilung des Körpers und die Verbesserung der Umweltbedingungen zeitigen, und würden sich sonstige unvorhergesehene Wirkungen zeigen?

Ich übersandte auf telepathischem Wege (zu Testzwecken) Zahlen von eins bis zehn, einfache geometrische Figuren, wie Dreiecke, Quadrate, Kreise, Sterne, Kegel, Pyramiden sowie den Buchstaben „H" (für „HUNA") und grün als Farbe. Die Farbe wechselte von hellem gelbgrün zu einem kräftigeren, dunkleren, manchmal leicht blau getönten Grün. Um neben den speziell von uns gewünschten Dingen oder Ereignissen auch den Frieden der Welt mit einzubeziehen, für den wir ja alle arbeiteten, sandte ich ferner die bildhafte Vorstellung von grünen Tälern und sanft im Sommerwind sich wiegenden Getreidefelder aus.

Bei jeder Mittwochabend-Sendung unterstützte mich — mit dem Glockenschlag genau — eine gut aufeinander abgestimmte Gruppe von 15 Personen, von denen viele große Praxis und Erfahrung in der Anwendung von Suggestionen für die verschiedensten Zwecke hatten (es war das keine eigentliche HUNA-Gruppe, doch gehörten zu diesem Zeitpunkt alle Mitglieder zur HRA). Diese Gruppe führte gemeinsam mit mir die verschiedenen Stufen des Experimentes durch. Meine eigene telepathische Sendearbeit war die gleiche wie an den anderen Tagen, denn wir wollten feststellen, ob sich durch die Zusammenarbeit vielleicht im näheren Bereich oder in großer Entfernung ein Unterschied in der Deutlichkeit und Stärke des telepathischen Empfangs bemerkbar machen würde (es war aber kein Unterschied zu bemerken).

Später abends versuchte ich dann zusammen mit dieser Gruppe (durch Anrufung der Hohen Selbste) telepathische

Heilungen bei HRA-Mitgliedern zu erzielen, die weit weg wohnten. Wir wollten dabei feststellen, ob mehrere als Gruppen zusammenarbeitende Personen größere Kraft ausüben können, als ein Einzelner. Die briefliche Nachprüfung der Fälle (manchmal wußte der Patient nicht einmal von dem beabsichtigten Heilungsversuch) erwies einwandfrei die Überlegenheit der gemeinsamen Arbeit. Bemerkenswert war der so erzielte Kraftzuwachs und die Besserung des Wohlbefindens. In zwei Fällen fühlten sich die Patienten an den folgenden Tagen so wohl, daß sie sich arbeitsmäßig übernahmen und dadurch bald wieder einen Rückfall bekamen. Auch die Mitglieder der Heilungsgruppe selbst spürten am nächsten Tag ein eigenartiges Gefühl von Auftrieb und Zuversicht. (Wie lange diese Wirkung anhält oder ob es gelingt, sie zu einem Dauerzustand zu machen, ist in erster Linie eine Frage der *Mana*versorgung. In jedem dieser Fälle hatten sich die Mitglieder der Gruppe besonders stark mit *Mana* aufgeladen und dieses *Mana* sowohl zu Versuchszwecken als auch zur Heilung eingesetzt.)

Was meine persönlichen Empfindungen im Zentrum der Aktion angeht, so fiel mir auf, daß sie an manchen Abenden sehr stark, an anderen kaum spürbar waren. Diese Erfahrung deckt sich mit derjenigen NAHEZU ALLER HRA-MITGLIEDER, DIE SPÄTER ÜBER IHRE EMPFINDUNGEN BERICHTETEN. Die Ursache dieser Schwankungen konnte nicht ermittelt werden. An Abenden, an denen ich wenig oder nichts empfand, wurden aber die telepathisch ausgesandten Bildvorstellungen offenbar genau so gut aufgenommen, wie an den anderen Abenden. Am ersten Abend nahm ich alle Briefe vor, die man mir von überall zugesandt hatte; ich las sie aufmerksam durch, merkte mir die Namen der

Schreiber und versuchte, mit jedem einzelnen von ihnen über die an den Briefen haftenden *Aka*-Schnüre Verbindung aufzunehmen. Als der Zeitpunkt des Experimentes heranrückte, fühlte ich eine Welle von Erregung; es war mir, als hätte sich die Erwartungsspannung aller Teilnehmer auf mich übertragen.

Auf den Glockenschlag genau entspannte ich mich und erwartete die mir zufließenden Gedanken- und *Mana*ströme. In meinen Händen, die auf den Briefen lagen, prickelte es. Und als ich mich darauf konzentrierte, alle unsere Gedankenfäden zu vereinigen und sie als „geflochtenes Seil" *(aha)* der „Großen Gesellschaft der Hohen Selbste" — dabei auch unseren eigenen Hohen Selbsten — darzubringen, überkam mich GANZ UNERWARTET DAS GEFÜHL, PLÖTZLICH ERHOBEN, GEREINIGT UND GESEGNET ZU SEIN. Ich fühlte einen Strom tiefer Freude und Liebe und den heißen Wunsch, meinen Anteil am großen Vorgang der Heilung und Wiedererstarkung voll und ganz erfüllen zu dürfen. Die emotionale Reaktion, die die Mitarbeit des Unterbewußtseins kennzeichnet, war plötzlich sehr stark, und Tränen der Freude traten mir in die Augen. (Auch andere berichteten über ähnliche Reaktionen.) In diesem Zustand hoher seelischer Spannung sandte ich meinen Freunden mit meiner Liebe das mir von den Hohen Selbsten kommende Gefühl zurück, daß wir gesegnet und angenommen waren.

Auf der nächsten Stufe stellten wir uns alle ganz auf die Bilder der gewünschten Bedingungen und Umstände ein. Ich stellte mir lebhaft völlige Gesundheit, Glück und wirtschaftliche Sicherheit für alle vor, sowie eine Welt, die gesegnet ist mit Frieden und Fülle. Als ich in der nächsten Minute dieses Bild präsentierte, verstärkte sich das Prickeln in meinen Händen, während unsere ineinander verflochtenen Bilder und *Mana*ströme aufwärts schwebten. Nach der vierten Minute beschloß ich die Gebetsaktion in der üblichen Weise, indem ich mich entspannte und versuchte, den von den Hohen Selbsten zurückströmenden Segen zu erspüren. Ich empfand ein schwaches Gefühl, das mich mit neuer Stärke, mit neuem Auftrieb erfüllte und mich erneut reinigte. Dann wandte ich mich erfrischt und mit einem verstärkten Gefühl von Sicherheit und Vertrauen meiner allabendlichen Telepathie-Heilung für verschiedene Personen zu. Es war ein tief beglückendes Erlebnis; und da auch viele andere so empfunden hatten, setzten sie die Arbeit fort, wenn auch an manchen Abenden das Gefühl des Segens weniger stark in Erscheinung trat oder gar ausblieb.

Eine Anzahl von Teilnehmer-Berichten läßt erkennen, daß die telepathisch ausgesandten Gedanken vollständig und fast ohne Änderungen oder Fehler empfangen wurden. Die Mehrzahl der Berichte aber zeigt, daß entweder etwas hinzugekommen oder verändert war. So sah man z. B. das Dreieck auf einem grünen, goldumrandeten Schild oder der Kreis begann sich zu drehen und von der Stelle zu bewegen oder sich zu vervielfachen. Die grünen Felder wurden ausgeschmückt durch Bäume mit wunderschönen Blüten, und die Furchen in den Feldern waren erstaunlich genau und gerade und grün. Andere wiederum sahen, wie sich das Grün in andere Farben wandelte, und wie Springbrunnen, farbige Girlanden oder Regenbogen daraus entstanden. Der Pyramiden- und Kegel-Körper wurde richtig gesehen. Einfache Sterne zeigten sich beleuchtet und glänzten, und zu Weihnachten standen sie über Christbäumen.

An den Symbolen zeigt sich, daß sich die niederen Selbste

in unsere Arbeit eingeschaltet hatten. Was das niedere Selbst aufgreift, schmückt es bekanntlich gerne aus und bildet dabei Symbole. Gelingt es, den dahinter verborgenen Sinn zu erschlüsseln, so kann man oft Einblicke in Zusammenhänge tun, die unterhalb der Schwelle des Bewußtseins liegen. Das Auftreten solcher Symbole beweist, daß es sich bei der Aufnahme der telepathisch übersandten Bilder um etwas Reales und nicht um eine Ausgeburt der Phantasie handelte.

Die Heilungsergebnisse waren ausgezeichnet. Die Arbeit während des Versuchsmonats war geradezu die Krönung der früheren Selbstheilungsversuche sowie meiner Bemühungen, Mitgliedern unserer Gruppe bei ihren gesundheitlichen Schwierigkeiten zu helfen. Nachstehend einige Zitate aus Briefen, die mir zugingen:

„Noch lange nach der vereinbarten Zeit spürte ich die wohltätige Wirkung."

„... seit vier Jahren habe ich mich nicht mehr so wohl gefühlt ..."

„Ich fühle mich ganz klein und bescheiden, irgendwie ... sehr dankbar ..."

„Als Sie mir mitteilten, daß die fast 20-köpfige Mittwochabendgruppe meine Frau telepathisch behandelt hatte, stellten wir bei der Nachprüfung folgendes fest: Meine Frau lag zur betreffenden Zeit zu Bett; ich befand mich in einem anderen Zimmer. Plötzlich rief sie — so eigentümlich es klingen mag —, es gehe ihr auf einmal besser, viel besser, und sie fühle sich freier. Was in dem Augenblick in ihr vorging, konnte sie nicht genau ausdrücken. Sie meinte, daß „etwas" sie beruhigt und ihr große Kraft gegeben habe, etwas, das sie nie zuvor gespürt habe."

„Noch nichts."

„Ich fühle bereits die wohltätige Wirkung der Arbeit und hoffe, daß durch sie das innerlich erschaute Bild ganz verwirklicht werden wird."

„Am ersten Abend entspannte ich mich so tief, daß ich in Schlaf fiel. Mir war, als schwebe ich im Raume (diese Empfindung ist inzwischen vielen von uns vertraut geworden). Am nächsten Abend sah ich schöne grüne Felder."

„Am ersten Abend sah ich, allerdings ein wenig unscharf, wie sich eine Schiebetür öffnete. Ich hielt es für ein Zeichen, daß der Weg für uns offen sei. Gestern Abend zeigte sich ein Ring, dessen oberer Teil mit Dreiecken besetzt war ... Dann kamen Strahlen herunter, die wie ein Seil miteinander verflochten schienen." (Von anderer Seite wurde berichtet, man habe „verseilte" *Aka*-Fäden gesehen; zwei Mitglieder sahen ein aus vielen schönen Farben geschlagenes Seil.)

„Wir drei sitzen jeden Abend zusammen ... Mutter sagte, sie habe vorgestern Abend eine ganz wesentliche Besserung ihrer Augen festgestellt ... Wir sind sehr dankbar dafür ..."

„Während des gegenseitigen Telepathie-Heilungs-Experimentes sind die Augen von Tag zu Tag besser geworden".

„Am 23. November erhielt ich die Anweisungen für das Experiment und prägte mir einen Teil des Rituals ein; nächstentags lernte ich den Rest. Am Morgen des 25. stellte ich plötzlich fest, daß die entsetzlichen Schmerzen ... völlig verschwunden waren ... Entweder war das der Behandlung zuzuschreiben oder einfach nur der Durcharbeitung der Anweisungen ... Für mich ist es jedenfalls ein Wunder." (Die betreffende Dame kam bei der praktischen Übung offenbar bereits in Kontakt mit ihrem Hohen Selbst und ihr Gebet wurde sofort erhört.)

„Ich sah einen doppelten Kreis ... wie ein Ring; er lief in

leuchtend grünem Feuer um wie eine Flüssigkeit ... Im Zentrum glitzerte es in allen Farben — wie das Funkeln eines Diamanten."

„Wenn ich ein paar Meter weit ging, fiel mir das Atmen schwer, sodaß ich mich setzen mußte, um wieder zu Atem zu kommen. Gestern aber spazierte ich ohne die geringste Schwierigkeit um zwei Häuserblocks herum. Seit Monaten habe ich das nicht mehr gekonnt. Ich bin sehr glücklich ..."

„Das Gewächs ist völlig verschwunden ... Die Ärzte sind verwundert und können es sich nicht erklären ..."

Das Experiment brachte uns noch eine besondere, erstaunliche Erkenntnis: Indem wir bei seiner Durchführung in engem telepathischem Kontakt zueinander standen und gemeinsam mit dem *Poe Aumakua* verbunden waren, empfanden sich die Mitglieder der Gruppe immer klarer als ein einheitliches Gesamtwesen. Wie die *Aka*-Schnüre, so wurden auch wir selbst gewissermaßen „miteinander verseilt" und schienen teilzunehmen an der Art der Gemeinsamkeit, des „Eins-Seins" der Hohen Selbste. Wir fühlten uns wie in einem „Körper" vereinigt, und waren miteinander in Liebe und Kameradschaft verbunden. Diese Empfindung, die viele von uns lebhaft fühlten, weckte unser Verständnis für den inneren Wert der Kirche oder Kirchengemeinde als ein Mittel, mit den Hohen Selbsten in Kontakt zu kommen, mit Ihnen zu arbeiten und Führung, Hilfe und Heilung von Ihnen zu erlangen.

Wie schon gesagt, war der erste Versuch der TMHG-Methode ein solcher Erfolg, daß wir beschlossen, ihn eine Zeitlang fortzusetzen. Schließlich wurde dieser Teil unserer Arbeit zu einem ständigen regelmäßigen Ritus, der täglich um 3.00 Uhr nachmittags und 7.00 Uhr abends kalifornischer Zeit stattfindet.

Mit der Zeit entstand der Wunsch, ein Ritualgebet zu haben. Es wurde durch Rundschreiben veröffentlicht; dabei wurde zugleich empfohlen, je nach den besonderen Bedürfnissen des Einzelnen gewisse Änderungen vorzunehmen und das Gebet auswendig zu lernen, um es jederzeit benutzen zu können. Das Gebet beeindruckt das niedere Selbst in starkem Maße — es ist ein physisches Stimulans von großem Wert. Nach vorheriger starker Aufladung mit *Mana* erfolgt zum Zeitpunkt der gemeinsamen Aktion das folgende Gebet:

„Ich reiche nun hinaus, trete mit MFL (Max Freedom Long) im Zentrum in Verbindung und schalte mich ein in die sich nun zum Gebet vereinigende Gruppe ... Mit ihr gemeinsam reiche ich nun hinaus, zum Kontakt mit der GROSSEN GESELLSCHAFT DER AUMAKUAS und MEINEM EIGENEN HOHEN SELBST, das zu ihr gehört (Pause). Geliebte, Äußerst Vertrauenswürdige, Elterliche Geister, reinigt mich von allen Sünden, durch die ich andere verletzt habe. Nehmt mein Versprechen an, mich solcher Verletzungen hinfort zu enthalten und vergangene Verletzungen wieder gutzumachen, sofern mir das möglich ist. Reinigt mein beschmutztes Antlitz in der Fülle Eurer Gnade. Läutert die Lebenskraft, die ich als lebendiges Opfer Euch darbringe ... Ich sende Euch nun diese meine Mana-Gabe über die verbindende *Aka*-Schnur und die durch MFL im Zentrum zusammengeflochtenen Schnüre unserer Gruppe ... Freudig gebe ich sie Euch; nehmt sie samt meiner Liebe auf ...

„Nun sende ich — als Form oder Saat — das Gedankenbild der gewünschten Verhältnisse und bitte darum, daß die Formen erfüllt werden und die Saat zur Wirklichkeit heranreift. Ich sehe eine Welt in Frieden ... Eine gedeihende Welt ... Eine glückliche Welt ... Eine Welt der Sicherheit ...“

„Nun sende ich das Gedankenbild, daß Alle aus unserer Gruppe auf dem Wege zum Lichte wandeln und in vollkommener Gesundheit leben, daß sie in Fülle alles haben, dessen sie zu einem glücklichen Leben und zum Dienste am Hohen bedürfen. Ich sehe, wie uns allen — auch mir — die Kraft, die Mittel und die Freude zum Dienen und Helfen zuteil werden. Ich verspreche, alle Möglichkeiten zum Dienen getreulich und bis an die Grenze meiner Fähigkeit wahrzunehmen, damit ich aus kleinen Diensten zu immer größeren wachse und von Tag zu Tag Euch ähnlicher und immer vertrauenswürdiger werde im Gebrauch der mir anvertrauten Gaben. Ich werde mich anstrengen, mein Teil dazu beizutragen, daß ich so werde, wie ich mich jetzt im Bilde der Zukunft erblicke: Gesund, glücklich und erfüllt von Freude am Leben und am Dienen — und vertrauenswürdig in jedem Gedanken, in jeder Handlung und in meinem ganzen Streben und Trachten.

„Nun bringe ich ein besonderes Gedankenbild der Lebensumstände, die ich für mich selbst wünsche." (Hier stelle man sich lebhaft die besonderen Bedingungen und Verhältnisse vor, die man für sich selbst und für nahestehende Menschen wünscht.)

„Nun endet das Gebet. Die Gedankenbilder sind Euch anvertraut, damit sie durch Euch, Geliebte und Äußerst Vertrauenswürdige, Elterliche Geister, so schnell wie möglich verwirklicht werden. Laßt nun den Rückstrom an *Mana* wie segnenden Regen auf uns niederfallen und uns völlige Reinigung und alles Gute bescheren. Die Gebetsaktion ist beendet. Ich ziehe mich vom Kontakt zurück. *Au .. ma .. ma ..*"

Als der Korea-Krieg begann, erhielt ich viele Briefe von Frauen, Eltern und Liebenden, die sich um die ihnen nahestehenden Soldaten sorgten. Sie baten die TMHG um Hilfe. Wir fügten dem Gebetsritual einen Absatz an und baten darin, daß eine „schützende Wand" die Soldaten umgeben möge, deren Namen uns mitgeteilt worden waren. Auch fügten wir im Anschluß an das Gedankenbild der „friedlichen Welt" ein besonderes Gebet ein, das wie folgt lautete:

„Nun sende ich das Bild aller mit unserer Gruppe verbundenen Soldaten. Jeden von ihnen umgibt eine Schutzwand, die durch unsere Hohen Selbste stets stark gehalten wird und ihn ständig vor Gefahren aller Art beschützt."

Tatsache ist, daß bis zum Augenblick, da ich dies niederschreibe, keinem einzigen der auf unserer Schutz-Liste genannten Männer etwas zugestoßen ist. Viele kamen unversehrt bei Aktionen durch, in denen andere getötet oder verwundet wurden. Einer überstand unverletzt einen Flugzeugabsturz, bei dem mehrere seiner Kameraden getötet oder schwer verletzt worden waren.

Keineswegs aber waren allen TMHG-Gebetsaktionen so universelle Erfolge beschieden. Wenn auch in den Jahren der TMHG-Arbeit viele, viele Briefe von geradezu wunderbaren Erfolgen zu berichten wußten, so gab es auch andere Fälle, wo sich nur schwache Wirkungen gezeigt oder wo sich keinerlei glückbringende Umstände eingestellt hatten. Vieles schien vom Einzelnen abzuhängen, dem die Gruppe Hilfe zu bringen suchte. Die getreuliche, tägliche Aussendung von *Mana* zu den Hohen Selbsten und die regelmäßige sorgfältige Darbringung von Gedankenbildern der erwünschten Verhältnisse schien die Wirkungskraft zu erhöhen. Manchmal scheint es nötig zu sein, daß jemand die Fähigkeit besitzt, einem anderen zum Start zu verhelfen, so wie z. B. jemand eine Pumpe mit Wasser füllt, und es dadurch einem anderen ermöglicht, sich ihrer zu bedienen und für sich selbst Wasser zu pumpen. Ein glaubensstarkes, vertrauensvolles niederes Selbst scheint den niederen Selbsten anderer ganz wesentlich helfen zu können.

Die ideale Zusammenarbeit für kleinere Gruppen scheint das wöchentliche Kontakt-Meeting mit regelrechter Zielsetzung und mit gemeinschaftlichen HUNA-Gebetsaktionen zu sein. Das eben beschriebene Ritual ist sehr nützlich und enthält alle wichtigen Punkte. Während der Woche kann dann die Arbeit ein- oder zweimal täglich zu festgesetzten Zeiten erfolgen, wobei ein Mitglied der Gruppe — wie bei der TMHG beschrieben — als Zentrum dient. Auf diese Weise kann durch die gemeinsame Gruppenarbeit die Kraft vervielfacht werden.

Wer Fernheilung ausüben will, dem kann die Erfahrung aus der TMHG-Arbeit in Theorie und Praxis als Richtschnur dienen. In einem unserer Bulletins erschien der nachstehende Bericht über den telepathischen Heilungs-Kontakt zweier Personen:

„Ein erfolgreiches Heilungsexperiment wurde zwischen zwei HRA-Mitgliedern, Herrn T. A. L. aus Los Angeles und Frau J. M. R. aus Madison im Staate Wisconsin, durchgeführt. Die Dame hatte große psychische Fähigkeiten und viel Erfahrung in der Heilungsarbeit. Wenn sie ihr Aumakua berührt, empfindet sie den Rückstrom an hohem Mana wie einen glitzernden Regen. Auch Herr T. A. L. verfügte über psychische Fähigkeiten. Er verstand sich auf die von den Kahunas benutzte Methode, in ein wassergefülltes Glas zu starren und dabei — als Folge telepathischer oder anderer Projektionen — visuelle Bilder zu erblicken.

Der Versuch war auf den 23. 5. 1952, genau 7 Uhr morgens

kalifornischer Zeit angesetzt. Frau R. schrieb an T. A. L.: „Ich möchte Ihnen gerne Heilung zustrahlen, wenn der Strom (telepathische Kontakt) stark ist. Vielleicht kann ich zum verabreten Zeitpunkt nicht stark genug senden, doch hoffen wir, daß das Hohe Selbst helfen wird. Wir könnten um 7 Uhr in der Frühe beginnen und neun Minuten in Kontakt bleiben. Vielleicht empfangen Sie sogar eine gesprochene Mitteilung."

Das Experiment wurde planmäßig durchgeführt. Nachstehend ein Auszug aus einem Briefe, in dem T. A. L. an Frau R. über seine Wahrnehmungen berichtet: „Genau um 7 Uhr morgens war ich bereit. Ich hatte mich auf den Empfang der Mitteilung seelisch eingestellt und das Gefäß mit Wasser gefüllt. Ich saß passiv da, schaute auf die Oberfläche des Wassers und wartete, daß mir irgend eine Empfindung den Beginn der Mitteilung anzeigen werde. Doch blieb zunächst jede Reaktion aus. Um 7,03 Uhr sah ich auf der Wasserfläche eine grauhaarige Dame mit hellen Augen; sie war von mittlerer Statur und trug einen dunklen Mantel oder vielleicht eine Jacke; die hellen Manschetten schauten nämlich stark vor, wenn sie die Arme im Gebet aufhob. (Anmerkung: Die beiden Personen waren sich noch nie persönlich begegnet.) Sie schien von einem Zimmer in ein anderes zu gehen, hielt dort vor einem Tische an, senkte ihr Haupt und sah gedankenverloren aus, wie in einer tiefen Meditation. Zur gleichen Zeit bemerkte ich bei mir eine pulsierende Vibration in der Magengegend. Das dauerte eine volle Minute und der Gedanke an die Lösung aller Spannungen stieg in mir auf. Ich entspannte mich tief und gähnte. Ich sah, wie ihre Lippen sich bewegten, als ob sie spreche; die Worte aber konnte ich nicht erfühlen. Nach ein paar Minuten war die Aktion zuende.

Bis dahin hatte ich immer dafür gesorgt, stets etwas Milch

zur Hand zu haben, um meine Magenschmerzen zu lindern. An diesem Tage ging ich hochgestimmt zur Arbeit und wegen der Heilungs-Vibration, die ich deutlich gespürt hatte, war ich ganz zuversichtlich, daß dieses Hochgefühl anhalten werde. Den ganzen Freitag über brauchte ich keine Milch zu trinken und war auch völlig frei von sonstigen Beschwerden, wie sie sich bisher bei verzwickten Situationen einzustellen pflegten. Seitdem ist mein Magen wieder hergestellt; ich kann wieder essen, was mir Freude macht und was früher für mich absolut tabu war."

In Ihrem Antwortschreiben gab Frau R. ihrer Freude und Dankbarkeit gegenüber den Hohen Selbsten Ausdruck, daß es ihr vergönnt gewesen war, die Heilung zu bewirken. Dann kam sie auf das im Wasser erschaute Bild zu sprechen und gab dazu folgende Schilderung:

„Ihr im Wasser gesehenes Bild war so genau, daß ich sehr erstaunt bin. Ganz so, wie sie es beschrieben, ging ich zweimal von einem Zimmer in das andere; dabei atmete ich tief und sammelte die Kraft — wie es im Buch „Geheimes Wissen hinter Wundern" erklärt ist — in meinem Haupte, um mit dem Hohen Selbst in Kontakt zu kommen. Dann stand ich neben einem niedrigen Tisch und betete mit gesenktem Kopf. Ich hob die Arme und hielt dabei die Handfläche der rechten Hand nach unten und die der linken nach oben. Ich spürte eine leichte Strahlung und wußte, daß sie nun Hilfe empfingen. Dann bat ich darum, daß die Heilung von Dauer sei. Nachdem der Heilstrom ausgesandt war, bemühte ich mich, ihnen die Worte zu übermitteln: „Sie sind geheilt."

„Offenbar beendete Ihr Hohes Selbst an dieser Stelle das Bild. Ich jedoch war noch weiter tätig, indem ich mir vorstellte, ich sei nun an Ihrer Stelle. Ich ging völlig selbstvergessen im Zimmer herum und fühlte, daß ich an Ihrer Stelle in Kalifornien sei. Ich schritt frisch aus, spürte Lebensenergie und hatte das Gefühl völligen Wohlbehagens und vollkommener Gesundheit. Ich mache das manchmal so, wenn ich Heilungsaktionen durchführe und habe festgestellt, daß es hilft. Ich sprach laut und sagte — immer noch aus Ihrer Sicht — „Ich bin kraftvoll und stark; ICH BIN GEHEILT!"

Dann kehrte ich hierher zurück und dankte dem Allumfassenden Heiler, der alles heilt, was lebt. Dann wandte ich mich meinen üblichen Tagespflichten zu. Ihre Beschreibung der „dunklen Jacke mit den vorstehenden hellen Manschetten war durchaus richtig. Ich trug einen dunklen Hausmantel, unter dessen dunklen Manschetten die hellen Manschetten vorstanden".

XIII

KONTAKT DURCH UNTERSCHRIFTEN
DIE AURA DER UNTERSCHRIFT UND IHRE MESSUNG

Als die gegenseitige Telepathie-Heilergruppe ihre Arbeit aufnahm, wußte man nur wenig über die *Aka*-Struktur einer mit Tinte geschriebenen Unterschrift. Allerdings wußte man, daß jeder Unterschrift eine *Aka*-Schnur anhaftet, durch die man mit demjenigen, der den Namen schrieb und das Geschriebene dabei anschaute, in Verbindung kommen kann. Bis heute wissen wir aber noch nicht, wie und warum ein *Aka*-Faden besser an einer Unterschrift haftet, als beispielsweise an einem einfachen Blatt Papier, das jemand berührt oder betrachtet. Durch unsere telepathischen Experimente muß diese Tatsache aber als erwiesen gelten. Daher konnte ich die mir zugesandten Briefe mit Unterschriften in Tinte gut gebrauchen, um mit den Schreibern Kontakt aufzunehmen und zu halten.

Fast ein Jahr lang konnten wir HRA-Mitglieder uns lediglich auf die HUNA-Theorie der verbindenden *Aka*-Schnur stützen, weil diese Hypothese „funktionierte". Ohne jeden Zweifel kamen die telepathischen Kontakte zustande, denn die telepathisch ausgesandten Bilder, Symbole und Farben wurden richtig empfangen. Dann aber ergaben sich zwei B e w e i s e für die Richtigkeit der Theorie des *Aka*-Faden-Kontaktes, und damit kam endlich mehr Licht in die ganze Sache.

Dr. Oscar Brunler, den wir schon als bedeutenden Physiker kennen, verlegte 1949 seinen Wohnsitz von England nach Kalifornien. Durch seine Vorlesungen kamen Mitglieder der HRA-Gruppe, die in seinem Wirkungsbereich wohnten, mit ihm in Verbindung, und er wurde schließlich selbst Mitglied der Gruppe. Dr. Brunler hatte schon früher entdeckt, daß eine Unterschrift die gleiche Art von Schwingung oder Ausstrahlung besitzt, wie die Person, die sie schrieb. Diese Entdeckung trug indirekt wesentlich zu unserer Erkenntnis von der *Aka-schnur-Verbindung* zwischen einer Unterschrift und ihrem Schreiber bei. Die Geschichte dieser Entdeckung ist so faszinierend, daß sie es verdient, etwas ausführlicher behandelt zu werden.

Wie wir schon in anderem Zusammenhang erfuhren, nutzt man schon jahrhundertelang die Sensibilität des niederen Selbstes zum Aufspüren von Wasseradern aus; man bedient sich dabei der Astgabel eines lebenden Baumes (Wünschelrute) oder eines einfachen Pendels. In letzter Zeit erfand man Instrumente, wie z. B. das Cameron'sche Aurameter. Alle Instrumente dieser Art wollen aber im wesentlichen nur eines. Sie dienen als mechanische Mittel dem niederen Selbst dazu, seine Feststellungen dem mittleren Selbst deutlich zur Kenntnis zu bringen.

Jeder, der sensitiv genug ist, kann nach genügendem Training auch ohne Weidenzweiggabel, ohne Pendel oder andere Instrumente Wasser im Untergrund feststellen. Vor einigen Jahren berichteten Pressemeldungen von einem Jungen in Afrika, der durch seine medialen Fähigkeiten in die Erde „sehen" konnte; er hat sich durch seine zutreffenden Hinweise auf Wasser-, Gold- und Diamant-Vorkommen einen Namen gemacht.

Für weniger Befähigte oder Geschulte aber sind instrumentelle Hilfen von großem Wert. Wegen seiner Einfachheit und der vielfältigen Möglichkeiten, in verschiedenen Richtungen und Arten zu schwingen, ist der Pendel heute das beliebteste Instrument. Mit seiner Hilfe gibt Georg seinem bewußten, mittleren Selbst das Ergebnis seiner Erfahrungen bekannt, wenn er z. B. beauftragt wird, psychische Ermittlungen über die Fundorte von Wasser und Mineralien im Erdinnern oder über den Zustand von Organen im Körper anzustellen. Wie unsere Schachtelversuche gezeigt haben, kann das niedere Selbst Deckschichten durchdringen und feststellen, was sich darunter befindet; und es kann seine Erkenntnisse aufgrund der sogenannten „Konvention", der im voraus festgelegten Schwingungs-Vereinbarung, deutlich zum Ausdruck bringen.

In Europa ist der Pendel seit vielen Jahren allgemein in Gebrauch. Man kennt ihn als praktisch und zuverlässig, vorausgesetzt, daß der Benutzer über ausreichende Fähigkeiten verfügt. In Amerika aber wurde der Pendel bis vor etwa fünfzehn Jahren aus mancherlei Gründen fast völlig vernachlässigt. Das erste Interesse an ihm zeigten dann gewisse „Okkultisten" sowie einige führende Leute aus der Bewegung „Gesunde Nahrung". Hierbei leistete der Pendel ausgezeichnete Dienste bei der Feststellung, welche Nahrungsmittel für den Pendler zuträglich waren und welche nicht. Bedauerlicherweise haben sich aber auch viele unverantwortliche Elemente des Pendels bemächtigt und ihn als eine Art Wahrsagegerät benutzt. Dadurch kam natürlich die Pendelpraxis ausnahmslos in Verruf.

In Frankreich, wo der Pendel seit langem weitgehend anerkannt ist, benutzte Herr Bovis ihn zusammen mit einem 1 m langen Lineal. Beim Prüfen bestimmter Materialien gab der Pendel Ausschläge verschiedener Länge. Bovis hatte mit seinem Unterbewußtsein vereinbart, daß es seine Erkenntnisse als Zahlen auf einer Meßlatte ausdrücken solle. Hundert Zentimeter — oder hundert Grad — wurden als Kennwert für völlige Tauglichkeit der untersuchten Ware, z. B. für ein makelloses Ei, ein erstklassiges Faß Wein, für Käse, Äpfel oder Olivenöl bester Qualität festgelegt. In gleicher Weise diente später bei der Diagnose von Erkrankungen die Zahl 100 zur Kennzeichnung völliger Gesundheit des Magens, der Leber, der Augen oder Zähne. Totes und Lebendes konnte das geschulte Unterbewußtsein des Herrn Bovis untersuchen, solange es körperlich und materiell genug war, um berührt zu werden. Auf diese Weise ermittelte Bovis den Reinheitsgrad der Nahrung oder den Gesundheitszustand eines Menschen, wobei gemäß der Konvention die Antwort aufgrund von Pendelausschlägen in Zentimetern angegeben wurde, wenn der Pendel über den rechten Teil der Meßlatte gehalten wurde. Die Prozedur war ganz einfach. Die zu untersuchende Probe wurde an das eine Ende der Meßlatte gesetzt, oder die linke Hand des Prüfers wurde auf die zu untersuchende Ware, z. B. das Rad Käse oder das Weinfäßchen, gelegt. Die rechte Hand hielt den Pendel und bewegte sich damit langsam vom Nullpunkt des Maßstabs gegen das 100 cm-Ende. Nach der mit dem Unterbewußtsein getroffenen Vereinbarung machte der Pendel fortwährend Diagonal- oder Kreis-Schwingungen. War aber der zutreffende Meßwert am Maßstab erreicht, so begann der Pendel rechtwinklig zum Maßstab zu schwingen.

Um die Hand mit dem Pendel bequemer ruhig halten zu können, montierte Bovis später eine Metallplatte so auf ein geschlitztes Brett, daß die Meßlatte während der Pendelschwingung langsam unter der Platte durchgeschoben werden konnte. Auf der Platte markierte er diagonal und rechtwinklig zur Meßlatte Linien. Das einfache Instrument — er nannte es „Biometer" — arbeitete ausgezeichnet. In einer interessanten Theorie begründete Bovis die Arbeit des Gerätes wie folgt: Alle Dinge senden Strahlungen aus und das Biometer hilft einfach nur, die Wellenlänge der Strahlungen zu messen und in cm-„Graden" auszudrücken. Er ging dann noch einen Schritt weiter und wies darauf hin, daß man durch Multiplikation der cm-Grad-Ablesung mit 0,065 die Ablesung auf Angstrom-Einheiten umrechnen und so alle Schwingungen im gesamten Bereich zwischen Infrarot und Ultraviolett identifizieren könne.

Das Biometer war ein großer Erfolg. Bovis verdiente damit lange Zeit seinen Lebensunterhalt als Spezialinspektor der französischen Regierung. Mit seinem Biometer untersuchte er Wein, Käse und viele andere Waren und sortierte sie nach Güteklassen. Seine Untersuchungen waren schneller und seine Ergebnisse besser, als das bei den früher verwendeten Methoden der Fall gewesen war.

Zwischen dieser Arbeit und der Untersuchung von Teilen und Organen des menschlichen Körpers lag nur ein kleiner Schritt, den Bovis ohne Zögern tat. Seine Diagnosen erwiesen sich als so erfolgreich, daß Ärzte dazu übergingen, ihm Patienten mit schwer deutbaren Krankheitssymptomen zur Diagnose zuzuführen. Das Biometer fand immer breitere Anwendung, und der Erfinder brachte mit der Zeit weitere Geräte heraus. Es waren alles einfache Geräte, die dazu dienten, dem niederen Selbst Gelegenheit zu geben, den Gesundheitszustand eines Menschen zu messen und — z. B. in Winkelgraden — zum Ausdruck zu bringen.

Ein Mitglied der HRA-Gruppe besaß einen kompletten Satz der Bovis'schen Instrumente. Der Erfinder war damals schon tot und die Herstellung seiner Geräte, einschließlich des Biometers, des Tetra-Meters, des Radiographen und des Jumelle'schen Dosimeters war eingestellt worden. Die Instrumente wurden bei uns in der Zentrale geprüft und es stellte sich heraus, daß sie nicht nur praktisch waren, sondern auch überraschend genau arbeiteten, vorausgesetzt allerdings, daß das niedere Selbst des mit ihnen Arbeitenden genügend entwickelt war und im Umgang mit den Instrumenten und der Meß-Konvention genügend Erfahrung hatte.

Als Bovis noch lebte, fand Dr. Brunler Interesse am Biometer und der Erklärung, daß das Gerät Schwingungen in „Biometer-Graden" oder cm-Werten messen könne. Er erwarb ein Biometer und nahm es mit nach England. Dort setzte er es mit großem Erfolg ein und kam zur Überzeugung, daß es äußerst praktisch war. Da Dr. Brunler selbst Forscher und erfinderisch veranlagt war, dauerte es nicht lange, bis er die Länge des Biometer-Maßstabs auf 1000 cm verlängerte. Er maß dann Strahlungen, von denen er festgestellt hatte, daß sie zwischen 100 und 1000 Biometer-Graden lagen.

In diesem neuen Bereich stellte er Strahlungen fest, die vom „Geist" oder der „Seele" — vom innersten Selbst des menschlichen Seins — auszugehen schienen. Aus Einfachheitsgründen nannte er sie „Gehirnstrahlungen"; doch er betonte von Anfang an, daß diese Messungen keineswegs dazu dienten, den Gesundheitszustand des Gehirns und seiner Gewebe festzustellen.

Das war eine große Entdeckung. Denn er konnte mit dem

veränderten Biometer das Bewußtsein, den Intelligenzpegel, die Persönlichkeit und den Charakter ausmessen. Er machte bei verschiedenen Personen eine Vielzahl von Ablesungen und ordnete sie entsprechend den Ergebnissen eingehender Untersuchungen, die er an den betreffenden Versuchspersonen durchgeführt hatte. Dadurch kam er schließlich zur Aufstellung einer Meßskala für die Intelligenz und den allgemeinen Persönlichkeitswert von Personen. Daß manche Menschen wesentlich höhere Meßwerte erreichten und größere intellektuelle Begabungen aufwiesen als andere, erklärte er durch die Theorie, daß sich die Menschheit in einem fluidalen Zustand geistiger oder seelischer Evolution befinde. Demnach postulierte er, daß jeder Mensch sich durch eine Serie von Inkarnationen auf der Skala des Fortschrittes immer höher entwickelt bis er schließlich das Endziel erreicht. Dieses Ziel aber war nicht einfach zu bestimmen. Er mußte also wissen, wieviel Biometer-Grade der Mensch im Laufe der Evolution erreichen kann, bevor seine irdische Entwicklung abgeschlossen ist und er sich zu höheren Ebenen aufschwingen kann.

Auf der Suche nach solchen Höchstwerten trachtete er, Meßwerte von großen Menschen der Vergangenheit zu erhalten. Er untersuchte Dinge und Gegenstände, die sie zurückgelassen hatten, Manuskripte, Gemälde, Statuen in Marmor und Erz; dabei entdeckte er, daß Unterschriften unter Briefen, Dokumenten oder Malereien mysteriöserweise die gleichen Strahlungen aussandten, wie die Menschen, denen sie gehörten, ob sie nun lebten oder schon lange tot waren.

Er verglich die Ablesungswerte, die er vom Individuum selbst erhielt, mit denen seiner Unterschriften, und in jedem einzelnen Falle fand er, daß beide Biometer-Anzeigen gradgenau übereinstimmten. Er untersuchte vergilbte Dokumente,

Schriften aus Archiven, Zeichnungen und Gemälde in berühmten Galerien. Von vielen berühmten Menschen untersuchte er Unterschriften aus verschiedenen Altersstufen. Dabei fand er, daß das evolutionäre Wachstum während einer Lebensspanne im Durchschnitt zwischen einem und sechs Biometergraden — dem höchsten je festgestellten Wert — betrug. Dieser Höchstwert stellte einen ganz seltenen Fortschrittsbetrag dar und schien nur durch großes Leid möglich gewesen zu sein. Diese Folgerung wurde durch weitere Feststellungen gestützt. Für Menschen primitiver Art lag die Ablesung im Durchschnitt um etwa 200 Grad und für die am weitesten Fortgeschrittenen war sie nicht höher als 725. Legte man einen Grad für das evolutionäre Wachstum innerhalb einer Lebensspanne zugrunde, so erforderte die Vollendung eines Menschen mehr als 500 Wiederverkörperungen.

Die höchste Ablesung, die Dr. Brunler je fand, erhielt er vom Bild eines Tuches, mit dem man Jesus bei der Kreuzigung den Schweiß des Antlitzes getrocknet haben soll. Wahrscheinlich war auf diesem Tuch, das in einer berühmten Kirche Südeuropas verehrt wird, ein Abdruck der Gesichtszüge erhalten geblieben. Der Ablesungswert betrug volle 1000 Biometergrad. Dr. Brunler gab zu, daß möglicherweise die Reliquie nicht echt oder die Ablesung durch seine eigene innere Reaktion gefärbt sein könne, doch war er, wie er mir sagte geneigt, die Grenze der irdischen Evolutionen bei etwa 1000 Grad anzunehmen; darüber hinaus vollziehe sich ein Übergang, um dem Geiste auf einer anderen Ebene im Rahmen des Universums eine Weiterentwicklung zu ermöglichen.

Unter den Großen der Vergangenheit, deren Unterschriften geprüft wurden, stellte sich aufgrund zuverlässiger Messungen der Maler, Schriftsteller und Erfinder, das vielseitige Genie Leonardo da Vinci als die im Sinne der Evolution höchstentwickelte Persönlichkeit heraus. Seine Ablesung lag bei 725 Grad. Unter diesem Werte rangierten andere große Maler, dahinter kamen große Komponisten. Sodann folgten große Schriftsteller und Staatsmänner, denen wiederum Feldherrn und Generäle folgten. Auch die Männer der Wissenschaft hatten ähnlich hohe Werte. Unterhalb 450 Biometer-Graden ist kaum jemand zu dauerhaftem Ruhm gekommen. Die Durchschnittspersönlichkeit in Europa und Amerika steht bei etwa 250, während die Menschen aus Ländern geringerer Entwicklung im Durchschnitt um 225 Grad aufweisen. Die niedrigsten Ablesungen, um 118 Grad, stammen von Menschen, die nur wenig über der Grenze des Schwachsinns stehen.

Das Biometer registrierte auch den „Persönlichkeitszuschnitt", jedoch nicht in cm-Ablesungen oder Meßwerten wie im Falle der Intelligenz. Reagierte der Pendel mit Kreisschwingen, so zeigte die Rechts-oder Linksdrehung an, ob der Untersuchte konstruktiver oder destruktiver Art, ob er im Grunde „gut" oder „schlecht" war. Auch der Wille wurde gemessen und registriert, und zwar in Linearschwingungen, die von der auf der Biometer-Platte aufgezeichneten idealen Senkrechten nach links oder rechts abweichen konnten.

Warum Unterschriften die gleiche Schwingung und vor allem die gleiche Schwingungsstärke aufweisen, wie der Körper oder Geist des Schreibers, fand erst durch die *Aka*-Fadentheorie eine befriedigende Erklärung. Das Unterbewußtsein desjenigen, der das Biometer benutzt, „streckt seinen Finger aus" und folgt dem Faden bis zum Kontakt mit dem Schreiber der Unterschrift, ob er nun lebt oder schon lange tot ist und als Geist existiert.

Bei Annahme der HUNA-Erklärung, daß das niedere

Selbst über den *Aka*-Faden den Eigner der Unterschrift auch dann auffinden und ausmessen kann, wenn er schon tot ist, finden wir erneut bestätigt, daß nicht der physische Körper sondern das „Bewußtsein" oder die „Seele" gemessen wird. Weiterhin wird damit erneut bewiesen, daß die Intelligenz und die Charakteristiken der Persönlichkeit in den „Selbsten" verankert sind, die den körperlichen Tod überdauern. Diese Folgerung berechtigt uns anzunehmen, daß Reinkarnationen notwendigerweise erfolgen müssen, um die Evolutionen zu erklären.

Hier noch einige Worte über meine persönlichen Erfahrungen bei der Benutzung des Biometers. Wenn die zu prüfende Unterschrift in der Klammer am Ende des Maßstabes steckt und meine rechte Hand den Pendel schwingbereit über der Platte hält, so macht sich zuerst keinerlei Gefühl bemerkbar. Ich sitze einfach aufmerksam, doch entspannt da und warte. Dann, nach etwa 20 bis 30 Sekunden, spüre ich ein schwaches Gefühl etwa in der Magengrube und der Pendel fängt wie aus eigenem Antrieb an zu schwingen. Ich bewege dann den Maßstab ganz langsam, wobei sich die Unterschrift der Platte nähert, über der der Pendel schwingt. Zuerst erfolgen die Grundschwingungen; sie kommen zum Stillstand und ich schiebe die Unterschrift noch näher heran. Es ist der Punkt, wo der höchste Intelligenzgrad zu suchen ist. Die Bewegung geht weiter; die Unterschrift kommt immer näher und der Pendel schwingt ständig diagonal zur Senkrechten, die auf der Platte den rechten Winkel zum Maßstab markiert. Ist die richtige Entfernung erreicht, so ändert der Pendel seine Schwingungsrichtung mehr und mehr und stellt sich schließlich auf die Senkrechte ein. Ist das erreicht, so fühle ich gewöhnlich ein ganz leichtes

Zucken in meinem Handgelenk und der Pendel hört auf zu schwingen. Dann lese ich am Maßstab die Schnittlinie mit der Platte ab. Die Ablesung ist beendet und kann aufgezeichnet werden.

Es wird einmal der Tag kommen, da wir das Biometer ganz selbstverständlich benutzen werden, um z. B. den Persönlichkeitszuschnitt und Intelligenzgrad unserer Kleinen zu prüfen. Da ein Persönlichkeitszuschnitt, der unterhalb des Normalen liegt, wesentlich verbessert und der Wille mit Erfolg geschult werden kann, läßt sich dann vieles tun, um solche Kinder in eine für sie besonders günstige Entwicklungsrichtung zu bringen. Da sich der Intelligenzpegel im Durchschnitt einer Lebensspanne nur um einen oder zwei Grad erhöht, kann man das Kind ermutigen, einen Beruf zu erlernen, der seine geistigen Fähigkeiten am besten fördert. Einige wenige Punkte gilt es aber bei der Arbeit mit dem Biometer noch zu klären. Im Brunler'schen Ablesungssystem fehlt eine Stelle für Naturtalente, wie z. B. für Musik, Kunst oder Mechanik. Solche Talente aber müssen festgestellt werden, damit z. B. einem ganz und gar unmusikalischen Kinde eine musikalische Ausbildung erspart und ihm statt dessen eine andere Ausbildung gegeben werden kann, die seinen spezifischen Anlagen entspricht.

Das Großartigste aber ist, daß wir hoffen dürfen, mit dem Biometer zu gegebener Zeit das niedere und mittlere Selbst separat ausmessen zu können und beider Natur und Entwicklungsstand genau festzustellen. Vielleicht werden wir sogar einmal im Stande sein, das Hohe Selbst auszumessen. Auch dürfte es später wohl einmal möglich werden, die Behinderungen und Schwierigkeiten zu messen, die einer Person aus Komplexen oder Besessenheits-Einflüssen erwachsen. Die Fähigkeit des niederen Selbstes, Gegenstände und Zustände zu messen, scheint fast unbegrenzt, und es ist anzunehmen, daß bei der Durchführung schwieriger Messungen solcher Art auch die Hohen Selbste manchmal helfend eingreifen.

Doch nun zu den Unterschriften. Wir wollen einige weitere Beweise anführen, auf die man stieß, als die Arbeit mit dem Biometer schon einige Zeit im Gange war.

Als mich eines Tages Verne Cameron in meinem Arbeitszimmer besuchte, kamen wir nach einigen gemeinsam durchgeführten Versuchen mit Elfenbein-Figürchen (sie sollten mit einer künstlichen *Aka-Aura* versehen und zu heilbringenden Ikonen gemacht werden) auf die biometrische Ausmessung von Unterschriften zu sprechen. Es erhob sich dabei die Frage, ob die Unterschrift wohl auch einen *Aka*-Körper oder eine „Aura" habe.

Ich gab Mr. Cameron eine Unterschrift, und er untersuchte sie mit dem Aurameter. In weniger als einer Minute hatte er den Umriß einer Aura über der Unterschrift skizziert. Wie ein dünner, unregelmäßiger Fächer überwölbte sie die Unterschrift klar sichtbar bis zu einer Höhe von 60 cm; dann verlor sie sich mehr und mehr und lief in einem etwa 1,8 m entfernten Punkt zusammen. Von dieser Spitze geht vermutlich die verbindende *Aka*-Schnur aus, die den Kontakt zum entfernt lebenden Eigner der Unterschrift ermöglicht.

Merkwürdig ist, daß das Aurameter die von der Unterschrift ausgehende *Aka*-Schnur anscheinend nicht zu registrieren vermag. Entweder ist sie zu zart, um ein genügend starkes, positives oder negatives *Mana*feld zu bilden, auf das der Aurameterkopf anspricht; oder die Schnur bleibt, solange sie nicht wie beim Biometer-Test mit aktiviert wird, in Bezug auf Substanz und *Mana*-Inhalt nahezu ein NICHTS (hier sind später noch Versuche erforderlich). Fast alle Gegenstände, die man in die Hand nimmt und auf die man sich mit der Absicht konzentriert, ihnen eine künstliche Aura zu erteilen, weisen nachher eine *Aka*-Schnur besonderer Art auf. Sie scheint in Gestalt eines starken Kraft-Strahls vom Objekt auszugehen, verläuft in einer bestimmten Richtung und verschwindet in der Entfernung durch die Decke oder sonstwie ins Freie.

Jedenfalls aber hat die Unterschrift einen *Aka*-Körper, auch wenn die *Aka*-Schnur unbenutzt ist, keinen Strahl bildet und kein Anzeichen eines Kraft- oder *Mana*flusses zeigt. Es muß also angenommen werden, daß sich etwas von der reichlichen *Mana*-Substanz aus dem Unterbewußtsein des Schreibers an das Geschriebene heftet und daran haften bleibt.

Für die sich über eine Unterschrift erstreckende fächerförmige Aura ist es charakteristisch, daß sie sich zwar nach vorn und hinten, nie aber nach unten ausdehnt und daß keine zwei Unterschrifts-*Auren* gleich sind. Manchmal war die *Aura* gerundet und lief in einer hohen Spitze aus; in anderen Fällen verlief sie niedrig und war eingekerbt oder gebrochen. Größe und Form wechseln in erstaunlicher Vielfalt von einer Unterschrift zur anderen. Jede *Aura* ist individuell und unverwechselbar wie ein Fingerabdruck.

Noch viel Arbeit wird nötig sein, um die neue Entdeckung zu studieren und auszubauen. In welche Richtung diese Studien einmal führen werden, läßt sich heute noch nicht sagen. Es scheint, als ob die allgemeinen Konturen der Unterschrifts-Aura etwas über die Persönlichkeit des Schreibers aussagen. Was sie aber im einzelnen auszusagen vermögen, das bleibt noch zu erarbeiten. Vielleicht stellt sich eines Tages heraus, daß die mit dem Biometertest nicht bestimmbaren besonderen

Talente einer Person aus seiner Unterschrifts-Aura abgelesen werden können, wenn wir erst einmal gelernt haben werden, die Winkel und Kurven, die Dome und Einkerbungen sowie die oft beobachteten, seltsamen dünnen Projektionen richtig auszudeuten.

So entdecken wir nicht nur aufs neue das HUNA-Weistum und seine Nutzanwendung, sondern wir stehen zugleich an der Schwelle ganz neuer Entdeckungen, die vielleicht schon bald für uns richtungweisend werden können, wenn wir tiefer in das noch so wenig erforschte Gebiet eindringen.

XIV

WEITERE ERKENNTNISSE DER HRA

Weil unsere Organisation sich der Forschung verschrieben hatte und nicht nur der Nachprüfung und Untersuchung der HUNA-Theorien, waren wir stets aufgeschlossen für die Ideen und Taten anderer, die sich auf ähnlichen Gebieten beschäftigten. Mir gingen Berichte und Mitteilungen zu über alle möglichen seltsamen, wenig bekannten Theorien, Tatsachen, Experimente und Mutmaßungen. Wohl in keinem anderen Gebiet gibt es eine solche Fülle von Mutmaßungen wie in der Psychologie, der Religion und den Psychischen Wissenschaften. Ein großer Teil dieses Materials war für uns ohne Belang. Doch hier und da stießen wir auf Ideen, die durchaus der Betrachtung wert waren.

Schon im ersten Stadium unserer Forschungen wurden wir auf die Arbeiten von L. E. Eeman aus London aufmerksam. Seine Entdeckungen und Theorien waren für uns vor allem deshalb von Wert, weil sie sich mit dem befaßten, was wir *Mana* nennen. Nach einem interessanten Briefwechsel schloß sich Mr. Eeman der HRA als Mitglied an. Er hatte entdeckt, daß man Vitalkraft dazu bringen kann, wie Elektrizität von einem positiven zu einem negativen Pol zu fließen. Bei seinen Arbeiten stellte er fest, daß der menschliche Körper rechts und links polarisiert ist. Er konnte die Vitalkraft durch einen isolierten Kupferdraht von der rechten Hand zur Basis des Rückgrats und von der linken Hand zum Hinterkopf fließen lassen.

Diese Änderung des normalen Vitalkraft-(*Mana*)Stromes im Körper bewirkt, wie er feststellte, eine Entspannung, die das Einschlafen fördert. Er nannte diese Schaltung „Entspannungsstromkreis". Nach dieser grundlegenden Entdeckung versuchte er in weiteren Experimenten festzustellen, was man sonst noch alles durch Leitung des *Mana*stromes über Drähte erreichen kann. Er schaltete verschiedene Personen „hintereinander" — so wie man das mit mehreren Batterien tut — und beobachtete die Wirkung. Dann schaltete er die Leitung parallel und entwickelte Versuchskombinationen verschiedener Art.

Er entdeckte ferner, daß mit dem durch isolierte Drähte fließenden *Mana*strom z. B. auch körperliche Giftstoffe übertragen werden können. Schaltete man nämlich einen fiebrig infektiös Erkrankten mit einem Gesunden in einen gemeinsamen Stromkreis, so übertrug sich etwas von dem Fieber und dem körperlichen Unbehagen auf den Gesunden. Dabei ergab sich die merkwürdige Tatsache, daß es dem Kranken dabei besser ging, selbst wenn der Gesunde zeitweilig erkrankte. Wesentlich aber war dabei, daß die Infektionserreger nicht auf den Gesunden übertragen wurden.

Ebenso überraschend war seine Entdeckung, daß jemand der früher einmal Thyphus, Masern oder Pocken gehabt hatte und wieder gesund geworden war, also jemand, der, wie man annimmt, entsprechende Gegengifte im Blut hat, anderen, die unter der gleichen Krankheit leiden, gut helfen konnte. Bei ihrem Zusammenschalten in einen gemeinsamen Stromkreis gaben die Personen, die die Krankheit überwunden hatten, mit ihrem *Mana*strom etwas von ihrem immunisierenden Stoff über die Drähte ab.

Das alles war völlig unwissenschaftlich, ja mysteriös. Drähte sind ja keine Rohrleitungen, und nach den Gesetzen der Physik und Mechanik sind solche Übertragungen einfach unmöglich. Aber wie bei so vielen unmöglichen Dingen traten tatsächlich und nachweisbar Wirkungen ein und forderten eine Erklärung.

Mit Hilfe von Medizinern setzte Eeman seine Experimente fort und begann, Medizinen, Drogen und Giftstoffe zu untersuchen. Seine Methode war ganz einfach. Er bat die Person, die sich für den Versuch zur Verfügung stellte, sich auf ein Ruhebett zu legen; zunächst wurde mit den Drähten der Entspannungs-Stromkreis geschlossen. Dann schnitt man einen der Drähte durch und steckte die so entstandenen Drahtenden durch den Korken einer Flasche. Unterhalb des Korkens befestigte man an ihnen Elektroden, die in die Lösung des zu untersuchenden Stoffes tauchten.

In seinem ausgezeichneten Buch „Co-Operative Healing" schildert Eeman in allen Einzelheiten mehr als siebzig Versuche sowie die Reaktionen der Versuchspersonen auf die mit dem *Mana*strom in ihre Körper gelangten Substanzen. Mit peinlicher Sorgfalt schaltete man jede Möglichkeit zu Suggestion oder Telepathie aus. Der bei den Experimenten anwesende Arzt füllte die Substanzen in numerierte Flaschen. Erst wenn sich am Ende des Versuches die Wirkung gezeigt hatte, wurde die verwendete Substanz indentifiziert und ihre übliche Reaktion am menschlichen Körper mit dem Testergebnis verglichen. In allen Fällen war die Art der körperlichen oder seelischen Reaktionen der Versuchsperson genau so, als hätte man ihr eine Dosis der in den Stromkreis eingeschalteten Substanz verabreicht. Die Versuche bewiesen schlüssig, daß tatsächlich etwas aus der Flasche auf die Person überging. Damit war ein neues Feld für die Anwendung von Medizinen eröffnet.

Natürlich erhob sich sofort die Frage, was denn eigentlich längs des Drahtes aus der Flasche abgeführt worden war. Da es sich ganz offensichtlich nicht um einen Teil der Lösung aus der Flasche handeln konnte, mußte es eine Art Strahlung sein, die von der Substanz abgegeben worden war. Nach jahrelangen Experimenten und Überlegungen kam Eeman zu dem Schluß, daß die Substanzen eine Art Energie-Strahlung oder „Dynamismus" abgeben.

Die HUNA-Lehre bietet hier eine Erklärungsmöglichkeit. Nach dem Glauben der *Kahunas* haben alle Gegenstände oder Substanzen ihren eigenen *Aka-* oder Schatten-Körper (der „Äther"-Körper der modernen Psychischen Wissenschaft); er ist ein Duplikat dessen, was er repräsentiert. Beim „Schöpfungsakt", bei der Entstehung eines Dinges, entsteht zuerst der *Aka*-Körper und dann der physische Körper. Ferner lehrten die *Kahunas,* daß in allen Dingen Bewußtsein und *Mana* enthalten sein müsse, weil sie sonst nicht existieren und ihre typischen Eigenformen nicht beibehalten könnten.

Nehmen wir an, daß die Medizinen in den Eeman'schen Vitalstromkreisen solche *Aka*-Körper besäßen, so liegt die Folgerung auf der Hand, daß der *Aka*-Körper-Stoff der Medizin auf dem *Mana*-Strom in den Körper der Versuchsperson gelangte. Das vereinfacht das Problem sehr wesentlich und es bleibt nur noch zu fragen, ob die ganze Wirkung auf den *Aka*-Körper des Subjektes geht oder indirekt, über den *Aka*-Körper auf den physischen Körper.

In seinen Schriften wirft Eeman die Frage auf, ob nicht

bei der Ausbreitung von Infektionskrankheiten ähnliche Phänomene mitwirken wie die Wanderung von Giftstoffen längs Drähten. Wäre das der Fall, so folgerte er, so genüge vielleicht schon die seelisch-geistige Verfassung eines Menschen, um solche Infektionen wirksam abzuweisen.

Einen neuen Beweis dafür, daß der *Aka-* (oder „Äther"-) Körper existiert und daß er bei Verletzungen, ja selbst beim Tode des physischen Körpers unbeschädigt bleibt, wurde von Eeman durch seine Experimente mit Drogen erbracht. Ein Mann, der beide Beine verloren hatte, wurde in einen Stromkreis besonderer Art eingeschaltet; dabei legte man Metallbänder dort an, wo früher die Füße gewesen waren. Das Resultat war so, als ob der Mann seine Füße wirklich an der betreffenden Stelle gehabt hätte. Man veranlaßte den Mann dann, sich vorzustellen, er habe die Knie angezogen, so daß seine „theoretischen" Füße keinen Kontakt mit den Polen der Bänder mehr hatten. Die Wirkung war so, als ob man den Stromkreis unterbrochen hätte.

Nach mehr als 25 Jahren Forschungs- und Versuchsarbeit ersetzte Eeman in seinen Schaltungen die Drähte durch Fäden aus Seide oder Wolle. Sie arbeiteten ebenso gut. Da diese Stoffe aber normale Elektrizität nicht leiten, ergab sich, daß zwischen der Vitalkraft und der durch elektromagnetische oder chemische Prozesse bewirkten Elektrizität ein Unterschied besteht. Auch Dr. Brunler hatte es aufgegeben, mit Drähten zu arbeiten; er hatte bei seinen Versuchen die Strahlungen vom Kopfband der Versuchsperson mit Seidenschnüren zum Ende des Meßstabes am Biometer geleitet.

Hiermit erwies sich die ursprüngliche Annahme, Vitalkraft sei dasselbe wie Elektrizität, als irrig. Da bei der Eeman-Schaltung Metalldrähte durch Seide, Wolle und sogar durch Baumwollfäden ersetzt werden konnten, muß man sich fragen, warum die normale Kleidung keinen Stromkreis zwischen den Polen des Körpers hervorruft. Die Möglichkeit eines „Kurzschlusses" von Vitalkraft durch die Kleidung läßt die gesamte Theorie als irrational erscheinen. Doch auch hier kommt HUNA wieder mit einer Erklärung zu Hilfe.

Es ist eine der Grundlagen der HUNA-Lehre, daß das niedere Selbst alle Vitalkraftströme verursacht und daß der vollkommene Leiter für *Mana* die Substanz der *Aka*-Schnur ist, also nicht Draht oder Textilgewebe. Da das niedere Selbst sich durch Suggestion leicht beeinflussen läßt, ist es — bei entsprechender suggestiver Weisung — gerne bereit, *Mana* längs Drähten oder Schnüren fließen zu lassen. Da *Mana* aber nur durch *Aka*-Substanz fließen kann, wird eben ein „Finger" aus *Aka*-Substanz längs des Drahtes oder der Schnur ausgestreckt. So fließt denn das *Mana* an Drähten oder Schnüren entlang, doch ist die sichtbare Schnur nur eine Art Wegweiser, die dem niederen Selbst zeigt, wohin es seinen *Aka*-Schnur-Finger zu richten hat, also z. B. von der Hand zum Kopf oder zur Flasche, in die Medizin und von dort wieder zum Kopf. Da wir wissen, wie geschickt das niedere Selbst die *Aka-Mana*-Kombination in einem Faden oder einer Schnur zu handhaben und sein Bewußtsein einzusetzen versteht, kann es uns nicht weiter überraschen, daß sich das niedere Selbst schnell in neuen Arbeitsgebieten zurechtfindet, wenn man ihm klar macht, was man von ihm erwartet.

Und hier eine andere der vielen ungelösten Fragen, denen sich die HRA widmete. Ist es möglich, daß eine sehr alte babylonische „Gebetsschale", in ihrer unglasierten Tonsubstanz noch immer eine Strahlung besitzt, die sie vor vielen Jahrhunderten aufgenommen hat? Man wollte feststellen, ob die starke Strahlung, die selbst heute noch von einer solchen Schale ausgeht, wohl darauf beruht, daß sie immer noch durch eine dauerhafte *Aka*-Schnur mit dem vor Jahrhunderten verstorbenen Priester verbunden ist, der bei ihrer Herstellung die Riten über ihr vollzog und ihr die seltsamen Kräfte erteilte.

Die betreffende Schale gleicht in Größe und Gestalt einer Suppenschale. Um ihr Inneres ist in altbabylonischen Schriftzügen ein Gebet zum Schutze eines Israeliten, seiner Familie und seiner Haustiere gemalt. Man weiß weder, was der Priester mit der Schale tat, bevor sie der neue Besitzer übernahm, noch welcher Art die Zauberkraft ist, die sie umgibt. Jahrhundertelang lag sie von Staub bedeckt, bis sie vor wenigen Jahren ausgegraben und in ein Museum nach Sydney gebracht wurde. Dort war sie mit anderen Ausstellungsstücken dem Auditorium eines Vortrags über alte Zivilisationen vorgeführt worden. Ein anwesendes HRA-Mitglied hörte aufmerksam auf die Übersetzung der Inschrift, die sich auf der Innenseite der Schüssel befand und auf die Schilderung der Verwendung solcher Schüsseln zum Zwecke der Heilung und zum Schutze gegen Krankheit und Unglück. Zu gerne hätte sie erfahren, ob sich die alte Kraft in der Schale zu neuer Verwendung erwecken ließ.

Als sie nach dem Vortrag die Schüssel berührte, fühlte sie plötzlich ein Prickeln in den Fingern. In der Annahme, daß ihr Wunsch die Kraft der Schale wieder aktiviert habe, bat sie in ihrem Inneren darum, von einem schmerzhaften Leiden befreit zu werden, das die Ärzte seit Jahren nicht hatten beseitigen können. Fast augenblicklich verschwanden die Schmerzen; der Riß hatte sich geschlossen und blieb viele Monate zu. Bei einer späteren Gelegenheit besuchte ihr Mann das Museum und erhielt die Erlaubnis, die Schale in die Hand zu nehmen. Auch er wurde geheilt (daß die Heilung nicht von Dauer war, scheint darauf zurückzugehen, daß die Komplexe, welche die Schwierigkeiten verursacht hatten, nicht entfernt worden waren).

Die Wissenschaft lehrt, daß alle Gegenstände eine Kraft charakteristischer Art ausstrahlen. Durch diese Strahlung verbrauchen sie ihre Lebenskraft und gehen entweder auf eine weniger aktive Substanzstufe über oder erleiden die für ihre jeweilige Existenzebene charakteristische Form des „Todes".

Zweifellos geht also schon vom Ton der Gebetsschale eine natürliche Strahlung aus. In diesem Falle aber schien die Strahlung verstärkt zu sein und ein neues, ganz anderes Potential erhalten zu haben. Wir dürfen mit Sicherheit sagen, daß ein gewisses Etwas hinzugefügt worden war, von dem die Heilung bringende Frequenz ausging.

Da die Heilwirkung der aufgebrachten Strahlung ein Bewußtsein voraussetzt, das ihre Heilkraft lenkt, ist dieses Bewußtsein entweder im niederen Selbst des Geheilten zu suchen (obwohl es mit seinem eigenen *Mana* allein den eigenen Körper nicht zu heilen vermocht hatte) oder man muß an eine lebende oder als Geist bestehende Wesenheit denken, die mit der Schale durch eine *Aka*-Schnur verbunden und — bei Herstellung des Kontaktes — immer noch imstande ist, ihren lenkenden Einfluß auszuüben, die der Schale innewohnende Strahlungsenergie zu aktivieren und die zur Heilung erforderlichen Veränderungen der Körpergewebe zu bewirken.

Während wir noch an diesem Problem arbeiteten, suchten einige der HRA-Mitglieder durch Versuche festzustellen, ob es möglich sei, durch geistige Einwirkung, Gebet, rituelle Segnungen und Anrufe freundlicher Geister von Abgeschiedenen heilbringende „Ikone" herzustellen. Ein englisches Mitglied der HRA-Gruppe besaß eine mehr als 400 Jahre alte Ikone. Es war ein Schnitzwerk, das Jesus am Kreuze darstellt. Die aus einem Holzblock herausgearbeitete Plastik war reich mit Farben und Silber verziert. Die Ikone war in Äthiopien hergestellt und durch einen befreundeten eingeborenen Künstler beschafft worden.

Durch diese Kruzifix-Ikone konnte man fast auf Wunsch mit dem Geist einer äthiopischen Frau in Verbindung kommen, die zwar schon lange verstorben war, aber ein aktives Interesse an dem neuen Besitzer zu nehmen schien. Dieses Wesen half auf verschiedene Weise. Es riet z. B., wohin man reisen und was man tun sollte. Es hatte die Besitzerin der Ikone dazu gebracht, mein Buch „Geheimes Wissen hinter Wundern" zu studieren, und nachdem sie es gelesen hatte, gab sie ihr den Rat, verschiedene Inseln im Pazifik zu besuchen, um an Ort und Stelle den Glauben der Eingeborenen und die von Eingeborenen geschaffenen Bildwerke früherer Tage zu studieren.

Unter der Führung dieses Geistwesens ging man nun an die Herstellung neuer Ikone. Man untersuchte verschiedene Materialien und stellte schließlich fest, daß sich natürliches Elfenbein für diesen Zweck am besten eignete. Für den ersten Versuch erwarb man eine kleine japanische Frauenfigur, die aus afrikanischem Elfenbein geschnitzt war. Später erhielt man — aus indischem Elfenbein geschnitzt — die Figur eines tanzenden Hindu-Gottes; beide bildeten also ein Mann-Frau-Paar.

Diese beiden Statuetten wurden zeremoniell gewaschen, gesegnet und eine Zeitlang mit der Kruzifix-Ikone zusammengebracht. Schließlich erklärte das Geistwesen die Prozedur für beendet. An die eine Figur war ein weibliches, an die andere ein männliches Geistwesen angeschlossen worden. Bei der Untersuchung mit dem Pendel zeigten beide Figuren eine starke Zunahme ihrer Strahlungsenergie. Schließlich sandte man sie mir zu und Mr. Cameron untersuchte sie in der früher beschriebenen Weise mit seinem Aurameter. Wir stellten fest, daß der Aurabereich der beiden Figuren wesentlich größer war, als der ähnlicher unbehandelter Objekte. Von beiden gingen Kraftstrahlen aus, und wahrscheinlich verbanden *Aka*-Fäden im Inneren der Strahlen die Figuren mit den Geistwesen, die durch sie zu wirken bestimmt waren.

Schon lange vor dem Zusammenschluß der HRA hatte eine Engländerin, die als bedeutende Naturheilerin, als Malerin sowie als Expertin in der Anwendung des Bovis-Biometers zur Diagnose körperlicher Krankheiten bekannt war, versucht, eine Art heilbringender Ikone zu schaffen. Mit großem Erfolg hatte sie Ölfarben und Malleinwand, die sie für ihre Gemälde verwendete, spirituell vorbehandelt; dann hatte sie schließlich die fertigen Bilder gesegnet und mit heilender Strahlung gewissermaßen imprägniert.

Um die Heilkraft eines fertiggestellten Bildes zu prüfen, ließ sie es von einem Patienten längere Zeit aufmerksam betrachten und stellte dann dessen Biometer-Wert-Erhöhung fest. Betrug die Ablesung des Patienten 600 Grad oder mehr, so galt das Bild als fertig. Zur Benutzung hängte man das Bild an die Wand und ließ es vom Heilungssuchenden eine Zeitlang konzentriert betrachten. Wahrscheinlich bildet sich beim Anblick des Gemäldes ein Kontakt zu ihm und seiner Strahlung; doch ist es auch denkbar, daß das Bild lediglich der Ankerpunkt einer *Aka*-Schnur ist, die zum Heiler selbst und vielleicht — durch ihn hindurch — zu dessen Hohem Selbst führt. Jedenfalls haben sich solche heilungsfördernden Bilder als sehr wirksam erwiesen. Eines der schönsten dieser Gemälde schenkte mir die Malerin; es wurde mit dem Aurameter und dem Pendel geprüft. Das Bild wies eine sehr starke *Aura* auf; besonders stark ist die Strahlung der unteren Bildhälfte. Die Arbeit der gegenseitigen Heilungsgruppe führte ich in meinem Arbeitszimmer unter diesem Bilde und vor zwei elfenbeinernen Ikonen durch.

Eines der Versuchsprogramme der HRA-Gruppe befaßte sich mit Untersuchungen an elektronischen Instrumenten, wie sie manche Ärzte und Chiropraktiker zur Diagnose und Behandlung verwenden. Wir kamen dabei zur Erkenntnis, daß manche dieser Instrumente gar nicht an elektrische Stromleitungen angeschlossen zu werden brauchten. Alles hing nämlich — wie beim Biometer, Pendel und Aurameter — von den psychischen Fähigkeiten und der Erfahrung des Bedienenden ab, sowie vom Kontakt mit dem Patienten oder mit etwas, das mit ihm in Verbindung stand und einen *Aka*-Faden zu ihm bildete. Hierzu erwies sich ein Blutstropfen auf etwas Löschpapier als besonders geeignet, doch Speichel wirkte auch recht gut. Die Einstellung der verschiedenen Skalen an den von uns untersuchten Instrumenten veränderte lediglich die Länge der Drahtstrecke vom Patienten über das Instrument zu einem Indikator, der hier als Ersatz für den Pendel beim Biometer benutzt wurde.

Die Heilwirkung, die von diesen Instrumenten ausgeht, scheint in Wirklichkeit nicht aus dem Instrument, sondern — wie beim heilenden Bilde — direkt von der Person zu stammen, die das Instrument bedient. Die „Ablesungen" erfolgen in Zahlenwerten, die den cm-Ablesungen beim Biometer entsprechen. Der Hersteller eines bekannten Instrumentes dieser Art kennt die HUNA-Lehre und gab zu, daß *Aka-*

Fäden bei Fernbehandlungen den Kontakt zum Patienten herstellen.

Ein anderes Mitglied der HRA-Gruppe, ein englischer Arzt mit reicher Erfahrung und großen psychischen Fähigkeiten, hat die Verwendung des Biometers und elektronischer Instrumente ganz aufgegeben und verläßt sich heute nur noch auf sein „Fingerspitzengefühl", nämlich das eigenartige Prickeln in den Fingern. Das verhilft ihm zu den Mitteilungen seines niederen Selbstes und unterstützt ihn bei der Diagnose der Krankheit sowie der Wahl und Dosierung der geeigneten Medikamente. Wie die *Kahunas* der alten Zeiten, so benutzt auch dieser moderne Arzt alle möglichen Heilungs-Hilfen. Nach Stellung der Diagnose bringt er, je nach dem Einzelfall, die Gelenke wieder in Ordnung oder er verschreibt Medizinen und bedient sich dabei seiner starken natürlichen Heilkräfte und des Gebetes. Es ist daher erklärlich, daß seine Erfolge weit über dem Durchschnitt liegen.

Noch viele andere Möglichkeiten wurden durch die HRA-Gruppe untersucht. Oft kam man zu vielversprechenden Erfolgen, manchmal aber blieb das Resultat aus. Wir hatten unter uns eine beträchtliche Zahl hochintelligenter Leute, die offenen Sinnes neuen Ideen zugewandt waren, ohne sich von den mysteriösen Machenschaften blenden zu lassen, die gewisse falsche Propheten oft anwenden, um Leichtgläubige irrezuführen. Sie traten vor allem deshalb der HRA bei, weil ihnen die HUNA-Theorien vernünftig erschienen und sie diese nun durch die Praxis bestätigt sehen wollten.

Könnte man sich in die Zeit zurückversetzen, wo den Menschen beim Anblick des Blitzes Schrecken und Angst befiel, wo er ihn als Akt Gottes erklärte und nur von ihm wußte, daß er ihm Verderben bringen könne ... und würde man dann in die heutige Zeit zurückkehren, da der Mensch die furchtbare Kraft nicht nur zähmen, sondern auch für sich einzusetzen gelernt hat, dann hätte man in etwa eine Parallele zu unseren Studien. Wir mußten uns erst selbst davon überzeugen, daß der Mensch aus drei Selbsten besteht, daß es eine *Aka*schnur-Verbindung gibt, und daß wir einen starken *Mana*-Fluß längs dieser Schnur erzeugen können und müssen. Denn erst dann kann der Mensch beginnen, seine Macht und Kraft in vollem Umfang zu nutzen.

Noch längst ist nicht alles vollkommen. Das größte Problem, auf das wir stießen, soll im nächsten Abschnitt behandelt werden; wir wollen dabei versuchen, zu einer vernünftigen Erklärung zu gelangen.

XV

DAS PROBLEM DER NICHT ERHÖRTEN GEBETE

Von Anfang an war uns aufgefallen, daß einzelne HRA-Mitglieder nicht imstande waren, mit ihren Hohen Selbsten in Verbindung zu treten und daß oft auch ihre Bemühungen scheiterten, durch Gebete nach der HUNA-Methode zum Ziel zu kommen. Es gab auch Fälle, wo selbst die Arbeit der gegenseitigen Heilungsgruppe versagt hatte. Unter den Gründen für solche Fehlschläge sei zuerst erwähnt, daß viele Menschen dazu neigen, neue Methoden jeweils nur kurze Zeit auszuprobieren; danach verlieren sie das Interesse daran und wenden sich anderen Dingen zu. Andere finden „einfach keine Zeit", ihr niederes Selbst zu erziehen oder sich in die richtige Gemütsstimmung zu bringen und vor dem Gebet eine Aufladung an *Mana* zu bewirken. Einige sähen am liebsten, daß ein anderer für sie das Wunder vollbrächte, und daß es sich möglichst sofort und ohne jede eigene Mitarbeit offenbarte. Läßt man all das aber außer acht, so bleibt immer noch das Problem, daß viele Menschen, die sich die Zeit zu ernstlichem Beten nehmen, trotzdem ihre Hohen Selbste nicht erreichen können.

In meinem Buche „Geheimes Wissen hinter Wundern" habe ich über die Gebetsaktionen der *Kahunas* gesprochen, die oft ganz erstaunliche Resultate zeitigten. Ich habe dort berichtet, wie die *Kahunas* heilten, wie sie ihren Patienten halfen, sich von Schuldgefühlen zu befreien und daß sie von ihnen verlangten, begangenes Unrecht wieder gutzumachen. Ich führte ferner aus, wie sie halfen, das „von innen Zehrende", was „den Pfad blockiert" (die Komplexe), zu beseitigen und gegebenenfalls fremde Geistwesen zu vertreiben, die oft üblen Einfluß auf die Menschen ausüben, an die sie sich angeheftet haben. Auch befaßten sich die *Kahunas* mit solchen Geistwesen, die sich zwar nicht für dauernd an den Patienten heften, ihn aber von Zeit zu Zeit veranlaßen, etwas zu tun, was ihn in Schwierigkeiten bringt. (Gewöhnlich geschieht das, um Menschen oder Geistwesen, die dem Betreffenden nahe verbunden waren, zu rächen, falls sie sich angegriffen oder beleidigt fühlen.)

Auch sprach ich davon, daß man *Mana* ansammeln kann, bis eine so gewaltige Hochaufladung erreicht ist, daß die *Kahunas* damit z. B. besitzlüsterne Geistwesen vertreiben konnten. Die Wirkung war dabei ganz so wie heute bei Schockbehandlungen. Ich berichtete ferner von einer supermesmerischen Anwendung der gleichen Kraft, um Suggestionen zu setzen. Durch Anwendung eines physischen Stimulans wurde dabei die Suggestionswirkung verstärkt und das niedere Selbst zur Annahme der Suggestion gezwungen.

Das also waren die Methoden. Doch fiel es uns schwer, die Kunst der Kahunas zu erlernen. Als geschulte Medien waren die *Kahunas* imstande, die Geister zu erspüren, die die Schwierigkeiten hervorriefen. Wir können das nicht mehr. Gegen die Anwendung von Suggestionen waren manche von uns argwöhnig und ein Versuch, eine Gruppe von achtzehn Hypnotiseuren für die „*Mana*-Schockmethode" zu interessieren, verlief ergebnislos. Auch war nicht bekannt, was die Kahunas alles unternommen hatten, um Komplexe zu entfernen, obgleich ihre Wurzel-Wörtchen und Symbole auf ein tiefes Wissen von der Anwesenheit dieser quälenden Dinge im Unterbewußtsein hinweisen.

Wahrscheinlich wird der Leser diesen Bericht in einem Zuge bis zu Ende lesen, bevor er sich fragt, ob er die HUNA-Gebetsmethode, so wie sie erklärt ist, selbst anwenden kann. Doch muß hier gesagt werden, daß der Versuch der einzige Weg ist, um festzustellen, ob man die Methode beherrscht oder ob der „Pfad zum Hohen Selbst blockiert ist". Dazu aber ist es erforderlich, daß man die Anweisungen lernt und durch systematisches Üben feststellt, ob man auf richtig und sorgfältig dargebrachte Gebete eine Antwort erhält oder nicht. Bleibt ein solches Gebet ohne Antwort, so müssen die unten aufgeführten Schritte unternommen werden. Studiert man die frühesten religiösen Schriften, so findet man, daß der Mensch schon am Anfang der Geschichte zu beten pflegte und daß sich schon damals die Menschen wunderten, warum Gebete manchmal erhört wurden und manchmal nicht.

In dieser Hinsicht ist vor allem die Bibel wichtig, denn viele ihrer Stellen weisen auf das Gebet und die Methoden der Gebetsvorbereitung hin. In der alten religiösen Literatur Indiens ist wegen der Karma-Lehre das Problem nicht so klar behandelt. Denn nach dieser Lehre hielt das Volk es für besser, durch Leiden die alte karmische Schuld zu tilgen, als von den Göttern Hilfe für etwas zu erflehen, was dem Menschen nur neue Leiden bringt.

Natürlich sind Opfer so alt wie der Gedanke an „Götter" oder übernatürliche Wesen. Opfer waren der allgemeinste Ritus zur Versöhnung der Götter; nach ihnen rangierten als nächstes Bußen und Askese zum Ausgleich für das, was man als „Sünden" gegen die Götter festgesetzt hatte. Selbst-Peinigungen, das Tragen härener Hemden, Selbstverstümmelung,

Fasten sowie Schweige- und Abstinenz-Gelübde waren weitere Versöhnungsakte. Bestimmte Männer traten auf, um bei allen Opfergebräuchen zu fungieren. Nach und nach erschienen sie in den Blättern der Geschichte als eine besondere Klasse, die Priesterklasse. Sie, und nur sie allein, hielt man für fähig, zu sagen, ob die Götter zornig oder besänftigt waren. Bald schon maßten sich diese Männer das Recht an, als direkte, von Gott eingesetzte Agenten oder Stellvertreter Sünden zu vergeben oder ihre Vergebung zu erwirken. Selbst heute noch wird dieses Amt stellvertretend für den Höchsten Gott verwaltet.

Zwar wird nicht mehr der Sündenbock mit den Sünden des Volkes beladen in die Wüste getrieben. Das Schlachten der Opfertiere am Altare, das Besprengen der Gläubigen und der Tempeleinrichtung mit ihrem Blut und das Verbrennen ihres Fleisches — all das gehört im wesentlichen zwar der Vergangenheit an. Aber bisher hat nur der exoterische Sinn der Religion überdauert; die innere Bedeutung ist aus den alten Religionen geschwunden, in denen HUNA als geheimer Wissenskern enthalten ist. In neuerer Zeit fehlt es nicht an Versuchen, loszukommen von den heidnischen Riten und Auffassungen sowie von der priesterlichen Anmaßung göttlicher Privilegien. Es wurden zahlreiche Theorien entwickelt, die von der Verneinung aller materiellen Realität — einschließlich der Sünde — bis zur größten Ausweitung der Gottesidee reichen, wo das Göttliche zum Unermeßlich-Unpersönlichen wird.

Auf die Frage, warum Gebete oft nicht erhört werden, hört man heute wie zur Zeit der ersten Christen die Erklärung, der Betende verdiene die Erhörung eben nicht. Man glaubt, daß die Sünde den Betenden der Erfüllung seines Gebetes unwürdig macht.

Um sich von Sünde rein und der Erhörung des Gebetes würdig zu machen, gelten folgende Maßnahmen:

(1) Höre auf zu sündigen;
(2) Mache die begangenen Sünden wieder gut;
(3) Bitte um Vergebung und hoffe, sie zu erlangen.

Zwanzig Jahrhunderte lang hat man an diesen Maßnahmen getreulich festgehalten; trotzdem aber blieben die Gebete allzu oft ohne Erfüllung.

Forscher der Religionsgeschichte haben schon lange vermutet, daß an der Auslegung dessen, was im Alten und Neuen Testament vom Gebet und seinem häufigen Versagen gesagt ist, etwas nicht stimmen kann. — Das schließt zugleich unsere Auffassung von der Sünde, von Wiedergutmachung, Buße und Reinigung, von Gebeten um Sündenvergebung, von Taufe, Bekehrung, Beichte usw. ein.

Um zur richtigen Auffassung von der Sünde zu kommen, müssen wir zur HUNA-Lehre zurückkehren. Dort finden wir, daß Sünde im Grunde genommen nicht nur der Verstoß gegen ein „Gesetz" ist, das ein Prophet uns gab und von dem er uns sagte, es stamme von Gott. (Zwar waren die zehn Gebote für ein primitives Volk ein wichtiges Gesetzeswerk, das ihm eine feste moralische Grundlage für das Zusammenleben bot. Selbst heute sind diese Gebote noch von grundlegendem Wert.)

Sünde ist viel mehr als das; man muß sie viel weiter und tiefer fassen. Sünde ist — so lehrt uns HUNA — alles, womit ein Mensch sich selbst oder seinem Mitmenschen schadet.

Andere zu schädigen oder zu verletzen, ist Sünde. Nicht nur leiblicher Mord, nein schon jede Verletzung eines anderen durch Gedanken und Emotionen ist Sünde.

Gott können wir gar nicht verletzen. Dazu ist der Mensch

viel zu schwach und zu klein. Und ein von Menschen erdachtes „göttliches Gesetz" zu brechen, ist bedeutungslos, sofern nicht ein anderer dabei geschädigt wird.

Alles aber, was unser niederes Selbst daran hindert, über die *Aka*-Schnur das Hohe Selbst zu erreichen und Ihm unser Gebet darzubringen (also die „Blockierung des Pfades") ist vom Übel. Denn es schneidet uns ab von Gott... es trennt das niedere und mittlere vom Hohen Selbst und stört die Zusammenarbeit der drei Selbste. Dadurch aber sinkt das Leben unter das normale Niveau und das Hohe Selbst kann dem unteren Selbstpaar nicht helfen (Wie schon oben gesagt, scheint das Hohe Selbst gehalten zu sein, dem niederen Selbst-Paar in weiten Grenzen seinen freien Willen zu lassen... es muß ihm also auch gestatten, in die Irre zu gehen, Fehler zu machen, zu leiden und krank zu werden, damit es durch Erfahrung lernen kann).

Das Schlechte, durch das andere geschädigt oder verletzt werden, kann nach der HUNA-Lehre wie folgt klassifiziert werden:

(1) Das Schlechte, das anderen vollbewußt in vorsätzlicher, böser Absicht angetan wurde — wobei sich aber nichtsdestoweniger Schuldgefühle oder Gewissensbisse einstellen. In diesem Fall wird das niedere Selbst des Sünders „Gottes Angesicht fliehen", wie ein Kind vor den Eltern wegläuft, wenn es sich vor der verdienten Strafe fürchtet. Ein niederes Selbst, das wegen seiner Taten (a) Schuld, (b) Scham oder (c) Furcht empfindet, wird keinen Kontakt zum Hohen Selbst herstellen und nicht versuchen, Ihm längs der *Aka*-Schnur ein Gebet darzubringen.

(2) Ein von Natur aus böser Mensch, der andere in böswilliger

Absicht verletzt, sich dazu aber berechtigt fühlt und nicht nur keine Schuld oder Scham, sondern vielleicht gar einen gewissen Triumph empfindet, daß er es dem anderen so recht „gegeben" hat, braucht NICHT zu befürchten, daß sein niederes Selbst die Herstellung des Kontaktes zum Hohen Selbst verweigert. AUCH SEIN HOHES SELBST WIRD IHN NICHT ABTUN. SEIN GEBET UM HILFE IN DEN GUTEN DINGEN, DIE ER VIELLEICHT TUN MAG, WIRD ERHÖRT WERDEN." Gott respektiert nicht die „Person", und in solchen Fällen „gedeihen die Schlechten" — wenigstens eine Zeitlang; ihre Bestrafung ergibt sich schließlich aus der Verlangsamung ihrer Aufwärts-Entwicklung. Viele werden es schwer finden, diese Tatsache mit der „göttlichen Gerechtigkeit" in Einklang zu bringen; aber wenn man sich richtig umschaut, erkennt man, wie die Schlechten gedeihen und weder von Gewissensbissen noch von Selbstvorwürfen oder Scham geplagt werden. Das Gefühl der „Ungerechtigkeit" kann erst weichen, wenn wir unsere Auffassung der „Sünde" von allen althergebrachten Glaubensansichten befreien und sie lediglich nach der einen Kardinalfrage beurteilen: HAT DIE TAT ZUR FOLGE, DASS EIN MENSCH DURCH SEIN UNTERBEWUSSTSEIN VOM EIGENEN HOHEN SELBST ABGESCHNITTEN WIRD? Ist das nicht der Fall, so ist ein solcher Mensch — nach der hier geltenden Klassifikation — sündenfrei. Dieser Test allein lehrt uns, warum manche Gebete keine Erhörung finden. Alles hängt davon ab, ob das niedere Selbst durch irgend etwas veranlaßt werden kann, die Herstellung des Kontaktes zum Hohen Selbst zu verweigern. Weder menschliche noch göttliche Gerechtigkeit, weder Karma noch Vergeltungsgedanken sind für das Problem der unerfüllten Gebete von Belang.

Können wir uns diesen Standpunkt als Tatsache oder nur schon als Annahme zu eigen machen (und lassen wir die Frage der „Gerechtigkeit" einstweilen ganz aus dem Spiele), so können wir uns mit der Frage befassen, was das niedere Selbst davon abhält, seinen Teil zur Gebetsarbeit beizutragen. Meist sind es Dinge, die mit den oben erwähnten schlechten Taten kaum etwas zu tun haben.

Das niedere Selbst kann nur von etwas betroffen werden,
(1) was es mit seinen fünf Sinnen wahrnehmen kann, was es sieht, hört, riecht, fühlt — also von schmerzlichen, beängstigenden, guten, schlechten oder erfreulichen Eindrücken,
(2) an das es sich aus früherer Zeit oder aufgrund früherer Erlebnisse erinnert, was es also damals durch Bildung von Gedankenform-Trauben registrierte, und in seinem Erinnerungsdepot zur späteren Wiedergabe speicherte.

Damit kommen wir zu den beiden Arten der Erinnerung. Zu einer normalen, auf natürliche Weise entstandenen Erinnerung gehört die Erkenntnis der Bedeutung oder die Rationalisierung des Ereignisses mitsamt seinen Beziehungen zu allen früheren Ereignissen, von denen der Betreffende weiß oder von denen er annimmt, fürchtet oder hofft, daß sie einmal eintreten. Alle Gedankenform-Trauben einer Erinnerung verknüpfen sich bei der Entstehung mit sämtlichen anderen Erinnerungen, die zur Bestimmung der Bedeutung des neuen Ereignisses und seiner Beziehungen zu früheren Erfahrungen herangezogen werden.

Für dieses komplexe Netz von Beziehungen hatten die *Kahunas* das treffende Symbol eines Spinnennetzes, in dem sich Fliegen verfangen haben. Jede Fliege entspricht einer Erinnerung und alle Fliegen werden durch die Fäden des Netzes mit allen anderen Fliegen verbunden. Im Zentrum sitzt die Spinne — der aus dem niederen und mittleren Selbst bestehende Mensch. Die Spinne ist sich des Vorhandenseins jeder einzelnen Fliege bewußt; sie kann zu jeder von ihnen hinlaufen und sie jederzeit betrachten. Die dünnen Fäden des Spinnennetzes symbolisieren die *Aka*-Schnur. Normale Erinnerungen werden so bei ihrer Entstehung und im Rahmen von Überlegungen durch einen Rationalisierungsprozeß mit allen anderen Erinnerungen verknüpft.

Demgegenüber kommt die andere Erinnerungsart OHNE RATIONALISIERUNG zustande; die Gedankenformen werden hierbei nicht korrekt mit anderen Gedankenformen verbunden. Weil aber das mittlere Selbst angesichts dieser Erinnerungen versagte und sie beim Entstehen nicht rationalisierte, werden sie ihm nicht zurückgegeben, wenn es sie verlangt. Es sind sozusagen vagabundierende Erinnerungen. Sie sind deformiert. Das niedere Selbst weiß von ihnen, daß sie nicht normal, nicht richtig sind; es schämt sich ihrer und fürchtet sich.

Ein niederes Selbst aber, das sich schuldig fühlt wegen schlechter Taten, die es zusammen mit dem mittleren Selbst beging, scheut sich, über die *Aka*-Schnur zum Hohen Selbst hinaufzureichen. Ebensowenig aber will es mit dem niederdrückenden Schamgefühl einer unrationalisierten Erinnerung vor das mittlere Selbst treten. Unter der Last seiner Selbstvorwürfe fühlt es sich beschmutzt und unwürdig und hat den Drang, das schwarze Etwas zu verstecken, koste es was es wolle. In diesem Verhalten ist das niedere Selbst hartnäckiger und widerspenstiger, als man sich vorstellen kann. Es verbirgt die vagabundierenden Erinnerungen wie ein verschlagener Verbrecher seine Beute. Wie ein Krimineller befaßt es sich —

unbemerkt vom mittleren Selbst, wenn dieses in der Nacht schläft — mit seiner übel erworbenen Beute, sucht sie zu sortieren und selbst zu rationalisieren, jedoch in seiner eigenen illogischen Weise.

Durch die Bemühungen des Unterbewußtseins, die mißratenen Erinnerungen zurecht zu biegen, wird alles nur noch schlimmer. Verborgen im „schwarzen Sack", wo es seine Beute aufbewahrt, geht das niedere Selbst an die Arbeit, sortiert und vergleicht und kommt dabei zu allen möglichen irrationalen Schlußfolgerungen (Verstandeskraft, wie sie dem mittleren Selbst gegeben ist, besitzt das niedere Selbst ja nicht).

Es können dabei vagabundierende Erinnerungs-Gedankentrauben vom niederen Selbst mit *Aka*-Fäden an andere, normal miteinander verkettete, rationale Gedankenformtrauben angeknüpft werden, die die Erinnerung und Auswertung von Ergebnissen darstellen. Obgleich das mittlere Selbst sich unrationalisierte Erinnerungen nicht ins Gedächtnis zurückrufen kann, scheint es infolge solcher Verknüpfungen auf gewisse, mit den vagabundierenden Erinnerungen verbundene Ereignisse vielleicht so zu reagieren, als ob es von Sinnen sei. Es gibt dabei eine Vielzahl möglicher Reaktionsweisen, die einzeln oder gemeinsam auftreten können.

(1) Es kann jemand urplötzlich in Zorn geraten oder von unbegründeter Furcht oder anderen Emotionen gepackt werden, die unerwartet aus dem Inneren aufsteigen und so stark sind, daß er sie nicht zu beherrschen vermag.

(2) Vielleicht auch verliert er angesichts des vagabundierenden Erinnerungsfaktums die Gabe, normal, vernünftig oder so schnell wie gewöhnlich zu denken. Er empfindet plötzlich eine Erinnerungslücke, die bis an die Grenze der Amnesie reichen kann.

(3) Vielleicht stellt er sich gewisse Dinge plötzlich anders vor, als sie wirklich sind. So mag er in seinem Freunde vielleicht einen Feind sehen. Auch kann es vorkommen, daß er sich andern plötzlich überlegen oder von ihnen so bedrängt fühlt, daß ihn das ganze Leben nur wie eine Kette aus Trübsal vorkommt.

(4) Auch kann die Reaktion körperlicher Art sein; der Betreffende fängt an zu zittern oder zu zucken oder er wird für kurze oder längere Zeit hysterisch, blind, taub oder stumm.

(5) Vielleicht kommt es nicht zu äußerlich erkennbaren Reaktionen, sondern es entwickeln sich körperliche Krankheiten der verschiedensten Art. Unsere Ärzte wissen heute, daß ein Großteil der menschlichen Krankheiten darauf zurückzuführen ist, daß die Patienten mehr oder weniger stark in Schwierigkeiten der oben besprochenen Art verstrickt sind.

Zu den abnormalen physischen, mentalen, emotionellen oder gesundheitlichen Reaktionen tritt noch ein anderer wichtiger Faktor, den wir uns immer vor Augen halten müssen. Jeder Erinnerungstraube ist eine gewisse *Mana*-Menge zugeordnet, die automatisch verbraucht wird, oder „verpufft", wenn die betreffende Erinnerung durch ein Ereignis oder ein Wort berührt oder aktiviert wird.

Die meisten Gedächtnisfakten bringen das niedere Selbst kaum zur Emotion; sie verbrauchen daher bei der Erinnerung fast kein *Mana*. Emotionen sind die weitaus stärksten *Mana*-Verbraucher. Jeder hat sicher schon einmal die Wirkung eines emotionalen Sturmes an sich erlebt. Dabei können sich die Vitalkraftreserven manchmal bis zum körperlichen Kollaps erschöpfen.

Entstand eine vagabundierende Erinnerung durch ein Ereignis, bei dem das niedere Selbst aus Ärger, Furcht, Kummer oder Haß außer Kontrolle geriet, so wird fast die gleiche gewaltige *Mana*-Menge, die bei der ursprünglichen emotionalen Explosion verpuffte, beim Ablauf der Erinnerung erneut verbraucht. Konnte sich das mittlere Selbst nicht durchsetzen, als unter dem Einfluß der ursprünglichen Emotion das niedere Selbst wider alle Vernunft den Bissen erwischte und verschlang, so wird sich das gleiche — wenn auch vielleicht in milderer Form — immer wieder abspielen, wenn die betreffende Erinnerung aktiviert wird.

Wegen dieser *Mana*-Verschwendung ist ein Mensch, dessen niederes Selbst vor wirr miteinander verknüpften, vagabundierenden Erinnerungen kocht, chronisch erschöpft oder krank. Wir alle kennen Menschen, die wie vom Teufel besessen sind, die dauernd Gefühle des Hasses, der Furcht und des finsteren Argwohns hegen und — allen Argumenten zum Trotz — nahezu krankhaft an diesen meist vernunftswidrigen Emotionen hängen. In Wirklichkeit sind solche Personen in dem Maße psychotisch oder neurotisch, in welchem sie vom Durcheinander vagabundierender Erinnerungsfakten betroffen werden.

Jemand, der wenig vagabundierende Erinnerungsbilder in sich trägt, kann ziemlich gut durchs Leben kommen. Die meisten von uns wissen gar nicht, daß sie derartige belastende Erinnerungen mit sich herumschleppen; sie können sich meist nicht vorstellen, daß körperliche Krankheiten, „Pech", Ärger, Haß sowie unlogische „festgefügte" Ideen und Glaubensanschauungen mit solchen vagabundierenden Erinnerungstrauben in Zusammenhang stehen. Am allerwenigsten können sie einsehen, daß hier auch die Ursache für den Mißerfolg unserer Gebete zu suchen ist.

Leider wissen die meisten Menschen nicht, daß vagabundierende Erinnerungen die Ursache selbst kleiner mentaler Schwierigkeiten sind. Erst wenn es anfängt, ernst zu werden, stellen wir fest, daß wir „krank" sind; dann gehen wir zum Arzt, der uns an einen Psychologen oder Psychiater weitergibt. Wer in dieser Weise stark belastet ist, neigt dazu, mehr und mehr seines wertvollen *Manas* für Reaktionen auf seine vagabundierenden Erinnerungsgedankenformen zu binden und zu verbrauchen. Sinkt aber der *Mana*pegel, so verliert das mittlere Selbst mehr und mehr Kontrollgewalt über das niedere Selbst. Es kann dann zu einer ausgeprägten Geisteskrankheit kommen, die die Unterbringung des Betreffenden in einem Sanatorium für Geisteskranke erforderlich macht.

Steht das niedere Selbst unter dem Einfluß tiefsitzender Scham-, Schuld- oder Angstgefühle, oder ist es schwer belastet durch vagabundierendes Gedankengestrüpp, so scheut es sich vor dem Hohen Selbst. Die *Kahunas* kannten drei Stufen solcher Trennungszustände gegenüber dem Hohen Selbst; sie bezeichneten sie mit besonderen Worten:

(1) *Ino:* Andere verletzen, vorsätzlich böse und schlecht sein.

(2) *Hala:* Eine normale Menge vagabundierenden Erinnerungsgestrüpps besitzen, wodurch nur ein Teil der Handlungen oder Reaktionen abnormal wird. Das Wort bedeutet ferner: den einzuschlagenden Pfad verfehlen. Dieser „Pfad" ist die *Aka*-Schnur; wer ihn verfehlt, bei dem weigert sich das niedere Selbst, das Gebet zum Hohen Selbst emporzutragen. Das angestrebte Ziel wird also verfehlt.

(3) *Hewa:* Einen Fehler machen; falsch denken, handeln oder reagieren; in gewissem Grade geistig verwirrt sein; vergessen. Auch dieses Wort bedeutet — ebenso wie *hala* — den richtigen Pfad verpassen.

Die Symbole, mit denen die *Kahunas* auszudrücken pflegten, was uns vom Hohen Selbst scheidet — das nicht rationalisierte Erinnerungsgestrüpp nämlich mit seinen vielen *Aka*-Fäden —, finden sich allenthalben in der Bibel: Hier nur einige Beispiele: Dornen und Disteln (Gott ließ sie nach dem Sündenfall und der Vertreibung aus dem Garten Eden aus der Erde wachsen, die er Adam zu bearbeiten hieß), der Drachen, die Schlange, wilde Bestien, besonders den Löwen; Fallstricke aus Schnur, Kordel oder Seil (Symbol der *Aka*-Schnur und des Gestrüpps vagabundierender Erinnerungen („Sünden"), die den Menschen versuchen, einfangen oder sonstwie verhaftet halten); „Steine des Anstoßes"; ein Kreuz jedweder Gestalt. All das symbolisierte die Fixationen und Besessenheitszustände, die vagabundierenden Erinnerungen, über die wir zu Fall kommen.

Sind viele vagabundierende Erinnerungen vorhanden, so „blockieren sie den Pfad", den „Weg" oder die „Straße". (Ein gerader Weg oder eine glatte, gestraffte Schnur ist das Symbol des „geöffneten Pfades". Ein krummer Weg oder eine verwirrte, schlaffe Schnur symbolisiert eine völlig oder teilweise blockierte *Aka*-Schnur, die nur selten vom niederen Selbst auf Geheiß des mittleren Selbstes aktiviert wird, um dem Hohen Selbst ein Gebet emporzusenden.)

Auf den Wegen, die zum Tempel führten, stellten die *Kahunas* hölzerne Kreuze in Gestalt eines X auf. In der HUNA-Lehre war dies das Zeichen eines Tabus. Der Tempel selbst bedeutete den „Platz des Allerhöchsten". Das Kreuz am Wege warnte Unreine weiterzugehen. Später werden wir über die Symbologie einer anderen Kreuzesform sprechen.

Staub oder feinste Schmutzpartikelchen symbolisieren Gedankenformen ebenso wie Samenkörnchen. Im Falle von vagabundierenden Erinnerungen aber erscheinen solche feinen Schmutzpartikelchen als etwas, durch das man unrein wird, durch das die Hände und besonders die Füße schmutzig werden. Man muß davon gereinigt werden, bevor man durch die Vermittlung des niederen Selbstes beim HUNA-Gebet vor das Hohe Selbst treten kann (das Wort HUNA bedeutet sowohl „Geheimnis" wie auch „feine Staubpartikelchen". Das beweist, wie hoch die alten *Kahunas* das Verständnis der Gedanken-Formen einschätzten. Zu Trauben verbunden wirken sie symbolisch als „Saat" des Gebetes; doch können sich auch andere Trauben aus vagabundierenden, nicht rationalisierten Erinnerungen formen, die den Menschen von seinem Hohen Selbst abschneiden).

Netze verschiedener Art werden oft als Symbol benutzt, weil ihre Schnüre wie assozierte Erinnerungsfakten maschenartig miteinander verbunden sind. Zuweilen stellt der im Netz gefangene Fisch die Erinnerungen dar, die aufgefangen werden. Der Fisch eignet sich vorzüglich als Symbol, weil er normalerweise verborgen, schwer zu finden und zu fangen ist. Wenn er aber an die Oberfläche gebracht und ohne Wasser, „*Mana*", gelassen wird, so geht er ein (der rationalisierte, d. h. vernunftmäßig durchleuchtete Gedanke wird harmlos gemacht).

Eis, Schnee oder Kälte symbolisieren das in den abnormalen Erinnerungen gebundene *Mana*. Gefrorenes Wasser ist fest (es kann also, symbolisch gesehen, nicht mehr fließen). Festgefügt und starr sind auch die Glaubensinhalte und Ideen in den abnormalen Erinnerungen, an denen das niedere Selbst des Betroffenen eigensinnig festhält, trotz aller Vernunftsgründe, die ihm das eigene mittlere Selbst oder andere Menschen entgegenhalten.

Befällt einen Menschen Zittern, läuft es ihm kalt über den Rücken, schüttelt er sich vor Furcht, so bedeutet das, daß der Betreffende von seinem Erinnerungswirrwarr gefangen gehalten wird. „Die Furcht des Herrn" veranlaßt den Versuch des niederen Selbstes, sich der elterlichen Bestrafung zu entziehen, indem es sich weigert „vor das Angesicht des Herrn", vor das eigene Hohe Selbst, zu treten; dabei durchdringen oder vertreten sich gegenseitig Furcht-, Schuld- und Schamgefühle.

Was also die Erfüllung unseres Gebetes verhindert, ist kurz gesagt die nicht rationalisierte Erinnerung, die wir „Komplex" oder Fixation nennen, sowie das Schuldgefühl, das aus der Sünde der Verletzung anderer resultiert.

Hören wir auf, andere zu verletzen! Machen wir die Verletzungen, die wir anderen antaten, wieder gut! Das ist ja für die meisten von uns verhältnismäßig einfach.

Schwieriger ist es, das Erinnerungsgestrüpp an die Oberfläche zu bringen, es zu rationalisieren und zu entwirren.

XVI

DER BLOCKIERTE PFAD

Bei der HRA-Arbeit beschäftigte uns auch das Problem, die *Aka*-Schnur, den „Pfad" zum Hohen Selbst, durch Bewußtmachung und vernunftmäßige Durchleuchtung verwirrter Erinnerungs-Gefüge von Blockierungen zu befreien. Dabei begannen wir mit dem Studium der modernen Erkenntnisse über das, was Freud als „Fixationen" bezeichnete und was die späteren Psychologen „Komplexe" nannten (Es ist bekannt, daß Freud unnachgiebig die Theorie verfocht, der instinktive Sexualdrang sei die Ursache aller Schwierigkeiten des „Unbewußten". Bei einer weiteren Fassung seines Begriffes der Fixation ist es aber durchaus möglich, darin auch die Verwirrung von Gedächtnisinhalten mit zu erfassen).

Freud definierte die „Fixation" etwa so: „Ein Instinkt oder eine Instinkt-Komponente bleibt im Zuge des normalen Entwicklungsganges auf einer weniger entwickelten, relativ infantilen Stufe zurück. Der betreffende libidinale Strom verhält sich dann im Vergleich zu späteren psychologischen Strukturen so, als ob er zum Unbewußten gehöre, d. h. als ob er verdrängt sei". Wir werden von nun an diese Ausdrücke wechselweise verwenden, um das zu bezeichnen, was in der HUNA-Phraseologie als Hindernis oder „Stein des Anstoßes" bezeichnet wird. Unter „Rationalisieren" wollen wir eine ratio-mäßige Durchleuchtung oder Analyse verstehen, eine Maßnahme, durch die etwas „vernünftig" gedeutet wird.

In dankbarem Gedenken an Freud und die Psychologen, die in seinen Fußspuren an der Erforschung des menschlichen Gemütes arbeiteten, muß eines hier gesagt werden. Hätten sie nicht den unbewußten Teil des Gemütes unterhalb der Bewußtseinsschwelle postuliert, hätten sie nicht entdeckt, daß dieser unbewußte Teil der menschlichen Seele unvernünftige Erinnerungen bergen kann, die viele Gemütsleiden, körperliche Krankheiten und Abnormitäten verursachen, wir wären heute vielleicht nicht imstande gewesen zu verstehen, was die *Kahunas* unter den „Von innen her Zehrenden" verstanden und welcher Sinn sich hinter den symbolischen Worten der biblischen *Kahunas* verbarg, wenn sie von Hindernissen, Steinen des Anstoßes, Disteln, Dornen, Schlangen und geheimen Sünden sprachen.

Es ist übrigens interessant, daß die ersten Missionare in Hawaii zwischen 1820 und 1860 nie haben verstehen gelernt, daß das unterbewußte oder niedere Selbst vom mittleren und Hohen Selbst verschieden ist (obwohl es damals noch *Kahunas* gab und diese sogar bestrebt waren, die Missionare in der HUNA-Lehre zu unterweisen). Doch war damals in der westlichen Welt das Unterbewußtsein noch unbekannt. Die Schwierigkeit ist also durchaus verständlich (Die *Kahuna*-Worte für die drei verschiedenen Selbste waren *Unihipili*, *Uhane* und *Aumakua*. Das beste, was die Missionare unter den damaligen Umständen bei der Zusammenstellung des Wörterbuches tun konnten, war also, die drei Worte einfach als „eine Art Geist" zu erklären).

Glücklicherweise hatte man den Komplex schon erkannt, bevor ich mich ernstlich mit der HUNA-Lehre beschäftigte. Die Realität der Fixation ist heute längst erwiesen. Zwar gingen die Kahunas bei der Beschreibung des Aka-Fadens, der

Struktur der Gedankenform und des Zusammenhangs zwischen *Mana* und Komplex viel mehr ins Detail, doch ist die moderne Ansicht über dieses Gebiet ziemlich ähnlich.

Freud war Mediziner. Er interessierte sich für Patienten, die mit neurotischen oder psychotischen Symptomen und oft damit zusammen auftretenden Symptomen körperlicher Krankheiten oder abnormaler Muskelfunktionen zu ihm kamen. Mit der Zeit entwickelte er daher eine Behandlungsmethode, deren Erfolg darauf beruhte, daß man den im Unterbewußtsein (niederen Selbst) festgehaltenen Komplex fand und sein vernunftwidriges Gedankengewirr im Lichte einer vernunftmäßigen Besprechung auflöste und entwirrte. Das Unterbewußtsein erwies sich als störrischer Geheimniskrämer. Es sperrte sich dagegen, fixationsgebundene Erinnerungsfakten auf die gleiche Weise ins Bewußtseinszentrum zu liefern, wie normale Erinnerungen. Dabei nutzten einladende Aufforderungen ebensowenig wie die Ausübung von Zwang oder die Anwendung von Suggestion oder Hypnose. So sah sich Freud schließlich weitgehend auf die Beobachtung der Träume seiner Patienten angewiesen sowie auf die sorgfältige Untersuchung der Begleitumstände ihrer Reaktionen, weil er dadurch vielleicht Hinweise auf das Vorhandensein von Fixationen im Unterbewußtsein erhalten konnte.

Mit seinen Mitarbeitern und Schülern stellte Freud eine Liste symbolischer Beziehungen auf, die den Zusammenhang zwischen Traum und Komplex erweisen sollten. Wenn z. B. jemand von einem dickbauchigen Ofen träumte, so sollte das bedeuten, daß das Unterbewußte symbolisch an die Gebärmutter dachte, aus der er geboren wurde. Man glaubte, daß jeder, gleich woher er kommt, in seinem Unterbewußtsein über nahezu identische Traum-Symbole zur Bezeichnung der gleichen Dinge und Erfahrungen verfügt. Die Argumente, die man zur Stützung dieser etwas unnatürlichen Behauptungen benutzte, waren nicht allzu überzeugend, und der Einfluß der Suggestion — wenn man ihr bei der Traumuntersuchung auch nur geringe oder keine Bedeutung zuschrieb — wurde selten gebührend berücksichtigt.

Da Freud sich nicht davon abbringen ließ, daß sexuelle Versagungen die Wurzel der meisten Fixationen seien, sahen sich spätere Forscher gezwungen, in vielen Punkten von der Freud'schen Auffassung abzuweichen. Jung und andere kamen mit weiteren Theorien und brachten das Überbewußtsein stärker ins Bild. Die Freud'schen Methoden aber blieben mehr oder weniger allgemein in Brauch. Die Träume wurden auch weiterhin überwacht, aufgezeichnet und nach Hinweisen auf im Unterbewußtsein verborgene Gedankengebilde untersucht. Stellten sich nur wenige Träume ein oder lagen sie zeitlich weit auseinander, so benutzte man die Methode der „freien Gedanken-Assoziation" des Patienten. Dieser lag dabei körperlich entspannt auf einem Ruhebett und sagte dem Arzt oder Analysanden, was für Gedanken automatisch als Assoziation in ihm auftauchten, wenn bestimmte Gegenstände, Personen, Orte oder Ereignisse erwähnt wurden. Die Methodologie wurde erweitert durch das freie Spiel der Phantasie, indem z. B. Tintenkleckse gemacht wurden und der Betrachter dann sagen mußte, was für Bilder er darin erkenne.

Später kam es zu einer eigenartigen Ausweitung der Behandlung. Der Arzt oder Psychologe schuf einen künstlichen Komplex; er dachte sich eine mögliche Situation aus, die, falls sie wirklich eingetreten wäre, beim Patienten eine Fixation hätte verursachen können. Dann setzte man dieses Ereignis mit zwingender Überzeugungskraft in Beziehung zum Patienten und machte ihn glauben, daß diese Situation tatsächlich stattgefunden habe, und — was noch wichtiger war — daß sie für den ursprünglichen Komplex und die abnormalen körperlichen oder mentalen Reaktionen verantwortlich sei. Wie stark der Suggestionsfaktor bei dieser Behandlungsmethode war, wurde nur selten mitgeteilt; doch man kam häufig zu guten Ergebnissen.

Einer der Nachteile dieser Methode war, daß man zuviel Mühe darauf verwandte, den Komplex zu finden und daß zu wenig geschah, um den Patienten zu einer Erneuerung und Korrektur seiner Gesamthaltung gegenüber dem Leben und den Mitmenschen zu bringen. Auch scheint man nie daran gedacht zu haben, daß die Auffindung des Komplexes oft durch falsches Denken des mittleren Selbstes verhindert wird. So konnten z. B. viele Haß- und Angstgefühle des Patienten auf seinen falschen Gedanken über Menschen, Dinge, Religion usw. beruhen. Solche Sachverhalte mußten also studiert und falls nötig korrigiert werden. Allzu oft machte der Arzt den Fehler, in den anscheinend unlogischen Haß- und Furchtgedanken nur die Auswirkungen eines Komplexes zu sehen, wohingegen in Wirklichkeit vielleicht die anerzogene Lebensweise und die daraus resultierende Erfahrung des Patienten als Ursache anzusehen waren.

Der größte Fehler des Systems aber war, daß man nicht klar genug die Notwendigkeit begriff, die Moral des Patienten zu bessern. Die Mentalstruktur des Menschen ist ein auf Sand gebautes Haus, solange der Betreffende nicht erkennt, daß Neid, Gier, sinnloser Ärger und Unehrlichkeit falsch sind und gegen das Wohl seiner Mitmenschen verstoßen. Auch erkannte man nicht richtig, welche Rolle das Schuldgefühl spielt, ob es nun in einem Komplex im Unterbewußtsein wurzelte oder ob es vom niederen und mittleren Selbst geteilt wurde, besonders wenn das vage Etwas, das wir „Gewissen" nennen, den Patienten bedrückte.

Freud sah sich gezwungen, das „Gewissen" als einen wichtigen Faktor bei der Melancholie anzuerkennen. In diesem Zustand leidet das Individuum nach der Ansicht von Freud unter einer allzu strengen Bestrafung seitens seines Gewissens, das in diesem Falle einer Peitsche in den Händen des „Super-Ego" gleicht. Das Super-Ego, auf das Freud bei der Untersuchung seiner Patienten stieß, hatte für ihn keinerlei Ähnlichkeit mit dem Hohen Selbst. Er hielt es vielmehr für das Ergebnis des Druckes moralischer Lehren, durch die unterbewußte Triebe unterdrückt worden waren. Das Super-Ego war nach Freuds Ansicht ebenso zu bedauern, wie der Einfluß der Religion.

Viele praktizierende Psychoanalytiker folgen heute lediglich den Freud'schen Prinzipien, ohne die späteren wertvollen Arbeiten Jungs in Betracht zu ziehen, der auch den religiösen Impuls des Menschen gelten läßt. Diese Ärzte sind offenbar dem Materialismus der Wissenschaft verhaftet und scheuen sich daher, Theorien aufzustellen, die auch nur im entferntesten an geläufige religiöse Glaubensinhalte erinnern. Die meisten von ihnen setzen Religion mit verworrenem Denken und Konfusion gleich. Andererseits wiesen die Vertreter der Kirchen darauf hin, daß die Bibel weder das Unterbewußtsein noch den Komplex erwähne; und viele Vertreter der Religion nahmen das in neuerer Zeit zum Anlaß, die Psychoanalytiker anzugreifen.

Es hat sich ein ganz sonderbarer Zustand entwickelt. Der Analytiker weiß, daß viele Fixationen, die er zu behandeln hat, auf falschen religiösen Lehren beruhen — z. B. auf der Furcht vor der ewigen Verdammnis. Die von der Psychoanalyse erzielten Resultate sind aber so langsam und unsicher, daß viele Psychoanalytiker dazu übergegangen sind, bei der Behandlung des Patienten von dessen religiösen Glaubensansichten und seinem Glauben an Gott geradezu Gebrauch zu machen. Einen glücklichen Mittelweg haben in dieser Hinsicht einige Kirchen gefunden, indem sie Kliniken zur Behandlung ihrer Angehörigen schufen und dort neben religiösen Beratern auch Psychiater und Psychologen einsetzen.

Was aber weder der Analytiker noch der durchschnittliche Kleriker anerkennt, ist der Einfluß von Fremd-Geistwesen bei seelischen Anomalien. Dieser Einfluß kann so geringfügig sein, daß er fälschlicherweise für des Patienten natürliche Anlage gehalten wird; in anderen Fällen aber ist er vielleicht stark ausgeprägt, wird aber nicht als das erkannt, was er ist. Selbst in Fällen völligen Irrsinns — wo der Besessenheitseinfluß so klar zu Tage tritt, daß man offiziell von „Besessenheits-Wahnsinn" spricht — wird seine wissenschaftliche Einstellung dem Psychiater nicht erlauben, auch nur einen Augenblick an die Möglichkeit der Einwirkung von Geistwesen zu denken. Merkwürdig ist nur, daß sich in diesem Punkte die meisten Kirchenvertreter auf die Seite der Wissenschaft stellen, obwohl die Bibel voll ist von Hinweisen auf böse Geister und Dämonen, die körperliche und Geisteskrankheiten verursachten. Trotz aller Mängel und Einschränkungen aber muß zugegeben werden, daß doch viel gute Arbeit zum Nutzen vieler Menschen geleistet wird und daß schon die Auffindung und Entfernung von Komplexen oft wesentliche Besserung und Erleichterung bringt; allerdings ist leider auch festzustellen, daß der Fortschritt auf diesem sehr eng umrissenen Feld geradezu schmerzlich langsam vonstatten geht.

Infolge dieser wenig befriedigenden, langsamen und ungewissen Arbeit der Psychoanalyse und angesichts des fast völligen Versagens der Kirche, durch das Gebet Heilung des Geistes zu erzielen, kam es vor Jahren zu einer merkwürdigen Revolte durch eine Anzahl von Amateuren. Sie lösten sich von den Lehren der professionellen Analytiker und Geistlichen und versuchten, die konservativen Theorien zu verbessern und neue, schneller wirkende und bessere analytische Methoden zu finden — von allem solche, die auch ein Amateur anwenden kann, um einem anderen zu helfen.

Ein hervorragender Vertreter dieser Revolutionäre war der Engländer L. E. Eeman, über dessen Entspannungs-Ströme wir in Abschnitt XIV schon sprachen. Er begann 1924 mit psychoanalytischen Versuchen; er schrieb darüber und kam zu einigen sehr interessanten Entdeckungen. Er entwickelte ein System zur Auffindung und Entfernung von Fixationen. Er nannte es „Myognosis" und berichtete darüber in Artikeln und Vorlesungen. Bekannt ist sein Buch „Co-operative Healing". Er zögerte auch nicht, die Religion und das Unterbewußtsein in seine Theorien einzubeziehen. Daher aber wurde seine Methode trotz ausgezeichneter Erfolgs-Demonstrationen von den akademisch geschulten Psychiatern kaum beachtet.

Die Revolte gegen die langsame und reaktionäre Psychiatrie sowie die Psychoanalytiker der Freud'schen Schule geriet Mitte 1950 in neue Kanäle durch den Laien L. Ron Hubbard, einen kriegsversehrten Verfasser wissenschaftlich-utopischer Romane. Ähnlich wie Eeman war auch Hubbard durch eigene Beschwerden zum Studium der Seele und ihrer Natur gekommen. Eine Zeitlang hatte er sich damit beschäftigt, neue Methoden der Geistheilung zu finden und auszuprobieren. Zu ihrer Begründung hatte er auch eine ganze Reihe von Theorien aufgestellt. Es ist schwer zu sagen, ob er damals wußte, daß sich in Amerika schon viele Leute von den alten Theorien und Therapien abgewandt hatten. Sobald aber sein Buch „Dianetics" erschien und eine gewisse Führerschaft in der neuen Richtung verriet, sammelten sich Hunderte suchender Menschen unter dem neuen Banner.

Vielleicht sprach „Dianetics" deshalb so viele Menschen an, weil hier eine Therapie für jedermann gegeben wurde, also nicht nur für Personen, die anerkanntermaßen geistig labil waren und unter Psychosen und Neurosen litten. Damals hatte sich die Theorie durchgesetzt, daß jeder mehr oder weniger mit „Engrammen" (etwas ähnliches wie der Komplex) behaftet sei und daß jedes Engramm einen Teil der geistigen Kräfte des Individuums binde. Wenn die Engramme — so folgerte man — gefunden, ans Licht gebracht und mittels der neuen Methode aufgebrochen würden, so stünde dem Betreffenden durch die Freimachung der bisher darin gebundenen Geisteskräfte ein weit größeres Reservoir geistiger Kraft zur Verfügung als bisher. Diese Erfolge sollten zudem in ganz kurzer Zeit zu erreichen sein. Man brauchte die neue Methode nur 40 — 50 Stunden lang anzuwenden. Für die Anwendung der Theorie war nichts weiter erforderlich, als daß zwei Personen das Buch sorgfältig lasen; sodann konnte einer den anderen „hören und prüfen". Tausende von Amateuren experimentierten bald mit der neuen Methode.

Nach einiger Zeit aber stellte sich heraus, daß die versprochene Freimachung geistiger Energien und die Heilung psychosomatischer Krankheiten bei weitem nicht in dem Maße realisiert werden konnte, wie man erwartet hatte. Offensichtlich war außer dem Lesen des Buches doch noch eine besondere Ausbildung oder Erfahrung vonnöten. Hubbard gründete daher Schulen, in denen Lernbeflissene sich gegenseitig prüften und wo man ihnen die richtige Anwendung der Methode aus erster Hand beibrachte. Der Bedarf an solchen geschulten Dianetic-Prüfern war inzwischen so stark geworden, daß der sechswöchige Kursus vielen als großartiger und einfacher Weg zu einem neuen Beruf erschien.

Auch einige HRA-Mitglieder wurden von den offensichtlichen Möglichkeiten der neuen Therapie beeindruckt. Manche versuchten, ihre Freunde zu prüfen und ließen sich von ihnen überprüfen. Andere suchten einen der neuen ausgebildeten Prüfer auf und stellten sich ihm für die Behandlung. Wieder andere besuchten selbst die Schulen und wurden Prüfer von Beruf.

In den HRA-Bulletins wurde die neue Therapie ausführlich besprochen; von Zeit zu Zeit erschienen dort Berichte über Erfahrungen mit der Hubbard'schen Methode. Diese Berichte waren zunächst ausnahmslos positiv, oft sogar enthusiastisch. Dann aber schlichen sich Zweifel ein. Man fühlte, daß die Dianetic-Methode nicht ganz hielt, was sie versprach. Mr. Hubbard war einer der ersten, der das merkte; er revidierte seine Theorien und Methoden zur Erinnerung an (oft sogar vorgeburtliche) Ereignisse, die, wie er glaubte, Engramme verursacht haben könnten. Mehrfach wurden neue Techniken angekündigt und durch Pressemeldungen bekannt gemacht.

Während Hubbard von Monat zu Monat neue Erkenntnisse vorbrachte, bauten andere Laien — meist solche, die beruflich als Dianetiker und Prüfer tätig waren — eigene Theorien aus und boten abgeänderte Therapien an.

Eine der neuen, von früheren Dianetic-Prüfern gegründeten Gruppen war die „Eidetics Foundation". Hier ging man von der Gestalt-Psychologie aus. Das Unterbewußtsein wurde nicht anerkannt und das Engramm, das so sehr an den Komplex erinnerte, durch andere Auffassungen ersetzt. Natürlich, wo es kein Unterbewußtsein gab, konnte es auch kein Überbewußtsein geben.

Die „E-Therapie" war ein Beitrag von A. L. Kitselman. Auch er hatte früher einen Prüferkursus mitgemacht. Doch hatte Kitselman die E-Therapie schon Jahre zuvor als Theorie formuliert. Aufgrund seines Religions- und Psychologie-Studiums glaubte er, daß „Gott" alles, was den Menschen an der Erreichung seines optimalen geistigen und körperlichen Zustandes hindere, von ihm nehmen könne. Dabei sei es völlig gleich, was sich der einzelne unter „Gott" vorstelle. Das göttliche Wesen bezeichnete er mit „E", um allen religiösen Auffassungen gerecht zu werden.

Dieses göttliche Wesen brauchte man nur im Gebete darum zu bitten, daß es eingreife und durch Änderung der psychischen Ursachen eine Veränderung der unerwünschten Umstände bewirke.

Es ist schwer, etwas über den Wert der neuen Theorien auszusagen, denn sie sind noch im Entwicklungs- und Versuchsstadium. Fortwährend ändern sich Theorie und Praxis, fortwährend prägt man neue Ausdrücke zur Kennzeichnung der neuen Ideen. Da die HRA-Mitglieder aber nur im wesentlichen feststellen wollten, ob schon bessere Methoden zur Freilegung des Pfades existierten oder in der Entwicklung seien, werden wir warten müssen, bis diese Methoden weiter gereift und erprobt sind.

Vom HUNA-Standpunkt ist festzustellen, daß — ebenso wie die Psychoanalyse — auch diese Methoden nicht die *drei Selbste* berücksichtigen. Das nach der HUNA-Auffassung außerordentlich wichtige *Mana* war völlig unbekannt. Einige der Methoden scheinen den Patienten veranlassen zu wollen, tiefsitzende, alte Haß- und Angstgefühle aufzugeben und dem Leben, der Umwelt und den Mitmenschen gegenüber eine bessere Haltung einzunehmen. Allerdings halten diese Bemühungen keinen Vergleich mit den entsprechenden kraftvollen Lehren der *Kahunas* aus. Außerdem bestand man nicht auf der Wiedergutmachung von Unrecht, das man anderen angetan hatte.

Daß Hubbard in neueren Artikeln vom Einfluß von „Dämonen" spricht, ist bemerkenswert. Auch die „Eidetics Foundation" arbeitet in dieser Richtung. Das ist ein wesentlicher Schritt vorwärts in Richtung auf die HUNA-Lehre und weg von den wissenschaftlichen Beschränkungen, die den modernen Psychiater bisher hinderten, solchen Überlegungen Raum zu geben.

Die Schöpfer der neuen Therapien scheinen sich vor den gleichen Fallgruben zu fürchten, die den christlichen Wiedererweckungs-Heilern schon so lange den Weg zum Erfolg versperrt haben. Diese nämlich hätten bis heute sicher die meisten Ärzte brotlos gemacht, wenn sie mehr Heilungen von Dauer hätten bewirken können. Jede Heilung aber, die nicht die Ursache des Leidens beseitigt — sei sie nun körperlicher oder psychischer Art oder das Ergebnis von Fremdgeist- Einflüssen — kann nur als vorübergehende Hilfe gewertet werden. Das aber können die Wiedererweckungs-Heiler nicht verstehen. Selbst die grundlegende Arbeit, dem Patienten zu helfen, sich von alten Haß- und Angstgefühlen, von Eifersucht und Neid, freizumachen, geschieht, wenn überhaupt, so nur in einer kurzen Vorbereitungsperiode, bevor mit dem eigentlichen Heilungsprozeß begonnen wird. Natürlich werden dabei die Komplexe weder erkannt noch beseitigt. Offenbar kann es so zu Heilungen kommen und oft kommt es auch dazu; wird aber der Komplex, der die Schwierigkeiten erstmalig verursachte, nicht beseitigt, so ist es nur eine Frage der Zeit, bis der Heileffekt sich „abschleift" und das Leiden — meist schlimmer als zuvor — wieder auftritt.

Mit einem sehr realen Beispiel dieser Art wurden die HRA-Mitglieder schmerzlich konfrontiert. Es handelt sich um den bereits geschilderten Fall des Herrn T. A. L., der von Frau R. durch telepathischen Kontakt und Gebet geheilt wurde. T. A. L. war nach der Heilung eine zeitlang von seinen Magenbeschwerden befreit; er konnte ohne jegliche Beschwerden wieder alles essen und war überzeugt, für immer geheilt zu sein. Plötzlich aber kehrten die alten Schwierigkeiten ohne Vorwarnung zurück, und er sah sich zu seiner großen Enttäuschung gezwungen, einen Arzt zu konsultieren. Jedenfalls ist eines klar: Solange nicht die *Ursache* eines Leidens beseitigt wird, kann die Heilung nicht von Dauer sein.

Auch die Prüfer der Dianetic-Methode machen mitunter die Erfahrung, daß ihre Heilungen von nur geringer Dauer sind. Das rührt daher, daß der religiöse Aspekt des Problems meist nicht stark genug zum Tragen kommt. Komplexe und der Einfluß von Geistwesen — gleichgültig, wie man sie nennt oder beschreibt — können nicht „geprüft" und beseitigt werden. Sie werden nur beiseite geschoben, wenn nicht der Patient endgültig bereit ist, die alte Lebensweise, bei der er anderen Schmerzen zufügte, aufzugeben und zu einer freundlicheren Lebensführung und zu größerer Hilfsbereitschaft überzugehen. Vor allem aber muß er mit seinem Hohen Selbst in Kontakt kommen und den Pfad offenhalten.

Eine geistige Therapie kann nicht vollständig sein, solange sie nicht den fast universellen Drang des Menschen berücksichtigt, ein höheres Wesen über sich anzuerkennen und verehrungsvoll zu ihm als der möglichen Quelle für Hilfe in Zeiten der Not aufzublicken. Die Psychologen streiten sich noch darüber, ob die Verehrung einer übergeordneten Macht nicht einem grundlegenden Instinkt des Menschen entspricht. Es ist durchaus möglich, daß dieser Instinkt ebenso real und drängend ist, wie der von Freud erkannte Sexualdrang, wie der Selbsterhaltungstrieb oder das Streben nach Macht und Anerkennung. Ich habe sogenannte Primitive gesehen, die selbstversunken, in andächtiger Bewunderung in die Betrachtung erhabener Schönheit vertieft waren; mit zwingender Überzeugung klang dabei ein impulsives Sehnen und Hinreichen nach etwas in dieser Schönheit an, das höher, wahrer, edler und reiner ist.

Der Mensch kann ohne Hoffnung nicht leben. Hat er selbst alles andere verloren, so kann er immer noch auf ein Überleben, auf ein zukünftiges Leben hoffen, solange er den Glauben an ein höheres Wesen in sich trägt, das ihn nicht verläßt. Jede Therapie, die nicht auf dieser Hoffnung aufbaut, ist dürftig. Man wird das mehr und mehr einsehen, je mehr die Psychiatrie in die Kirchen eindringt und sie bei der Heilung der kranken und bedrückten Gemüter unterstützt. Aber die psychiatrische Arbeit des geistlichen Amtes kann nicht komplett sein, solange nicht die Bedeutung der „Dämonen" der Bibel und der besitzergreifenden „von innen her zehrenden Begleiter", wie die *Kahunas* sie nannten, anerkannt und in Betracht gezogen wird.

XVII

STAMMEN FIXATIONEN AUS FRÜHEREN LEBEN? GIBT ES BESESSENHEITSZUSTÄNDE, DIE MAN NICHT MERKT?

Bei allen Arten der Psychoanalyse werden, wie gesagt, nicht nur die Träume des Patienten, sondern auch die Gedanken untersucht, die er in körperlich entspanntem Zustand zwanglos äußert; dabei ist es wesentlich, daß sich die Gedanken in freier Assoziation aneinanderreihen. Was dem Patienten in diesem Zustand durch den Kopf geht, könnte man Wachträume nennen. Sie werden ebenso analysiert, wie die Träume, die während des Schlafes auftreten. Man durchforscht sie nach Symbolen oder Hinweisen, die helfen könnten, die Erinnerung an die komplexbildenden Erlebnisse zu identifizieren.

Oft stellt sich der Patient Szenen, Leute, Orte und Erlebnisse vor und alles erscheint ihm fast so real, wie in seinen Nachtträumen. Er beschreibt das dem Analysanden genauso, wie er ihm den Inhalt seiner nächtlichen Träume erzählt. Wegen der Lebhaftigkeit seiner Eindrücke und weil sie oft so wirklichkeitsgetreu sind, ergab sich eine sehr interessante Frage: Handelt es sich bei solchen Wachträumen um Phantasiegebilde oder sind manche von ihnen Erinnerungen an Ereignisse und Umstände aus früheren Leben des Patienten?

Freud war der Ansicht, daß sowohl Nacht- wie Tagträume der besprochenen Art auf Einbildung beruhen und nichts mit Erlebnissen zu tun haben. Infolgedessen analysierte er beide als

„psychologische Strukturen" in der Hoffnung, darin versteckte Symbole zu finden, die ihm vielleicht Aufschluß über den Ursprung des Komplexes oder der Fixation geben könnten. Später, als Jung von den Freud'schen Prinzipien abrückte, erschien ihm diese Theorie als unzulänglich zur Klärung des wahren Sachverhaltes. Jung vertrat die Auffassung, daß jeder von uns durch die Gene einen Teil des „Rassengedächtnisses" erbt und daß man sich daher bei der Erinnerung an vermeintliche Ereignisse eigener früheren Leben in Wirklichkeit an Vorkommnisse aus dem Leben von Vorfahren der Rasse erinnert. Er nahm an, daß diese Erinnerungen allen Angehörigen der Rasse zugänglich sind, also keine aktuellen und individuellen Erfahrungen des jeweiligen Patienten darstellen. Diese Theorie scheint Jung sehr interessiert zu haben, denn er verwandte die letzten Jahre seines Lebens darauf, Legenden und mittelalterliche Schriften zu durchforschen, um die Bedeutung von Symbolen und Archetypen in der Geschichte der Rasse aufzuspüren.

In Vorträgen und Berichten glauben andere Analytiker beweisen zu können, daß Patienten sich an Ereignisse erinnerten, die sich in früheren Inkarnationen der Betreffenden abgespielt haben. Die Gesellschaften für Psychische Forschung haben in dieser Hinsicht grundlegende Vorarbeit geleistet und viele ihrer Mitglieder sind fest davon überzeugt, daß die Reinkarnation eine Tatsache ist, und daß manchmal Erinnerungen aus früheren Leben auftauchen. Hubbard vertritt in seinen neuesten Forschungen (Scientology genannt) den gleichen Standpunkt.

Betrachten wir kurz einige der neuesten und überzeugendsten Versuche, die sich mit der Frage nach früheren Inkarnationen und der Möglichkeit der Übernahme von Fixationen aus früheren Leben beschäftigten. Diese Versuche wurden um 1945 in England von einem berühmten Medium und einem bekannten Forscher unternommen. Geraldine Cummins arbeitete dabei mit Dr. R. Connell zusammen (Sie veröffentlichten ihre Ergebnisse in ihrem Buch „Perceptive Healing"*) Durch ihr mediales Wahrnehmungsvermögen stellte Frl. Cummins fest, daß eine Reihe eigenartiger Krankheiten und geistiger Absonderlichkeiten bei verschiedenen Mitgliedern einer alten englischen Familie auf Erinnerungen aus früheren Leben zu beruhen schien. Es handelte sich um eine jüdische Familie, und der größte Teil der aus früheren — insbesondere dem letzten — Leben mitgebrachten Erinnerungen bestand aus beängstigenden Eindrücken von schrecklichen Verfolgungen. Lassen wir die Autoren selbst sprechen:

„Dieser Bericht (der sich mit einem besonderen Ereignis im Leben eines Patienten befaßte) rechtfertigt die Auffassung, daß man bei der Beurteilung eines Menschen auch die Erinnerungen in Ansatz bringen muß, die er aus früheren Leben übernommen hat. Ohne auch sie zu kennen und zu bewerten, kann man kein endgültiges Urteil über den Betreffenden fällen. Die Ängste und Verfolgungen, die Nächte des Schreckens, die Folterkammern, die Gräber von Freunden und Verwandten, die man gegen alle Gerechtigkeit niederschlug — alle Erfahrungen solcher Art aus den Lebensabenteuern der Vorgänger, können unzweifelhaft aus der Vergangenheit her ihren Einfluß ausüben und die Handlungen derer, die in der Gegenwart stehen, stark mit beeinflussen. Das gilt besonders, wenn die Nachfahren unter einem — selbst kleinen — Schock oder Trauma analoger Art leiden. So kann z. B. ein Akt der Feig-

---

* Perceptive Healing, von R. Connell, M. D., F. R. C. P. I. und Geraldine Cummins. Psychic Book Club, 5, Bloomsbury Court, London W. C. 1, England.

heit im tiefsten Grunde veranlaßt sein durch einen schrecklichen, drängenden Zwang aus dem längst vergessenen Ur der Erinnerung, der, unerkannt und unerklärt, schon manchen Menschen dem Schimpf seiner Zeitgenossen anheim fallen ließ.

„Physische wie psychologische Eigenschaften werden vererbt; dabei werden sie modifiziert und manchmal verstärkt, je nachdem die Gene, die die Eigenschaften weitergeben, dominant oder rezessiv sind. Terrorhandlungen, die vielen von uns völlig unverständlich sind, reichen mit ihren Wurzeln vielleicht hinab zu längst vergessenen Greueln. Tote Hände greifen aus der Vergangenheit nach uns und formen mit an unserem gegenwärtigen Geschick. Ja, diese toten Krallenfinger greifen über uns hinaus in unsere Zukunft und verdrehen und verzerren unsere Entscheidungen und unseren Schicksalsablauf. Und wir blinde Anthropoiden glauben allzu oft, daß die Entscheidungen von uns selbst ausgehen, daß wir allein sie setzen, daß der Erfolg unseres Lebens ganz und gar von uns selbst geschmiedet wird. Und wir glauben auch, die Verbrechen und das Versagen der Anderen ohne Rücksicht verdammen zu dürfen."

Bei der Besprechung eines anderen Falles zeigen die beiden Autoren, wie durch schreckliche Erfahrungen eines Vaters die Reaktionen seines Kindes beeinflußt wurden.

„Man kann die heutige Agonie der menschlichen Rasse nicht betrachten, ohne zu versuchen, sich ihre Konsequenzen für die kommenden Generationen auszumalen." Dr. Connel erzählt, wie er nach dem ersten Weltkrieg einem Knaben ins Leben verhalf. Der Vater des Kindes hatte als Kriegsgefangener neun Monate in einer Kohlengrube gearbeitet. Während der ganzen Zeit mußte er untertage bleiben; das Tageslicht bekam er nicht zu sehen. Er litt unaussprechlich, körperlich und seelisch. Angst verfolgte ihn. Sein Sohn fürchtete sich bis zum zehnten Lebensjahre so sehr, daß er sich immer unter das Bett oder den Tisch verkroch, wenn Fremde oder selbst der Arzt zu Besuch kamen. Dem Kinde war ein schrecklicher Angstkomplex dominant angeboren; selbst mit zwanzig Jahren machte er trotz sorgfältigster Erziehung noch den Eindruck eines von Verfolgungsangst geplagten Menschen. Eine vier Jahre später geborene Tochter kam mehr auf die Mutter; sie war frei von dem unseligen Erbe des Vaters."

In einigen psychoanalytischen Schulen vertritt man die Ansicht, ein Embryo könne vom Augenblick der Empfängnis an zwischen den Eltern gesprochene Worte erspüren und später erinnern, besonders wenn die Gespräche stark emotional getönt waren und Schmerz verursachten. HUNA bietet dafür eine einleuchtende Erklärung.

Mit dem Embryo verbindet sich nur das niedere Selbst in seinem *Aka-* oder Schattenkörper. Das mittlere Selbst nimmt seine Arbeit erst einige Zeit nach der Geburt auf. Alle Worte und Eindrücke, die vor diesem Zeitpunkt liegen, können daher einzig und allein vom niederen Selbst erinnert werden; sie werden also nicht im prüfenden Licht der Vernunft des mittleren Selbstes betrachtet. Sie bleiben als blinde, verborgene Erinnerungen bestehen und können später zu eigenartigen Angstgefühlen und anderen mentalen Reaktionen führen. In fast allen derartigen Fällen scheint der durch solche Fixationen verursachte Aktionstrieb körperliche Krankheit auszulösen, falls ihm die Betätigung versagt und er selbst unterdrückt wird.

Im Falle des verängstigten Knaben kam man zu folgender Erklärung. Durch seine Gene erhielt er die mentale Charakteristik, die ihn im Falle bedrohlicher Ereignisse mit Angst reagieren ließ. Die wirkliche Ursache seiner Schreckenszustände kann durchaus von den grausigen Bildern herrühren, über die sein Vater mit starker Emotion der schwangeren Mutter berichtete. Da das niedere Selbst unlogisch ist, wirkten die Worte buchstäblich als Zwangsvorstellungen ohne zeitliche oder örtliche Bindung an die Ereignisse.

Eine weitere Möglichkeit, die sich uns beim Studium der *Kahuna*-Methoden aufdrängte, scheint von den meisten Forschern übersehen worden zu sein. Es können sich nämlich Geister Verstorbener an Lebende anheften und ihnen Erinnerungen an ihre eigenen irdischen Leben aufzwingen. Psychologen, die sich mit solchen Erscheinungen beschäftigten, haben die sich anheftenden Geistwesen als „abgespaltene" Teile des Geistes oder der Persönlichkeit des betreffenden Patienten klassifiziert. Unter hypnotischer Suggestion wurden die „Sekundär-Persönlichkeiten" (oder Geistwesen) an die Oberfläche gebracht, und man konnte sich mit ihnen unterhalten. Viele von ihnen haben eigene Erinnerungen an das Leben im Fleische und versuchen fast immer, die Menschen, die sie als Opfer wählen, zu beeinflussen, indem sie ihnen Gedanken, Emotionen und Impulse aufzwingen oder ihren Körper zur Nachtzeit auf Schlafwanderungs-Exkursionen mitnehmen. Oft erinnern sie sich ihrer Todesängste im irdischen Leben, ihrer Krankheiten, Schmerzen und Sorgen und versuchen, entsprechende Symptome oder Emotionen in den Menschen zu erzeugen, an die sie sich geheftet haben und aus deren Vitalkraft sie sich nähren und die nötige Willenskraft entwickeln, um eine Art hypnotischer Befehle zu erteilen.

Es scheint ganz natürlich, daß in solchen Fällen die Geister der Vorfahren eine Vorliebe für Nachkommen aus den folgenden Generationen haben und diese als Gast-Körper wählen. Ist das der Fall, so erklärt sich, warum oft Erinnerungen und Zwangsvorstellungen, die Lebenden aufgezwungen sind, als aus dem eigenen Selbst stammend empfunden werden und den Glauben auslösen, daß die Erlebnisse aus eigenen früheren Lebensdurchgängen stammen und nicht aus einem früheren Leben des anhaftenden Geistes eines Vorfahren.

Der moderne Psychiater ist durchaus vertraut mit den äußeren Erscheinungsbildern von Fremdgeisteinflüssen, beginnend mit sehr leichten und nur gelegentlich auftretenden Einflüssen bis zu Fällen völliger Besessenheit. Weil es für ihn aber absolut tabu ist, sich so unwissenschaftlichen Gedanken hinzugeben, daß es Geister, ein Überleben nach dem Tode oder die Möglichkeit geben könnte, daß Erinnerungen früherer Leben in ein späteres Leben mitgebracht werden, sah man sich gezwungen, die seit Jahrhunderten bekannten Symptome der Besessenheit durch Fremdgeister neu zu benennen, um sie katalogisieren zu können. Unter dem Stichwort „Besessenheit" tritt dieser Punkt im Freud'schen Wörterbuch der Psychoanalyse deutlich zu Tage:

„Besessenheit: Es handelt sich immer um Vorwürfe, die unter Verdrängung in transmutierter Form wieder auftauchen — Vorwürfe, die ausnahmslos mit einer lustbetonten sexuellen Tat in der Kindheit zusammenhängen. ... zwei Komponenten treten bei der Besessenheit auf: (1) ein sich dem Patienten aufzwingender Gedanke; (2) ein damit assoziierter emotionaler Zustand."

Freud weist also deutlich auf die „zwingende Kraft" eines Gedanken hin. Diesen verknüpfte er natürlich mit einem unterdrückten Sexualgedanken — obwohl er im Falle von Besessenheit sicherlich ebensogut dem Patienten durch einen

Fremdgeist aufgezwungen sein könnte. Auch weist Freud auf die mit Zwangsgedanken verbundenen Veränderungen des emotionalen Zustandes des Patienten hin. Doch bleibt die Frage offen, ob der Gedanke die Emotion weckte oder, was wahrscheinlicher ist, wenn er von einer Geistwesenheit herrührt — ob auch die Emotionen aus dem Fremdgeist stammen und nicht aus dem Patienten selbst. Die Handlungen und Begleiterscheinungen der Besessenheit schrieb Freud dem Unterbewußtsein zu, weil der Patient trotz Vernunft und Logik dem Drange, gewisse Dinge zu tun, nicht zu widerstehen vermochte.

In den Heilanstalten für Geisteskranke finden wir heute, (neben Fällen von Hirnverletzung durch Krankheit oder Gifte wie z. B. Alkohol) am häufigsten Fälle von Schizophrenie oder „Persönlichkeitsspaltung". Schocks, Streß, Strain, Fixationen — kurz alles, was das Individuum auf seiner geistigen und „Willens"-Ebene schwächt und ihm allzuviel *Mana*kraft entzieht — macht die Anwesenheit einer „Sekundär-Persönlichkeit" mehr oder weniger stark spürbar. Schockbehandlungen durch Elektrizität, Insulin oder andere Drogen sind landläufige Gegenmittel; sie sind für den Patienten zwar hart aber oft sehr wirksam (auch die *Kahunas* benutzten, wie erwähnt, *Mana*-Schockbehandlungen.)

Von den medizinisch geschulten Psychiatern hat meines Wissens nur einer die Besessenheit als das erkannt, was sie wirklich ist. Er distanzierte sich von den hindernden wissenschaftlichen Traditionen seines *B*erufes und schuf die Voraussetzungen für eine wirksamere Art, die „bösen Geister" oder „Teufel" auszutreiben, die schon den *Kahunas* Polynesiens bekannt waren und von denen in der Bibel so oft die Rede ist.

Dieser Mann war der Amerikaner Dr. Carl Wickland, der

in den letzten Jahren seines Lebens seine ganze Energie dem Studium der Besessenheit in all ihren Erscheinungsformen widmete. Natürlich fand er keine Anerkennung, ja man hörte ihn nicht einmal an. Dennoch aber hat er gewaltige Pionierarbeit geleistet und in vielen Fällen ausgezeichnete Erfolge erzielt. Seine Bücher enthalten eine Menge bedeutender Feststellungen, Theorien und Methoden. Sein bestbekanntes Buch ist „Thirty Years Among the Dead". Durch einen statisch-elektrischen Schock veranlaßte er das anhaftende Geistwesen, vom Körper des Patienten abzulassen. Dann brachte er das Geistwesen dazu, in den Körper seiner Frau (die als Medium wirkte) einzutreten. Dort sprach er mit ihm, und überredete es, den Patienten freizugeben; sodann übergab er es der Obhut guter Geister, damit es von ihnen umsorgt oder gezwungen werde, seine Wege zu ändern. Es war eine völlig unwissenschaftliche Methode, doch bewirkte sie viele Heilungen.

Die sich mit Heilung befassenden *Kahunas* waren entweder selbst geschulte Medien oder sie arbeiteten mit einem Medium zusammen. Sie hielten ständig Ausschau nach Geistwesen, die sich an Lebende herangemacht hatten und in gewissem Grade Krankheiten und Gemütsstörungen hervorriefen. Weil solche Geistwesen dem Lebenden in jedem Falle *Mana* entziehen, um sich selbst zu stärken, nannten die *Kahunas* sie „essende" oder „von innen zehrende Begleiter". Bei allen Heilungs-Behandlungen prüften die *Kahunas*, ob Fremdgeister mit im Spiele waren; war das der Fall, so entfernte man sie ebenso wie die Komplexe. Die Technik, deren man sich zur Entfernung übler Geister bediente, bestand in der gemeinsamen Anwendung einer sehr starken schockauslösenden *Mana*-Ladung und einer Art mesmerischer Suggestion. Auch wurde dem Hohen Selbst des behandelnden *Kahunas* für seine Mithilfe bei der Behandlung eine genügende Menge an *Mana* dargebracht. Immer wirkte auch die machtvolle Unterstützung des *Poe Aumakua* mit.

Die Komplexe und die üblen Geister, die „von innen Zehrenden", fielen in die gleiche Kategorie der Sünde wie Taten, durch die andere geschädigt werden, sowie Mängel der eigenen Lebensführung. Es ist wichtig, hier noch einmal festzustellen, daß alle diese Komponenten der Sünde im Grunde nur deshalb schlecht sind, weil sie bewirken, daß das niedere Selbst des Kranken, Gemütsgestörten oder Besessenen sich weigert, den Kontakt zum Hohen Selbst herzustellen. Diese Weigerung aber ergibt eine Blockierung des Pfades. Will man also Heilungserfolge erzielen, so ist es unerläßlich, den Pfad freizumachen, und dazu wiederum ist es erforderlich, die Umstände zu korrigieren, auf denen die Weigerung des niederen Selbstes beruht.

Viele Stellen des neuen Testamentes weisen darauf hin, daß die Austreibung übler Geister als ein Heilungsakt angesehen wurde. Nur wenig wissen wir von den Unterweisungen, die Jesus im ersten Teil seines Lebens erhielt; aber aus dem, was er später tat und lehrte, geht klar hervor, daß er ein *Kahuna* von gewaltiger Heilungsmacht war. Er heilte selbst und lehrte auch seine Jünger, als Teil ihres geistlichen Dienstes Heilungen zu bewirken. Jesu Lehren sind von größtem Wert für die Rekonstruktion der alten HUNA-Lehre. Er und seine Jünger wiesen mit Nachdruck auf die Bedeutung hin, die Fremdgeister bei Krankheiten haben können; und wo sie auf solche Geistwesen stießen, trieben sie sie aus, um den Leidenden Heilung zu bringen. Manchmal wurden diese üblen Geister „Teufel" genannt.

In der King James-Version des Alten Testamentes erscheint

das Wort „Teufel" nur viermal. Das hebräische Original verwendet dafür zwei verschiedene Ausdrücke, nämlich *sairim* und *shedim;* jeder von ihnen kommt zweimal vor und bedeutet (nach der revidierten Fassung der Bibel) Ziegenböcke, Satyrn und Dämonen. Im Gegensatz dazu aber war der Teufel ein gefallener Engel, war Satan der „Fürst der Finsternis". Man schrieb ihm eine Macht zu, die hinter der Gottes nur wenig zurückstand. Auch nannte man ihn „Widersacher" und „Versucher". Im Neuen Testament heißt es, daß Jesus mit dem Teufel gerungen habe, der als „Fürst der Finsternis" gekommen sei, ihn zu versuchen.

Gehen wir zurück zur älteren HUNA-Religion, so klärt sich die Verwirrung ein wenig. Dort finden sich schöne und wirksame Symbole, um grundlegende Ideen auszudrükken, angefangen von den großartigen, wenn auch unklaren Vorstellungen der Schöpfungstheorie bis zu den allgemeinen grundlegenden Auffassungen von den drei Selbsten des Menschen, von üblen Geistern, Sünden u. a. m.

Die Schöpfung des Universums wurde in der HUNA-Lehre symbolisiert durch den gigantischen Kampf zwischen Licht und Finsternis. Beide waren symbolisiert und personifiziert. Das Licht war die höchste Intelligenz, war das Gute. Der Finsternis fehlte Intelligenz und Erkenntniskraft; sie war die Trägheit, die Brutstätte und der Wohnplatz des Schlechten — kurz, all dessen, was dem Lichten und Guten widerstrebt.

Die personifizierte Finsternis wurde vom personifizierten Lichte überwunden; die Schöpfung war das Ergebnis. Damit aber war der Streit noch nicht beendet. Durch die unendlich lange Aufwärtsentwicklung alles Erschaffenen, einschließlich des Menschen, zieht sich der unentwegte Kampf zwischen Licht und Finsternis als der Konflikt der großen überschattenden Elementarkräfte; und Teile dieser Kräfte wohnen in den Herzen der Menschen und setzen dort den Kampf im kleinen fort. Die Finsternis bestand symbolisch aus vielen kleinen Teilen, die in schlechte Menschen und deren Geistwesen eindringen und sie beherrschen konnten; und solche Geistwesen blieben über den Tod des Körpers hinaus schlecht und erdgebunden. Das Licht hingegen wurde dargestellt als die Hohen Selbste, von denen jedem Menschen Eines zugeordnet ist, das ihm als Licht und Führer dient, damit er den Weg finde, der aus der Dunkelheit hinaus führt.

Die Bemühungen, von dieser Seite her die vielfältige Natur der Sünde zu erfassen, fanden wesentliche Förderung, als man daran ging, die Geschichte vom Garten Eden mit den sich dahinter verbergenden, verwirrenden Bedeutungen ins Polynesische zu übertragen. Die meisten Menschen sehen in dieser Geschichte eine Allegorie und keine Feststellung historischer Fakten über einen bestimmten geographischen Ort und bestimmte Menschen. Es ist die Geschichte von Jedermann, der aus seinem natürlichen Zustand des Kontaktes mit dem Hohen Selbste „fällt". Diese Geschichte findet sich nicht nur in den biblischen Schriften, sondern überall auf der Welt. Sie wurde in vielen Sprachen erzählt und in vielen Versionen weitergegeben. Sie war Gemeingut der Zivilisationen, die vor Jahrhunderten im Nahen Osten beheimatet waren. Es ist kaum zu bezweifeln, daß diese Geschichte von den alten *Kahunas* stammt; denn in allen Dialekten der polynesischen Sprache enthüllt sie HUNA-Geheimnisse, die keiner anderen Sprache oder Philosophie und keinem anderen Volke eigen sind.

Wie das Alte Testament berichtet, gab es im Garten Eden einen Baum, dessen Frucht Adam und Eva nicht essen durften. Die Schlange versuchte Eva, die Frucht zu essen; Eva überredete auch Adam, davon zu essen, und beide wurden aus dem Garten Eden vertrieben.

„Frucht" heißt in der polynesischen Sprache *hua;* die geheime Bedeutung dieses Wortes ist (1) dem Schlechten ergeben sein, (2) streiten, ärgerlich sein, jedermann beneiden. Die „Schlange" der Genesis (wie der Satan Jobs und der Drachen des Isaias und der Apokalypse) gilt als Symbol der ersten Ursache der Sünde, des Todes und des Schlechten — und damit des Widerstrebens gegen Gott, das Licht und das Gute. In der HUNA-Lehre sind sie „Sünden"-Symbole, und alle werden sie durch das Wort *moo* erfaßt. Dieses Wort bezeichnet jede Art von Reptil; daneben aber bedeutet es in der HUNA-Lehre „austrocknen", was wiederum das Wegnehmen und Verschwenden des „Wassers" des Lebens oder des *Mana* symbolisiert.

Die Schlange war daher ein Geist der gleichen Klasse, wie die sogenannten „zehrenden Begleiter". Denn sie stahl und verschwendete das *Mana* des niederen Selbstes und trocknete es — gemäß der Symbologie der HUNA-Lehre — aus. Die Schlange nun versuchte Eva. Das Wort für „versuchen" — *wale-wale* — bedeutet aber auch „verstricken", eine Falle stellen und „in einer Falle fangen". Das aber ist wichtig, um die HUNA-Bedeutung der Geschichte zu verstehen. Denn Schlingen, Fallen und Netze aller Art stellen in der HUNA-Lehre immer Symbole für die „essenden oder zehrenden Begleiter", für besitzergreifende Geistwesen oder Komplexe dar.

Aus der heutigen Botanik wissen wir, daß es zur biblischen Zeit den Apfel noch nicht gab. Erst viel später haben europäische Maler ihn bei phantasievollen Bildern des Gartens Eden gemalt. Die Genesis sagt nicht, daß der Baum Äpfel trug — es war nur von „der Frucht des Baumes der Erkenntnis" die Rede. Im Polynesischen aber kommt klar zum Ausdruck, daß die Geschichte auf ein tropisches Land zurück geht. Der Baum wird als Brotfruchtbaum geschildert und stand in der Nähe eines „Ohia-Baumes", was beides tropische Gewächse sind.

Ula ist das Wort für Brotfrucht. Dieses Wort hat erstaunlich viele HUNA-Bedeutungen; sie sagen direkt oder symbolisch über die Natur der „essenden Begleiter" aus sowie über das, was diese ihren Gastgebern zu tun aufzwingen. Diese Bedeutungen zeigen uns, was als die schwersten Sünden des Menschen angesehen wurde:

(1) „Mehr oder weniger stark von Geistern Verstorbener beeinflußt werden" (schlimmstenfalls von ihnen völlig besessen werden).

(2) „Wachsen, an Größe und Kraft" (das weist auf den Kraftzuwachs dieser Geistwesen hin, wenn sie ihren Opfern *Mana* entziehen und sie dadurch „austrocknen").

(3) „An Böswilligkeit und Schlechtigkeit wachsen" (sofern das Opfer solche Geister duldet und ihnen gestattet, sich von seinem *Mana* zu nähren, werden sie immer stärker und können ihre üblen Impulse dem Opfer immer kräftiger aufzwingen. Sie üben ihre Besessenheit und ihren Einfluß auf den Körper des Opfers immer stärker aus).

Der *Ohia*-Baum, der nach der polynesischen oder HUNA-Version der Geschichte neben dem Brotbaum stand, bekräftigt mit weiteren Bedeutungen die Aussagen des Wortes *ulu:*

(1) „Zwingen, nötigen, unterdrücken" (damit sind klar die Methoden und Fähigkeiten der begleitenden zehrenden Geistwesen in Bezug auf das Opfer umschrieben).

(2) „Listig, betrügerisch, schlecht, sündig und verdorben sein" (das kennzeichnet die Natur solcher Geistwesen).

Adams und Evas „Sünde" bestand darin, daß sie im Innern üble Gedanken hegten, die denen schlechter Geistwesen ähnlich waren. Sie waren mit diesen also gesinnungsgleich. Daher gestatteten die niederen Selbste der Frau und des Mannes solchen Geistwesen, sich an sie anzuheften. Sehr bald begannen die Menschen dann, deren schlechte Ideen und Impulse als ihre eigenen aufzunehmen. Deswegen wurden sie aus ihrem allegorischen Paradiese des sündelos Guten vertrieben; sie verloren den natürlichen, vollen Kontakt mit ihren eigenen Hohen Selbsten.

In der Genesis-Geschichte wird die Schlange verflucht. Adams Strafe war es, hinfort im Schweiße des Angesichtes arbeiten zu müssen; er mußte das Land bearbeiten, das Gott dazu verflucht hatte, ihm Dornen und Disteln zu tragen. Dornen und Disteln — wir erinnern uns — waren in der HUNA-Sprache Symbole für „zehrende Begleiter" oder Komplexe. (Die *Kahunas* scheinen gleiche Symbole für beide benutzt zu haben, weil beide zweifelsohne die gleichen Symptome bei ihren Patienten auslösten.)

Der Garten Eden versinnbildlicht den idealen und normalen Lebenszustand, bei dem der Pfad frei ist von den Blockierungen, die die HUNA-Lehre zum Begriff der „Sünde" zählt. Das Wort für Garten ist *kihapai*. Seine geheime Bedeutung ergibt sich aus den folgenden Wurzelwörtchen:

(1) *ki:* „Wasser spritzen" (symbolisch für die Aussendung einer starken *Mana*ladung längst des verbindenden *Aka*-Fadens zum Hohen Selbst. Das aber kann nur geschehen, wenn der Mensch in seinem idealen oder normalen Zustand ist, wenn also sein Pfad nicht durch „Sünde" blockiert ist).

(2) *pai:* „gebündelt sein; in Trauben vorkommen" (symbolisch sind das die Gedankenform-Trauben oder die Vor-

stellungsbilder der gewünschten Dinge. Im HUNA-Gebet werden diese Gedankenform-Trauben zusammen mit *Mana* längs der *Aka*-Schnur zum Hohen Selbst gesandt).

(3) *ha:* „schwer atmen" (symbolisch das Ansammeln einer besonders starken *Mana*-Ladung; denn gewöhnlich begleitet Tiefatmung eine solche *Mana*-Anreicherung).

(4) Die beiden Wurzelwörtchen *hapai* bedeuten „emporheben" (das weist symbolisch auf das Aussenden, das Hinaufheben der Gedankenform-Trauben zum Hohen Selbst hin).

Weiter spricht der Genesis-Bericht davon, daß Gott nach der Vertreibung von Adam und Eva aus dem Garten Eden „Cherubime mit flammenden Schwertern" östlich des Gartens lagerte, um den Weg zum Lebensbaum zu bewachen. Das Wort für „Schwert" ist *pahi*. Die Wurzelwörtchen *pa* und *hi* bedeuten „austrocknen" und „etwas säubern". Der geheime Sinn also ist, daß der durch den Garten Eden symbolisierte Idealzustand von den Hohen Selbsten gegen das Eindringen übler Geistwesen abgeschirmt wird. Diese werden davon abgehalten, Einfluß auf die Lebenden auszuüben; sie werden „ausgetrocknet", also daran gehindert, *Mana* zu erhalten. Im „Säubern" liegt auch die Bedeutung von „wegfließen, abfließen". Damit wird die erste Auffassung noch unterstrichen, weil *Mana*, das ja als Flüssigkeit symbolisiert wird, den Geistwesen entzogen wird, wenn sie es irgendwie in ihren Besitz gebracht haben sollten (wie z. B. bei der Besessenheit durch Entzug aus dem Körper des Opfers). Dem Hohen Selbst obliegt die Arbeit, die besitzergreifenden Geistwesen auszutreiben, sie schwach und harmlos zu machen. Der „Weg zum Baume des Lebens", den es zu hüten galt, war die *Aka*-Schnur; denn sie muß ja von Blockierungen freigehalten werden.

Von den *Kahunas* erfahren wir die große Wahrheit, daß wir unsere Fixationen mit ins Jenseits nehmen, wenn wir uns beim Tode nicht von ihnen befreit haben. Drüben aber belasten sie uns wie Mühlsteine und hindern uns, klar zu verstehen und in der normalen Weise auf dem vorgeschriebenen Wege der Evolution zur endgültigen Vollendung weiterzuschreiten. Fixationen und das unüberwundene Böse der menschlichen Natur verhaften uns an den irdischen Bereich und können möglicherweise dazu führen, daß wir selbst nach dem Tode zu „essenden oder zehrenden Begleitgeistern" werden.

Der Ursprung vieler Riten der katholischen Kirche kann auf die HUNA-Lehre selbst oder auf Quellen zurückgeführt werden, die dem Gedanken- und Glaubensgut der HUNA-Lehre entspringen, selbst wenn die Bedeutung dieser Riten zum großen Teil verloren gegangen ist. Die letzte Ölung ist ein solcher Ritus; die Katholiken wenden ihn in der Absicht an, dem Sterbenden eine letzte, endgültige Reinigung zuteil werden zu lassen. Der Ritus der Beichte und die Absolution sollten — richtig verstanden und angewendet — den Pfad des Individuums während seines Lebens von Fixationen freimachen (und freihalten), und den Geist des Menschen am Lebensende befreit, heil und ungehindert durch das Tor des Todes schreiten lassen. Auch kennt die Kirche den Ritus des Exorzismus, der Austreibung der „zehrenden Begleiter"; wobei man in allen Fällen „Weihwasser" verwendet. Doch weiß man heute nicht mehr, daß damit das Verlangen nach hohem *Mana* zur Reinigung versinnbildlicht wird und daß das Hohe Selbst Seine Arbeit nur tun kann, wenn Ihm dafür eine genügende Menge an niederem *Mana* dargebracht wird.

Seit Jahrhunderten gibt es in Tibet ein geschriebenes Ritual, das man oft das „Tibetanische Totenbuch" nennt, um es von dem besser bekannten „Ägyptischen Totenbuch" zu unterscheiden. Beide Schriften wollten dem Sterbenden helfen, den Übergang vom Leben zum Tode richtig zu vollziehen. In Tibet war es Brauch, daß ein Priester diese rituelle Anweisung dem Sterbenden vorlas. Die Lesung setzte man auch nach Eintritt des Todes noch eine Zeitlang fort; man war nämlich überzeugt, daß auch der Tote sie noch hören und daß sie ihm beim Eintritt in das „Bardo", das Leben nach dem Tode, nützen könne.

Beide Riten betonen die große Bedeutung eines richtig gelebten Lebens auf Erden. Der Zustand nach dem Tode wird als Fortsetzung des Lebens und der in ihm dominanten Neigungen angesehen. Sind diese Neigungen aber nicht gut, so nimmt man an, daß es auf der anderen Seite schnell zu Schwierigkeiten kommen kann; denn dort lauern schädliche Geistwesen, die den auf den niederen Ebenen des Jenseits festgehaltenen Geistern feindlich gesonnen sind. Wenn die Religion überhaupt Wahrheit enthält, so muß man schließen, daß der nachtodliche Zustand in hohem Grade vom moralischen Fortschritt während des Lebensdurchganges abhängt.

Nach hundert Jahren Grundlagenarbeit der Psychischen Forschung und dank vieler Beweise für das Weiterleben des Menschen nach dem Tode, können uns heute Besessenheit oder „zehrende Begleitgeister" nicht mehr als phantastisch anmuten. Die moderne Psychologie hat den Komplex und die Fixation wieder entdeckt. Die erschreckende Ausbreitung der Geisteskrankheiten und die schlecht beratene Behandlung, die man ihren Opfern heute in den meisten Anstalten zuteil werden läßt, machen — wenigstens in manchen Fällen — eine Untersuchung über die mögliche Mitwirkung besitzergreifender

Geistwesen dringend erforderlich. Die Psychiatrie hat bewiesen, daß manchen Menschen durch die Entfernung ihrer Komplexe die Gesundheit wiedergegeben werden kann. Warum sollten wir da nicht weitergehen und unsere Untersuchungen auch auf solche Patienten ausdehnen, die allem Anschein nach von fremden Geistwesen besessen sind?

XVIII

VERSCHIEDENE STÄRKEGRADE VON FIXATIONEN UND BESESSENHEITSEINFLÜSSEN.
MIT EINER TAFEL ZUR SELBSTPRÜFUNG

Vielleicht hat nun der Leser das Gefühl, man habe ihn in dunkle Tiefen sehen lassen, die ihn aber selbst gar nicht betreffen. Vielleicht betreffen ihn die dunkelsten Tiefen auch nicht. Es gibt aber, wie wir oben schon sagten, viele Grade von Dunkelheit, viele Gradstufen solcher Zustände, wie wir sie im vorigen Abschnitt besprochen haben. Aber selbst wenn man überzeugt ist, einen völlig klaren, unblockierten Pfad zu haben, ist es dennoch gut, sich darüber Gewißheit zu verschaffen. Schließlich aber sollten wir uns schon deshalb so genau wie möglich informieren, weil wir dann umso besser helfen können, wenn andere Hilfe brauchen und sich der Notwendigkeit dazu selbst gar nicht bewußt sind.

Im September 1952 wies der Psychoanalytiker Dr. Lawrence S. Kubie im Bulletin of the New York Academy of Medicine in einem Aufsatz auf die Notwendigkeit vorbeugender Psychiatrie hin. Er forderte, daß Ärzte wie Laien systematisch unterrichtet werden sollten, damit die Symptome fixationsbedingter Schwierigkeiten so früh wie möglich erkannt und behandelt werden können.

Dr. Kubie schildert den Fall eines 11-jährigen Mädchens, das von hartnäckigen Magenschmerzen befallen ins Krankenhaus gebracht wurde. Ein Internist stellte fest, daß die

Beschwerden offenbar durch mentale oder psychische Ursachen ausgelöst worden waren. Er empfahl daher, das Mädchen zur Behandlung einem Psychiater anzuvertrauen. Das geschah aber nicht, und die Magenschmerzen kehrten in den folgenden Jahren immer wieder. Bis zum 25. Lebensjahr hatte die Patientin neun Unterleibsoperationen über sich ergehen lassen und insgesamt 5600 Stunden ärztlicher Behandlung erhalten. Da die Ärzte immer noch keine körperliche Ursache für ihre Beschwerden gefunden hatten, ging sie schließlich zu einem Psychiater. Jetzt aber war es zu spät, den eingetretenen Schaden zu reparieren oder die hoffnungslos hypochondrische Patientin wiederherzustellen. Dr. Kubie stellt mit Nachdruck fest, daß es sich keineswegs um einen abnormen Fall gehandelt habe. Er illustrierte damit die Notwendigkeit der vorbeugenden Psychiatrie.

Mit einem einfachen Test, den Kubie den Ärzten an die Hand gab, kann man feststellen, ob ein Patient an psychiatrischen Schwierigkeiten leidet. „Solange ein Patient einen auf gesundem Menschenverstand beruhenden Rat annimmt und anwendet, ist er nicht sehr krank gewesen. Nimmt der Patient den Rat aber nicht an, dann ist der Betreffende krank und braucht schleunigst ärztliche Hilfe."

Zwar haben wir meistens von Krankheiten gesprochen, doch kann die Blockierung des Pfades sich auch in anderen gleichermaßen bedrückenden Schwierigkeiten auswirken. Was allgemeines Wohlbefinden, Lebensglück und Erfolg angeht, kann nichts so zerstörend wirken, als vom Hohen Selbst abgeschnitten zu sein und Seine Hilfe und Führung entbehren zu müssen. Für uns selbst und andere sollten wir alles tun, um zum vollen normalen Kontakt zu kommen und ihn zu erhalten. Ein Hilfsmittel zur Erreichung dieses Zieles ist die nachstehende Klassifikation. Sie soll einen Überblick über die Ursachen der verschiedensten Arten und Gradstufen der Blockierung des Pfades geben.

(1) Blockierungen, von denen wir wissen, daß wir sie vielleicht besitzen, Blockierungen, die auf unseren Haß- und Angstgefühlen, auf Gier und Intoleranz beruhen, von denen wir uns bei unseren Handlungen haben leiten lassen und die Schuldgefühle in uns erzeugen, weil wir wissen, daß unser Leben nicht so vollkommen ist, wie es sein müßte. Wir scheinen sie nicht ablegen zu können, diese Haßgefühle, diese Ängste und die anderen „Versuchungen", die uns hindern, dem Hohen Rufe und den religiösen oder moralischen Lehren zu folgen, die wir im Grunde als gut, richtig und vernünftig anerkennen.

(2) Die zweite Klasse von Blockierungen des Pfades zum Hohen Selbst umfaßt den Anteil, den das niedere Selbst durch die Art seiner Reaktionen an den gleichen Furcht- und Giergedanken und insbesondere am Schuldgefühl hat, das durch unser Nachgeben gegenüber den „Sünden"-Impulsen entstand. Weil das niedere Selbst ohne Logik ist, besitzt es wirre Fixations- und Komplexgebilde oder Gedankenform-Trauben von vielen Erinnerungen an Zeiten, wo der Betreffende haßte, sich fürchtete, gierig oder unfreundlich usw. war. Da wir alle von Natur aus dazu neigen, unsere Taten zu rechtfertigen, auch wenn wir innerlich wissen, daß sie nicht gut und freundlich waren, so greift das niedere Selbst alle Rechtfertigungen des mittleren Selbstes auf. Da es aber Schuldgefühle hegt, ist ihm das nicht genug; es arbeitet mit den Gedanken der Gier und mit den Erinnerungen an die unguten Taten weiter; tief im „schwarzen Sack" seiner Erfahrungen sortiert und sichtet es sie und versucht bessere Rechtfertigungen zu finden. Am Ende entstehen

Fixationsgestrüppe, die, wenn man sie tangiert, explosiv als emotionale Reaktionen und Antriebe an die Oberfläche kommen und uns zu schmerzbringenden Taten oder bitteren Worten veranlassen, die uns dann nur noch mehr Sorgen bringen.

Blockierungen solcher Art kommen oft schon zur Entladung, wenn unser Stolz, das Gefühl unserer persönlichen Bedeutung oder das Gefüge der falschen Argumente tangiert wird, mit dem wir das Unrecht zu rechtfertigen suchten. In diesem Zustand kann man im allgemeinen durch Selbstanalyse oder mit Hilfe eines Freundes die Ursache der Blockierung ins Bewußtsein bringen und den Pfad wieder freimachen.

(3) Die dritte Klasse umfaßt tief sitzende Fixationen, die nur mit Hilfe eines Arztes oder Psychoanalytikers zur Erinnerung gebracht werden können. Weit mehr als in den ersten beiden Klassen zeigt sich hier die Tendenz, daß unter dem Druck der Fixation körperliche Krankheiten entstehen. Findet das gereizte niedere Selbst in der körperlichen Krankheit nicht genug Entspannung, so können auch noch neurotische und psychotische Symptome hinzu kommen. Solche Fixationen können, wie schon gesagt, entweder aus früheren Leben, aus der embryonalen Phase oder aus der frühesten Kindheit herrühren; sie können aber auch durch psychische oder körperliche Schockwirkungen verursacht worden sein, bei denen sich das Erinnerungsgefüge verwirrte.

(4) Die vierte Klasse gilt nur in der HUNA-Lehre und in denjenigen Teilen der Bibel, die sich auf HUNA stützen. Die körperlichen und Geisteskrankheiten dieser Klasse beruhen auf dem Einfluß fremder Geistwesen. Die moderne Bezeichnung hierfür ist „Persönlichkeitsspaltung". Nach der HUNA-Lehre handelt es sich um Geistwesen, die sich an

Lebende heften und größtenteils vom *Mana* des Opfers leben. Solche Geistwesen sind imstande, dem Bewußtsein des niederen Selbstes ihrer Opfer zuweilen ihre eigenen Gedanken und vor allem ihre eigenen Emotionen oder Launen einzupflanzen.

Auch muß der körperlichen Ursachen leichter oder schwerer Gemütsleiden und Geisteskrankheiten gedacht werden. Gifte im Körper, Funktionsstörungen von Drüsen, Krankheiten des Gehirns oder des Nervensystem müssen vom Arzt behandelt werden.

Bei der HRA-Arbeit zeigte sich, daß manche der vielen Testkarten, die man heutzutage oft in Büchern oder Zeitschriften findet, gut gebraucht werden konnten, um festzustellen, ob Fixationen oder „essende Begleiter" vorhanden waren und in welchem Maße sie das Kolorit des Lebens bestimmten. (Tatsächlich wissen gerade solche Menschen, deren Pfad stark blockiert ist, am wenigsten von ihrem Zustand. Oft gehen eingefleischte Glaubensanschauungen oder Reaktionsweisen gegenüber bestimmten Ideen oder Situationen mit Fixationen Hand in Hand, sodaß es schwierig wird, den Zwang solcher Gewohnheiten zu brechen. Alle festen Gewohnheiten sollten daher genau, ja geradezu argwöhnisch überprüft werden.)

Allen Testkarten liegen ideale Reaktionsweisen gegenüber bestimmten Bedingungen und Situationen zugrunde, Reaktionsweisen, die sich erfahrungsgemäß als günstig für das Individuum, die Familie und die Gemeinschaft erwiesen haben. Vergleicht man die eigenen Reaktionen mit den in den Karten aufgeführten Reaktionsweisen, so läßt sich oft schnell erkennen, ob Fixationen vorhanden sind und inwieweit unser Denken und Handeln — aufgrund des Einflusses solcher Fixationen — von der idealen Norm abweicht. Aus verschiedenen Karten, die sich bei der HRA-Arbeit als wertvoll erwiesen haben, seien nachstehend die Hauptpunkte zusammengestellt.

ANHALTSPUNKTE ZUR SELBSTÜBERPRÜFUNG AUF FIXATIONEN, BESESSENHEIT UND GEWOHNHEITEN

(1) Beim normalen Menschen sind folgende charakteristische Eigenschaften mehr oder weniger ausgeprägt. Er glaubt an ein höheres Wesen oder eine höhere Macht und vertraut darauf, daß dieses höhere Sein über ihm wacht, daß es seine Gebete erhört, wenn er um die rechten Dinge bittet und daß seine Sünden durch gute Taten mehr als aufgewogen werden. Er ist stetig, mutig und vertrauend; er ist freundlich und denkt auch an andere. Er liebt und versteht seine Mitmenschen mitsamt ihren Fehlern; er bedauert deren Schwächen, ohne sie anzuprangern. Er hat ein gutes persönliches Verantwortungsgefühl; er liebt und sorgt für die Familie. Bei Aufgaben für die Gemeinschaft sucht er mehr als nur seinen notwendigen Anteil beizutragen. Er ist freundlich und schnell bereit zu lächeln. Er kann sich mit Menschen unterhalten und seine Ideen einfach und klar vortragen. Er neigt weder zu Grübelei und Selbstquälerei, noch zu Angst, Zweifelsucht oder Argwohn. Er kann sich auch in die Ansichten anderer versetzen, sogar bei Gesprächen über Politik oder Religion. Er ist ordentlich, tüchtig und gesund.

(2) Auf der nächsttieferen Stufe stehen Menschen, bei denen die vorgenannten normalguten Charakteristiken in verschiedenen Punkten kleine Mängel aufweisen. Vielleicht liegt ein allgemeiner Mangel an positiver Haltung bei

den meisten erwünschten und normalen Charakteristiken vor. Vielleicht ist die Intoleranz stärker ausgeprägt oder der Mensch ist stärker selbstbetont, besitzt weniger Interesse für Mitmenschen und neigt mehr zu emotionalen Ausbrüchen, zu Sorgen, Zweifeln, Eifersucht, Neid oder Argwohn. Vielleicht sind Selbstvertrauen oder Glaubenskraft nicht stark genug. Der Betreffende ist vielleicht in seinem Verhalten weniger stetig oder in seinem Denken zeigen sich leichte Verwirrungen, was zu gewissen Schwierigkeiten in der freien Konversation und der Erläuterung eigener Ideen gegenüber anderen führt. Auch ist vielleicht die Gesundheit nicht ganz in Ordnung.

(3) Auf der dritten Stufe ist die Abweichung vom normalen Idealzustand bereits schärfer betont. Einige Mängel treten klar hervor. Vielleicht sind es Knotenpunkte, an denen sich die Kräfte der stärksten Fixationen kreuzen. Wenn dann Ereignisse auftreten, die diese Fixationen tangieren, kommt es zu explosiven Reaktionen. Entweder erscheinen diese Reaktionen viel zu groß oder zu klein im Verhältnis zur „normalen" Reaktion auf die gleiche Situation oder das gleiche Ereignis. Der Betreffende äußert z. B. seine Liebe und Besorgnis um bestimmte Familienmitglieder entweder in sehr rührseliger, sentimentaler Art oder er zeigt sich ihnen gegenüber ungerechtfertigt hart, streng und ich-bezogen. Vielleicht beharrt er hartnäckig auf seinen Ansichten und bringt der Meinung anderer nur geringe Beachtung und Geduld entgegen.

(4) Auf dieser Stufe wird der klare Gedankenfluß (der ja vom geregelten Zufluß rationalisierter Erinnerungen abhängt) lückenhaft. Er wird unterbrochen durch abgeriegelte Erinnerungsfakten und Erinnerungen, die zum Teil mit Fixationen verknüpft und daher teilweise blockiert sind. Das Denkvermögen wird langsam und das Individuum kommt zu falschen

Schlußfolgerungen, wenn das zu Durchdenkende in auch nur geringem Maße emotional getönt ist. In diesem Zustand fehlt es an Vertrauen, und Zweifel tritt an die Stelle des Glaubens. Es kommt oft zu emotionalen Entladungen von Groll, Zorn und Rachegefühlen. Manchmal auch lebt so ein Mensch in einem dauernden Schwelzustand. Dadurch läßt die *Mana*-Bildung so stark nach, daß er dazu tendiert, die Gemeinschaft anderer zu meiden, nur noch über Weniges — und dabei stets in polemischer Weise — zu sprechen und im allgemeinen argwöhnig, abweisend oder stumpf dahin zu leben. Auch die Gesundheit leidet, und der Betreffende neigt dazu, Unfälle und Verluste zu erleiden, an denen dann immer nur die anderen schuld sind.

(5) Auf dieser Stufe überwiegen Fixationen die normalen Reaktionen. Die Emotionen entziehen sich weitgehend der Kontrolle. Das Selbstvertrauen sinkt auf den tiefsten Stand. Der Mensch spürt nicht mehr, daß ein höheres Wesen ihn schützt; er hat eher das Gefühl, auf immer verdammt, verworfen zu sein. Die ganze Welt scheint gegen ihn zu sein. Er ist ängstlich und macht sich oft selbstquälerische Sorgen über Dinge, die schon so weit zurückliegen, daß man sie ruhen lassen sollte. Seine Gedanken sind nicht anpassungsfähig; bei seinen Ansätzen zu Gesprächen neigt er dazu, seine fixierten Meinungen immer zu wiederholen. Solche Menschen können nicht einen Augenblick anders geartete Meinungen oder die Ansichten anderer rationell durchdenken. Selbst sorgfältig vorgebrachte, noch so vernünftige und überzeugend wirkende Argumente halten nicht lange vor und werden schon bald von den alten Feststellungen und Argumenten verdrängt. Menschen dieser Art bedauern sich selbst und sehnen sich nach Mitleid. Sie ziehen sich von den Menschen zurück, möchten

aber jemanden haben, an dessen Schulter sie sich ausweinen können und der sich solche immer wiederkehrenden Ausbrüche gefallen läßt. Solche Menschen haben viele rätselhafte Schmerzen und Beschwerden und ihre Kraftreserve ist so gering, daß sie sich ständig „erschöpft" fühlen. Andererseits können sie zuweilen Ausbrüche unbegründeter Heiterkeit, übertriebene Zuversicht und Wogen der Begeisterung zeigen, denen dann Depressionen auf dem Fuße folgen.

(6) Auf dieser Stufe ist das Individuum nahe dem Gefahrenpunkt. Die Versorgung mit *Mana* ist so gering, daß das mittlere Selbst nicht genug davon bekommt, um den „Willen" aufzubringen, das niedere Selbst unter seiner Kontrolle zu halten. Der Mensch nimmt in diesem Stadium nur noch an sich selbst und seinem eigenen Zustand Interesse. Aber selbst daran ist er nicht einmal allzu sehr interessiert. Die Zahl der realen oder eingebildeten Krankheiten, Schwierigkeiten und Fälle von Verfolgungswahn läßt sich kaum erfassen. Doch möchte der Betreffende nicht, daß man ihm hilft. Er möchte einfach nur allein gelassen werden, damit er in seinem bodenlosen Trübsinn, in seinen Haß- und Angstgefühlen schwelgen kann.

Die obige Klassifikation müßte natürlich tausendfach modifiziert werden, wollte man sie dem wirklichen Zustand eines bestimmten Menschen in Bezug auf seine Gesundheit, seine physischen und geistigen Begabungen, seine sozialen Umweltbedingungen, seine Erziehung, die besonderen Ereignisse seines Lebens anpassen, die ihm Gutes oder Schlechtes brachten. Die Verallgemeinerung soll hier nur dazu dienen, das Modell zu erläutern, auf dem sich die Klassifikation aufbaut.

Je höher ein Mensch auf der oben besprochenen Skala steht,

umso mehr kann er durch seine eigenen Bemühungen beitragen, sich von Fixationen zu befreien und umso kraftvoller werden seine Bemühungen sein. Je tiefer jemand steht, umso geringer wird sein Antrieb sein, sich zu ändern. Nach dem ersten schwachen Lichtblick von Verständnis und Enthusiasmus sagt er sich schon bald: Wozu das alles, ich schaffe es ja doch nicht.

Sorgsucht und all die kleinen Zweifel und Befürchtungen, Unsicherheit und Mangel an Vertrauen werden von den Psychiatern als Ängste bezeichnet. Die meisten von uns haben genug Komplexe, um einige solcher Symptome zu zeigen. Infolge solcher kleiner, fixationsbedingter Reaktionen haben wir gewöhnlich ein paar körperliche Krankheiten oder Beschwerden. So klein aber die einzelnen Fixationen sein mögen, können sie zusammengenommen doch ein beträchtliches Gewicht darstellen und uns hindern, beten zu wollen oder verhindern, daß unsere Gebete das Hohe Selbst erreichen.

Was die „zehrenden" Begleit-Geister angeht, so haben wir den Eindruck, als ob das, was wir aufgrund ihres Einflusses auf unser niederes Selbst tun oder nicht gut genug, nur teilweise oder gar nicht tun, aus unserem eigenen Unterbewußtsein käme. Abweichungen unseres Verhaltens vom oben umrissenen idealen Normalzustand können daher zum Teil auch auf den Einfluß eines oder mehrerer Fremdgeister zurückgehen, die wir durch unser Verhalten angelockt haben.

Setzen wir das Vaterunser mit den alttestamentarischen Quellen und den darin verborgenen HUNA-Bedeutungen in Beziehung, so erhalten wir statt „führe uns nicht in Versuchung, sondern erlöse uns von dem Übel" folgende Version: „Schütze uns vor den Fallstricken der Fixation und befreie uns von bösen Geistwesen."

XIX

FREILEGUNG DES SCHWACH BLOCKIERTEN PFADES

Immer wenn es experimentell festzustellen galt, wodurch im Einzelfall der Pfad beim Gebet blockiert wurde, prüften wir sorgfältig, ob tief eingewurzelte Denkgewohnheiten bestanden, die zu ändern sich das niedere Selbst sträubte. Prüft man seine Überlegungen ehrlich und mit gutem Willen, so ist man durchaus imstande, diesen Punkt allein zu beantworten. Denn Blockierungen lassen sich leichter ermitteln, als vagabundierende Erinnerungen und Komplexe.

Bei der Darbringung des HUNA-Gebetes erwies sich als häufigste Blockierung, daß in dem Augenblick, wo das Hohe Selbst hätte berührt werden sollen, keinerlei Emotion spürbar wurde. Von unserem Studium über den Glauben der *Kahunas* wissen wir, daß dort, wo sich nicht die geringste Spur von Enthusiasmus, Furcht oder Liebe zeigt — wo man also keinerlei emotionale Reaktion spürt — das niedere Selbst seine Mitarbeit versagt. Wir erinnern uns, daß das niedere Selbst bei seiner Arbeit Emotionen der einen oder anderen Art erzeugt. Es ist jenes aufquellende Gefühl, von dem wir gewöhnlich annehmen, daß es dem Bewußtsein, dem mittleren Selbst, entspringt. Wir sagen etwa leise zu uns selbst „Das möchte ich haben oder tun". Oder wir sagen: „Das möchte ich nicht". Alle Wünsche oder Abneigungen sind irgendwie emotional getönt, denn sonst handelt es sich weitgehend um automatische Aktionen. Jede Emotion hat ihren Ursprung im niederen Selbst.

Aufmerksamkeit kann den Emotionen gleichgesetzt werden. Ist das niedere Selbst nämlich interessiert, so wird es, was getan werden muß, gerne tun. Vielleicht gar läßt es sich durch die Wichtigkeit der Sache so stark beeindrucken, daß es auch an unerfreuliche und schwierige Aufgaben mit konzentrierter Aufmerksamkeit herangeht und sein Bestes zu ihrer Erledigung von Anfang bis zu Ende hergibt.

Es ist schwer, die Empfindungen zu fixieren, die aus dem niederen Selbst aufsteigen, wenn es rückhaltlos seinen Teil an einer Arbeit oder bei einem Unternehmen erfüllt. Beim Spielen zeigt es ein Gemisch von Enthusiasmus, Freude und Aufmerksamkeit. Auch Konkurrenzgeist oder der Wille zu jagen, zu fangen oder Angriffe anderer erfolgreich abzuwehren, mag noch hinzukommen.

Stellt sich beim Beten keinerlei Empfindung ein, so deutet das darauf hin, daß das niedere Selbst nicht mitmacht. Verschiedene HRA-Freunde aber hatten schwache Empfindungen, die Hinweise auf die Einstellung ihrer niederen Selbste gaben: So z. B. eine unbestimmte Angst oder eine plötzlich auftretende emotionale Aversion; vielfach stellte sich die Überzeugung ein, „daß alles doch keinen Sinn habe". In anderen, ebenfalls häufigen Fällen hatte man es weniger mit einem Gefühl als mit der Unfähigkeit zu tun, die Aufmerksamkeit des niederen Selbstes auf das festzuhalten, was gewünscht wurde. Die Aufmerksamkeit schien zu entschlüpfen, und zugleich traten andere Gedanken ins Bewußtsein — z. B. die Erinnerung an dringende Arbeiten oder Dinge, die man lieber getan hätte. Endlos war die Kette der Entschuldigungen, die das niedere Selbst vorbrachte, um nicht handeln zu brauchen. Da fühlte man sich plötzlich gedrängt, Freunde anzurufen oder sich Sorgen zu machen, daß in der Küche oder im Büro etwas falsch laufe. Ein HRA-Mitglied stellte fest, daß sich fast immer, wenn er das niedere Selbst dazu bringen wollte, den Kontakt zum Hohen Selbst herzustellen, ein intensiver Juckreiz einstellte, der die Aufmerksamkeit abzog. Das niedere Selbst erwies sich als äußerst erfinderisch und geschickt im Ausweichen.

Im Bemühen, den Schwierigkeiten auf den Grund zu kommen und herauszufinden, warum das niedere Selbst mit seiner Mitarbeit zurückhielt, stellten die HRA's die verschiedensten Versuche an. Dabei fand man, daß es am besten ist, wenn man sich durch den Pendel mit dem niederen Selbst bespricht. Mitglieder, die sich Zeit genug genommen hatten, um ihre niederen Selbste gut kennen zu lernen, erhielten durch einfache Pendel-Fragespiele bedeutungsvolle Informationen. Nachdem man zuvor die Konvention über die Bedeutung der Pendelausschläge festlegte, stellte man Fragen, die vom Pendel nur mit „ja", „nein" oder „unbestimmt" beantwortet zu werden brauchten. Aufgrund solcher Untersuchungen erfuhr man, daß die Hauptschwierigkeit darin besteht, daß gewisse charakteristische Glaubenseinstellungen im unlogischen niederen Selbst den Willen oder die Bereitschaft blockieren, beim Zustandekommen des Gebetes mitzuhelfen.

Eine HRA-Freundin erfuhr nach vielen solchen Fragen, warum sie das Gebet um Heilung von einem Leiden so große Schwierigkeiten kostete. Sie entdeckte nämlich, daß ihr niederes Selbst das Gebet nicht weitergeben wollte, weil es ihm zwecklos erschien. Diese Überzeugung begründete das niedere Selbst damit, daß schon so viele Gebete normaler Art ohne Erfolg geblieben waren. Diese eigensinnige Einstellung des niederen

Selbstes bekämpfte das Vertrauen, das das mittlere Selbst inzwischen zum HUNA-Gebet gewonnen hatte.

Glücklicherweise kann man das niedere Selbst durch Argumente und vernünftiges Zureden gewinnen, falls keine ernstlichen Fixationen den Pfad blockieren. In diesem Falle fand die Dame den richtigen Weg. Sie ging bis auf ihre Kindheit und den ihr anerzogenen Glauben an Gott zurück und schuf dann sorgfältig die Grundlage zu einer neuen Einstellung zum Gebet und zu einem Glauben von größerer Kraft und Tiefe. Der Bericht, den ich darüber erhielt, war eine einfache, leichte und sehr persönliche Unterhaltung mit dem niederen Selbst:

Glaubst du immer noch an Gott? (Das niedere Selbst antwortete mittels des Pendels:) — Ja.

Das ist gut. Dann glaubst du auch, daß Gott Gebete erhören kann? — Ja.

(Es wurden verschiedene Fälle erhörter Gebete in die Erinnerung gerufen.)

Erinnerst du dich, wie froh und dankbar wir darüber waren? — Ja.

Meinst du, wir sollten durch unser eigenes Hohes Selbst zu Gott beten? — Nein.

Du weißt doch, daß wir ein Hohes Selbst besitzen? — Ja.

Aber du glaubst, wir sollten zu Gott direkt beten? — Ja.

Meinst du das, weil man uns das so gelehrt hat, als wir noch klein waren? — Ja.

Glaubst du, daß wir durch Jesus zu Gott beten müssen? — Ja.

Spürst du Gott, wenn du betest? — Nein.

Fühlst du es denn, wenn du durch Jesus betest? — Ja.

Stellst du oft mit dem Hohen Selbst die Verbindung her? — Ja.

Welcher Unterschied besteht denn zwischen dem Kontakt zu Jesus und dem zu unserem eigenen Hohen Selbst? — Unbestimmt.

Natürlich kennst du den Unterschied nicht. Alle Gebete gehen zum Christus in uns, an den zu glauben du gelehrt wurdest. Das aber ist ja das Hohe Selbst. Verstehst du das? — Unbestimmt.

So will ich es dir erklären. Hör mal gut zu. (Dann folgte eine sorgfältige, überzeugende Darstellung der Tatsache, daß das Hohe Selbst für jeden von uns mit dem Christus in uns gleichzusetzen ist und daß allein dieses Hohe Selbst die Gebete zu Gott tragen kann, wenn es nötig ist.) Verstehst du nun, daß wir den Kontakt zum Hohen Selbst bilden müssen, und daß wir Ihm unsere Gedankenformen oder Bilder der Dinge überreichen müssen, um die wir beten? — Ja.

Bist du denn jetzt bereit, den Kontakt mit unserem Hohen Selbst aufzunehmen, Ihm längs der verbindenden *Aka*-Schnur *Mana* zuzusenden und damit zugleich die Bilder der Dinge. die wir im Gebet erbitten? — Nein.

Glaubst du denn, wir beten um etwas Falsches? — Ja.

Glaubst du, wir erbitten zu viel? — Ja.

Würdest du um unser tägliches Brot bitten? — Ja.

Würdest du auch um Marmelade zum Brot bitten? — Unbestimmt.

Glaubst du, wir verdienen keine Marmelade? — Ja.

Denkst du, wir verdienen eine Heilung? — Nein.

Glaubst du, man sollte nur um Weisheit bitten, nach dem Worte: Suchet zuerst nach dem Himmelreich und alles andere wird Euch zufallen? — Ja.

Glaubst du das, weil man uns so gelehrt hat, als wir jung waren? — Ja.

Glaubst du, es sei falsch, im Gebet zu sagen, welche Dinge wir außer Weisheit und spirituellen Gaben gerne haben möchten? — Ja.

Jetzt verstehe ich, du hängst immer noch an der alten Denkgewohnheit unserer Kindheit. Es gibt aber eine neue, bessere Art zu beten; ich glaubte, du hättest aufgepaßt und sie verstanden. Nun sag mir einmal, möchtest du denn gerne Marmelade zum Brot haben? — Ja.

Glaubst du, daß Gott uns Marmelade und Brot geben kann? — Ja.

Du sagst aber, wir verdienen die Marmelade nicht. Willst du damit sagen, wir seien so verdorben und schlecht, daß wir nur Bestrafung verdienen? — Unbestimmt.

Glaubst du, daß Kranksein eine Strafe ist, die wir verdienen? — Unbestimmt.

Willst du, daß ich aufhöre zu essen, daß ich die ganze Zeit faste und bete, bis wir beide sterben? — Nein.

Möchtest du, daß ich so krank werde, daß wir sterben? — Nein.

Glaubst du, daß Gott nur Liebe für uns hat? — Unbestimmt.

Glaubst du, daß Gott die Liebe ist? — Ja.

So kommst du also jetzt wieder auf das zurück, was du in der Jugend gelernt hast. Nun höre einmal ganz genau zu. Ich werde jetzt noch einmal alles im einzelnen mit dir durchgehen. Ich sage dir nur die Wahrheit und erkläre dir, was wir in neuerer Zeit hinzugelernt haben (es folgt dann eine sehr sorgfältig abgefaßte Erklärung).

Diese Ausführungen sollen die Art der Fragestellung verdeutlichen, die anzuwenden ist, wenn Gedankengewohnheiten und Neigungen des niederen Selbstes die Blockade verursachen. Solche Fragen und Unterweisungen müssen meist über mehrere Sitzungen fortgesetzt werden, bevor sich die Schwierigkeiten lösen und das niedere Selbst für die neuen Anschauungen gewonnen wird. Im obigen Falle hatten die Bemühungen durchaus Erfolg. Es gelang schließlich, die Gebete einwandfrei zu machen, und sie fanden Erfüllung.

Unter anderem fanden die HRA-Freunde bei solchen Besprechungen mit ihren niederen Selbst-Wesenheiten noch eine Reihe weiterer Gründe, weshalb die niederen Selbste oft bei den Gebetsaktionen nicht mitmachen, so z. B.

(1) Das Gefühl, keine Hilfe zu verdienen, wenn man nicht auch für andere betet und ihnen hilft, das für sie Nötige zu erlangen.

(2) Angst vor Gott und dem Hohen Selbst. Sie geht gewöhnlich auf Gefühle der Schuld, Unwürdigkeit oder Scham zurück. (Die Ursache dieser Angst kann in der Kindheit entstanden sein und sich im Laufe der Zeit zu einer Gedankengewohnheit und einer eingewurzelten Verhaltensweise entwickelt haben.)

(3) In einem Falle war die Weigerung, beim Gebet mitzuwirken, durch die starke Abneigung gegenüber einem ultrafrommen Verwandten verursacht, der den Betreffenden in seiner Jugend zu gewissen streng-religiösen Verhaltensweisen gezwungen hatte.

(4) Ein unbestimmtes allgemeines Angstgefühl, das in den Vordergrund tritt, wenn uan zum Zeitpunkt der Abfassung des Gebetes von Nöten, Mängeln und Verstrickungen des sozialen Bereiches und der Umwelt bedrückt wird. Wegen solcher innerer Bedrängnisse war es dann fast unmöglich, die Ruhe und „Andacht" zu finden, die für eine abgerundete Gebetsaktion nun einmal nötig ist.

(5) Trägheit des niederen Selbstes. Es will manchmal nicht die Mühe auf sich nehmen, dem mittleren Selbste bei seinen Wünschen zu helfen. In einem schwierigen Falle kam es zu vollkommener Lebensnegation. In zwei anderen Fällen beruhte die Schwierigkeit auf Erinnerungen an frühere Erfahrungen, wo trotz langer intensiver Bemühungen um die Korrektur sozialer Verwicklungen und Beziehungen der Erfolg ausblieb. Der Wunsch zu leben, mußte hier erst wieder mit einem gewissen Ehrgeiz und der Erneuerung des Vertrauens und Glaubens an das Hohe Selbst geweckt werden, bevor neue Versuche zur Entwicklung und zum Vorwärtskommen unternommen werden konnten. In einem Falle zeigte sich das niedere Selbst deshalb am Gebet uninteressiert, weil es als mögliche Folge des Gebetes die riesige Arbeit auf sich zukommen sah, den Ball in Richtung auf die restlose Erfüllung des Gebetes weiterrollen zu müssen. Hier also war das niedere Selbst der Überzeugung, das im Gebet Begehrte sei dieser Arbeit nicht wert.

(6) Der Wunsch, in den alten Gefühlen des Hasses und Widerwillens weiterzuleben, anstatt sie aufzugeben, das Gebet darzubringen und den Pfad freizumachen.

(7) Das Gefühl, im Falle der Gebetsheilung die liebende Fürsorge der Familienmitglieder entbehren zu müssen und gezwungen zu sein, die eigene Verantwortung, der man durch die Krankheit enthoben war, wieder selbst zu übernehmen.

Es erwies sich, daß Gedanken- und Glaubensgewohnheiten eine viel größere Rolle spielten, als bisher angenommen worden war. In fast allen Fällen mußte das niedere Selbst weitgehend umerzogen und alte Denkgewohnheiten mußten korrigiert werden, über die das mittlere Selbst schon längst hinausgewachsen war.

Beim Versuch, frühere dogmatisch-religiöse Glaubenseinstellungen zu korrigieren, stellte man fest, daß das niedere Selbst in hohem Maße dem geschriebenen Worte vertraut. Wie in der Schule, so half auch hier ständige Wiederholung, Überarbeitung und regelrechter Drill, die alten Ideen zu beseitigen, durch die die Arbeit blockiert worden war. Als unschätzbar wichtig erwies es sich, immer wieder geeignete Schriften zu lesen, so vor allem diejenigen Kapitel meines Buches „Geheimes Wissen hinter Wundern" oder solche HRA-Bulletins, in dene die HUNA-Lehre klar und logisch erläutert wurde, oder auch andere Schriften ähnlicher Denk- oder Glaubensrichtung. Wiederholtes Lesen der an einigen Bibelstellen gegebenen Erklärungen der HUNA-Lehre war besonders überzeugend, weil dem niederen Selbst im allgemeinen schon früh eingeschärft wird, daß Bibeltexte fraglos hinzunehmen sind.

Das Lesen solcher Bibelstellen, die von der alten, geheimen Lehre handeln, half auch dem mittleren Selbst, klar zu unterscheiden zwischen dem, was real und ursprünglich und dem, was an Dogmen hinzugefügt worden war; denn in der Bibel wird vieles über HUNA ausgesagt. Man mache es sich zur Regel, lediglich den echten Jesus-Worten im Neuen Testament Glauben zu schenken. Denn nach seinem Tode sind viele dogmatische Theorien ausgedacht und dem Urtext ebenso zugefügt worden wie viele neue Riten und Lehren, die — ähnlich wie die früheren falschen Auffassungen vom Blutopfer — offensichtlich nur dazu dienen sollten, dem Menschen zu imponieren und den Lehren mehr Nachdruck zu verleihen. Daß das überhaupt nötig gewesen zu sein scheint, ist vielleicht darin begründet, daß die Verbreitung der HUNA-Lehre und die Einsetzung weiterer Lehrer entweder zum Stillstand gekommen war oder daß trotz geeigneter Lehrer die damaligen Menschen die neue Lehre einfach noch nicht zu verstehen vermochten.

Fast jeder, der in christlichen Kreisen aufgewachsen ist, kann feststellen, daß in seinem Inneren dogmatische Glaubenseinstellungen bestehen, an denen sein niederes Selbst noch festhält, wenn das mittlere Selbst sich schon längst von ihnen losgesagt hat. Viele dieser Menschen wissen, daß ihre niederen Selbste schon beim Gedanken, gemeinhin akzeptierte religiöse Dogmen zu bezweifeln, von Furcht befallen werden (das kann schließlich zu Aberglauben führen). Will man alte, überlebte Glaubenseinstellungen ändern, so geschieht das leichter, indem man den in ihnen steckenden Wahrheitskern erklärt, als wenn man versucht, sie glatt zu widerlegen. Ist das mittlere Selbst überzeugt, so muß es das niedere Selbst sorgfältig unterweisen, als ob es gälte, etwa ein langes Gedicht wieder auswendig zu lernen, das falsch niedergeschrieben wurde und bei dem nun manche Zeilen umgelernt werden müssen.

Bei manchen, die mit der Gebetsarbeit nicht vorwärts kamen, schien eine Blockierung durch Selbstsucht, Habgier oder Intoleranz vorzuliegen, was die Betreffenden sich aber nicht einzugestehen vermochten. Man konnte mit ihnen über diese Dinge nicht sprechen, ohne sie schwer zu beleidigen. Eine solche Einstellung kam manchmal unerwartet in einer gelegentlichen Bemerkung zum Vorschein, wie z. B.: „Warum sollen wir eigentlich eine solche Steuerlast tragen, damit Leute, die nie einen Pfennig gespart haben, sich mit einer dicken Pension zurückziehen können." „Man sollte sie besser zum Arbeiten bringen, anstatt ihnen Gelegenheit zu geben, sich auf die faule Haut zu legen und die Daumen zu drehen." Oder eine andere, ebenso aufschlußreiche Bemerkung: „Man sollte einfach die Fabriken schließen und die Gewerkschafter aushungern, bis sie wieder lernen, mit zehn Mark pro 12-stündigem Arbeitstag und bei sechs Arbeitstagen in der Woche zufrieden zu sein, wie unsere Väter es ja auch waren." (Das sind Bemerkungen, die tatsächlich geäußert wurden.)

Jesus, der große *Kahuna*, lehrte, daß unsere Handlungen und Gedanken gegenüber den Mitmenschen von Liebe und Nachsicht getragen sein müssen. Jede Geisteshaltung, die Mitleid und Erbarmen gegenüber anderen verneint, führt im niederen Selbst nahezu zwangsläufig Gefühle der Schuld oder des Unwertes herauf, wenn sie sich auch oft tief verbergen. Fast jedem von uns hat man schon früh ein Gefühl für Redlichkeit, Anständigkeit und Sittsamkeit mit auf den Weg gegeben, und wo sich das Bewußtsein darüber hinwegsetzt oder gar darüber lustig macht, ergibt sich ein Konflikt mit dem niederen Selbst, das diese Lehren hütet, weil sie zu den frühesten Erinnerungsfakten gehören. Fast jeder Fall solcher Art, von dem wir erfuhren, löste hartnäckige physische Krankheiten aus, die allen Medizinen und manchmal gar der Hilfe des Gebetes widerstanden.

Die Wiedergutmachung für Verletzungen, die man anderen zugefügt hat, bildet ein grundlegendes Element der *Kahuna*-Methode zur Freilegung des Pfades. Wie richtig diese Anschauung ist, zeigt die Beobachtung der Reaktionen des niederen Selbstes. Vielleicht wurde es einem im Trubel eines geschäftigen Tages nicht einmal bewußt, daß man gegenüber Familienangehörigen oder Mitarbeitern reizbar und ungebührlich war. Dennoch aber wird das niedere Selbst den schmerzlich betroffenen Blick des so Angesprochenen nicht vergessen und es wird sich nicht eher zufriedengeben, bis man sich aufrichtig entschuldigte, Abbitte tat und damit den Schmerz der verletzten Person wieder tilgte.

Sind solche Wiedergutmachungen seit langem nicht erfolgt, so hegt das niedere Selbst noch immer tiefsitzende Schuldgefühle. Wird man sich ihrer bewußt, ohne sich erinnern zu können, wen man verletzt hat oder ist eine persönliche Wiedergutmachung nicht mehr möglich, so muß man eine Zeitlang Wiedergutmachungen allgemeiner Art betreiben. Solche allgemeinen Wiedergutmachungen sind physische Stimulantia, die das niedere Selbst kräftig beeindrucken. Das ernstliche Streben, in selbstloser Weise Gutes zu tun oder eine gute Sache so zu stark unterstützen, daß man es ordentlich spürt, sind ausgezeichnete Mittel, das niedere Selbst zu besänftigen und zu befrieden.

Manchmal hat das niedere Selbst das Gefühl, daß der Mensch, dem es angehört, wegen lange zurückliegenden Unrechtes Bestrafung verdient. In solchen Fällen macht man mit Nutzen von einem physischen Stimulans Gebrauch: Man übernimmt für eine gewisse Zeit eine Buße, indem man entweder fastet oder auf das Rauchen oder sonstige gewohnte Annehmlichkeiten verzichtet. Vor vielen Jahren wurde mir in Hawaii eine solche allgemeine Wiedergutmachung auferlegt, als einer der *Kahunas* der damaligen Zeit daran ging, mir zu helfen.

Da ich damals schwer arbeiten mußte, legte mir der *Kahuna* kein völliges Fasten auf; man verlangte nur von mir, an drei aufeinanderfolgenden Tagen bis mittags 1 Uhr nüchtern zu bleiben und nicht zu rauchen. Der Heilsarmee, die in Hawaii gute Arbeit verrichtete, gab ich eine größere Spende. Weil das niedere Selbst seit frühester Kindheit vom Wert des Geldes beeindruckt ist, empfindet es eine solche Gabe — vorausgesetzt, daß sie den Geber hart genug trifft — als besonders eindrucksvoll. In meinem Falle war das niedere Selbst nach drei Tagen so stark beeindruckt, daß es die Hilfe aller Mächte des Universums als wohlverdient ansah. Die Hilfe kam auch sofort als „Brot mit Marmelade".

Es war eine der großen Lehren Jesu, daß anstelle der direkten Genugtuung gegenüber Menschen, denen man früher Unrecht tat, auch eine Wiedergutmachung allgemeiner Art treten kann, wobei ein ausreichendes Maß hier und dort vollbrachter guter Taten das alte Konto ausgleichen. „Was ihr dem niedrigsten meiner Brüder tut, das tut ihr mir an." Jeder von uns muß selbst zahlen; wenn wir aber tiefe Schuldgefühle haben und auf direktem Wege nicht wieder gutmachen können — z. B. wenn der Betreffende tot ist — so können als Ersatz dafür gute Taten zum Wohle derer treten, die um uns sind.

Eine große Wahrheit fand in den Untersuchungsarbeiten der HRA-Gruppe ihre Bestätigung: Es gibt keinen „königlichen Weg" zum Hohen Selbst, dem „Königreich des Himmels". Für Reiche und Mächtige wie für Arme und Schwache gilt der gleiche Prozeß der inneren und äußeren Reinigung des symbolischen „Kelches" des Menschen. Unter seiner Außenseite ist hier das mittlere Selbst zu verstehen; sein Glaube muß geprüft und reformiert werden, damit es der grundlegenden HUNA-Forderung des Nicht-mehr-schaden-Wollens entspricht. Führt Reue und Besserung dazu, daß diese Auffassung demoniant wird und tritt das aufrechte Streben, anderen zu helfen — den Nächsten zu lieben — auch nur in geringem Maße hinzu, so ist schon wesentliches geleistet.

Das niedere Selbst ist die Innenseite des Kelches. Haben wir die Ansichten des mittleren Selbstes geläutert, so werden unsere Gebete dennoch nicht zum Hohen Selbst gelangen, solange die verborgenen, gewohnten Glaubensanschauungen des niederen Selbstes nicht ebenfalls gereinigt und zur Übereinstimmung mit denen des mittleren Selbstes gebracht sind.

Gedankengewohnheiten sind sehr stark, vielleicht stärker noch als die Gewohnheit zu trinken oder zu rauchen. Es ist sehr schwer, das niedere Selbst zu packen, es festzuhalten und auf neue Gedanken- oder Tätigkeitsrichtungen anzusetzen. Auch unter den HRA-Mitgliedern gab es „Rückfälle", wie bei allen anderen Gruppen, in denen neue Wege vorgeschlagen und vom mittleren Selbst akzeptiert werden, ohne daß das niedere Selbst sofort miterfaßt und in geduldigem Bemühen dazu gebracht wird, seine Gedankengewohnheiten und Glaubenseinstellungen zu korrigieren. Wir müssen in diesem Sinne „wiedergeboren" werden, und zwar noch in diesem Leben; wir dürfen nicht zuwarten und hoffen, in einer großen Zahl zukünftiger Inkarnationen automatisch zur Evolution zu kommen. Die spirituellen Fortschritte und Erfolge, die wir hier unten erzielen, begleiten uns in das nächste Leben, gegebenenfalls sogar noch in die darauf folgenden.

Bei der HRA-Arbeit suchten wir nach einem Ersatz für die Psychoanalyse. Uns kam es nämlich darauf an, eine Methode zu finden, bei der man sich selbst helfen kann, während bei der normalen Psychoanalyse ein anderer mithelfen muß, das vagabundierende Gedankengestrüpp, das so schwer an die Oberfläche zu bringen ist, aufzufinden und zu entwirren. Eine Zeitlang befaßten wir uns mit der „Aufschreibe-Methode", die ein englischer Laie, E. Pickworth Farrow, bekannt gemacht hatte. In seinem Buch „Psychoanalyze Yourself" * berichtet Pikworth Farrow, wie er sich beim Versuche, geistige und körperliche Heilung zu finden, vergebens an verschiede-

---

* "Psychoanalyze Yourself" von E. Pickworth Farrow. International Universities Press, 227 W. 13th St, New York.

ne Analytiker gewandt hatte. Schließlich arbeitete er sich eine einfache Methode aus. Jeden Tag schrieb er etwa 15 Minuten lang alle Gedanken nieder, die ihm gerade in den Kopf kamen; er traf keine Auswahl, sondern überließ die Gedanken sich selbst.

Dabei stellte er fest, daß das Unterbewußtsein langsam seinem Wunsche entsprach, sich an Ereignisse zu erinnern, die zu Fixationen geführt hatten. Durch die Niederschrift traten die Erinnerungen in den Brennpunkt des Oberbewußtseins; so kannten sie durchdacht, rationalisiert und zu harmlosen Erinnerungen umgewandelt werden. Er berichtet in seinem Buch von einem langsamen doch stetigen Fortschritt. Ein Ereignis nach dem anderen tauchte in der Erinnerung auf, Ereignisse, die er zuvor völlig vergessen hatte. Diese Arbeit führte nach und nach zur Heilung seiner mentalen und körperlichen Schwierigkeiten.

Einige HRA-Freunde probierten diese Methode und berichteten darüber. Wie erwartet, waren die Resultate nicht einheitlich, denn jeder hat ja seine eigenen Lebenserfahrungen, und die Symptome seiner Fixationen sind den besonderen Situationen speziell angepaßt. Auffallend aber war folgendes: Ermutigt man das niedere Selbst, die niederzuschreibenden Ereignisse frei zu wählen, so beginnt es alsbald, Erinnerungen der Vergangenheit ins Bewußtsein zu bringen, und im Laufe der Zeit kommen mehr und mehr Erinnerungen auch an solche Dinge und Ereignisse, die man schon lange vergessen glaubte.

Auch stellte sich heraus, daß das niedere Selbst vieles immer noch für wichtig hielt, was für das Oberbewußtsein längst bedeutungslos geworden war; manchmal war das völlig überraschend und lächerlich. Alte Hoffnungen und Ambitionen, alte Befürchtungen und Beleidigungen, alles kam an die

Oberfläche, und zwar mit solcher Kraft und Frische, daß der Analysierende manchmal von den Emotionen ergriffen wurde wie ehedem, als sie für ihn noch neu und lebenswichtig waren. In manchen Fällen war die Leuchtkraft und Gewalt der wiedererwachten Erinnerungen an „Antriebe", Wünsche, Pläne und drängende Impulse so groß, daß Pläne, die man schon vor langer Zeit hatte fallen lassen, sich zur Wiederaufnahme und zu neuer Bearbeitung aufdrängten. Alte Pläne zum Geldverdienen und zur Reformierung politischer oder wirtschaftlicher Verhältnisse zählten zu den Dingen, die plötzlich wieder auftauchten und den Anschein erweckten, auch heute noch möglich zu sein und Erfolg zu versprechen.

Die Tendenz des niederen Selbstes, die leuchtenden alten Erinnerungen sowie auch die dunklen Schatten früherer Ängste und Sorgen wieder lebendig werden zu lassen, veranlaßte mich, die HRA-Freunde in einem Rundschreiben zu warnen. Ich riet ihnen, bei Benutzung der Methode keinerlei ungewöhnliche Handlungen zuzulassen, zu planen oder durchzuführen, ohne sich vorher mit einem vertrauten Freunde zu besprechen, der, — unbeeinflußt von der Flut der alten „Antriebe" — das Trügerische solcher Reaktionen gegebenenfalls schneller erkennen und besser aufzeigen könne.

Eine Dame der HRA-Gruppe führte mehr als 200 Sitzungen nach der Aufschreibemethode durch. Schritt für Schritt ging sie weiter zurück ins Reich ihrer Erinnerungen. Die alten Antriebe lebten wieder auf, und sie kam schließlich zu den starken religiösen Antrieben ihrer frühen Kindheit. Obgleich sie schon lange die ihr damals aufgezwungenen religiösen Anschauungen aufgegeben und sich mit der metaphysischen Gedankenwelt der indischen Religion vertraut gemacht hatte, kehrte sie nun wieder zu der Stufe zurück, auf der sie während eines oder zweier kurzer Jahre ihrer Mädchenzeit verweilt hatte. Sie trat nicht nur aus der „heidnischen Organisation" der HRA aus, sondern versuchte, uns in langen Briefen zu überreden, HUNA aufzugeben und zum streng dogmatischen Glauben der Religion ihrer Kindheit zurückzukehren.

Andere Mitglieder der HRA-Gruppe hatten bessere Resultate. Sie vermieden es, sich von dem heraufdrängenden Strom der Erinnerungen mitreißen zu lassen, indem sie schnell die betreffenden Antriebe von der emotionalen Seite her rationalisierten und ihnen so den falschen Glanz oder die angsterregende Wirkung nahmen. Mit der großen Zahl anderer Erinnerungsfakten kamen auch jene Ereignisse wieder zum Vorschein, die im späteren Leben Krankheiten verursacht hatten. So erinnerte sich z. B. eine Dame an die schon längst vergessene Tatsache, daß sie als kleines Mädchen schreckliche Angst vor den dicken, grauen Spinnen gehabt hatte, die in dem kleinen Häuschen draußen saßen. Solange sie es körperlich aushalten konnte, schob sie den Weg dorthin auf, und wenn sie schließlich ging, so tat sie es zitternd vor Schrecken. Als diese Erinnerung nun wieder auftauchte und von ihrem Erwachsenenstandpunkt durchdacht worden war, schwand die alte Furcht und — was besonders wichtig war — eine lebenslange Tendenz zur Verstopfung verschwand wie durch Zauber und kam nie mehr wieder.

Fälle wie dieser ließen erkennen, daß das Unterbewußtsein vieles ohne äußere Hilfe und unabhängig vom mittleren oder Hohen Selbst korrigiert, sobald die der Schwierigkeit zugrundliegende Fixation entfernt ist. Der Vollständigkeit halber muß aber auch gesagt werden, daß sich in anderen Fällen nach selbst langer Anwendung der „Aufschreibe-Methode" keinerlei Resultate zeigten.

Es sei daran erinnert, daß die HRA-Mitglieder durch Selbst-Diagnose die Tiefe der eigenen Fixationen auszuloten versuchten. Verhältnismäßig wenige von ihnen hielten es für nötig, bei sich selbst analytische Methoden anzuwenden. Die meisten wollten vielmehr ihre Gedankengewohnheiten nur einmal überprüfen und sie nach dem HUNA-Prinzip des „Nicht-mehr-verletzen-Wollens" ausrichten. Langsam begann sich das auch auszuwirken, wie gegenseitige Überprüfungen auf intolerantes Verhalten gegeneinander, Zorn, Mißtrauen oder Eifersüchteleien erwiesen. Jede Überwindung machte den Weg klarer und leichter. Es kam zu größerem seelischen Frieden. Schließlich waren die Mitglieder, die die Methode anwandten, imstande, mit mehr Kontaktempfinden zum Hohen Selbst zu beten. Vielleicht waren noch nicht alle Blockierungen beseitigt; jedenfalls aber begann das Hohe Selbst, Seinen Schutz und Seine Führung bereits deutlich spürbar zu machen.

Wesentlich scheint mir zu sein, daß sich bei genügender Reinigung der *Aka*-Schnur zum Hohen Selbst — wobei es gleich ist, auf welche Weise sie erfolgt — die normale Beziehung zwischen den drei Selbsten automatisch wieder einstellt. Ist das geschehen, so entnimmt das Hohe Selbst dem niederen Selbst das nötige *Mana* und bewirkt die erforderliche Heilung oder Korrektur, und zwar nicht nur auf der körperlichen, sondern auch auf der mentalen Ebene und in bezug auf die Umweltfaktoren, denen das Individuum ausgesetzt ist. Experimentatoren, die ihre leichten Blockierungen zu beseitigen vermochten, widerfuhren Erlebnisse, bei denen die ans Wunderbare grenzende Wandlung von Unglück und Mißerfolg zu Glück und Erfolg nur durch die Mitwirkung und liebende Führung des Hohen Selbstes erklärt werden konnte.

XX

JESU LEHREN IN NEUEM LICHTE

Die vorausgehenden Kapitel lassen erkennen, daß die *Kahunas* — einschließlich Jesus, des größten unter ihnen — die Menschen in Bezug auf ihre normale Beziehung zum Hohen Vater-Selbst zwei Klassen zuordneten.

Zur einen gehörten die Menschen, die ein Leben der Freundlichkeit führen, die von Natur aus hilfsbereit und positiv-aufbauend waren. Die schwachen Komplexe, die solche Menschen vielleicht haben mochten, reichten nicht aus, um das niedere Selbst durch Schuldgefühle so stark zu belasten, daß es sich vor dem Hohen Selbst hätte verborgen halten wollen.

Die zweite Klasse umfaßte diejenigen Menschen, in deren Leben Plünderung und Raub, Schmerzzufügung gegenüber Mitmenschen sowie deren Knechtung eine gewisse Rolle spielte oder die schlimmstenfalls mit voller Hingabe die üblen Lebenswege beschritten. Das waren nun die Menschen, deren niedere Selbste so sehr mit Haß-, Furcht- und Schuldkomplexen erfüllt waren, daß sie wegen der Blockierungen der *Aka*-Schnur nicht einmal versucht hätten, das Hohe Selbst im Gebete zu erreichen.

Für die normalerweise guten und freundlichen Menschen enthielten die Lehren Jesu eine Reihe ganz einfacher Anweisungen, wie ein normales Leben geführt werden kann, ein Leben, in dem alle drei Selbste frei und erfolgreich miteinander arbeiten. Diese Anweisungen bildeten die ä u ß e r e Lehre.

Sie kann in wenigen Worten zusammengefaßt werden. Jesus lehrte, daß man (1) den Herrn, das Hohe-Vater-Selbst, und (2) den Nächsten lieben muß. Der letzte Teil des Gebotes beinhaltet alle Freundlichkeiten und schließt Haß und willentliche Schädigung von Mitmenschen aus.

Mit seinem Gleichnis von den verlorenen Schafen wies Jesus darauf hin, daß er seine Mission vornehmlich darin sah, denen zu helfen, die vom Hohen Selbst abgeschnitten waren. Er lehrte sie, ihren Pfad von Blockierungen freizumachen und den Kontakt wiederherzustellen. Er sagte (Matthäus 18:11) „Denn der Menschensohn ist gekommen, zu retten, was verloren war".

Die „verlorenen Schafe", die unter den Sünden schlechter Taten litten oder von ihren Hohen Selbsten durch Komplexe oder die Assoziation mit üblen „von innen zehrenden Begleitern" abgeschnitten waren, waren sein Hauptanliegen. Da solche Menschen sich aber nur selten selbst helfen und zu einer normalen Lebensführung zurückfinden können, lag es ihm besonders am Herzen, ihnen das „gute Wort" zu vermitteln, sie zu bekehren und ihnen zu helfen, ein gutes Leben zu führen.

Es ist anzunehmen, daß der Kult des Geheimen, der zu allen Zeiten in den inneren Lehren große Macht besaß, aus Notwendigkeiten erwachsen war, die uns unbekannt sind. Daß aber sowohl die *Kahunas* des Alten wie des Neuen Testamentes einen Geheimkult angewandt haben, tritt klar zu Tage. Wir haben gesehen, wie die *Kahunas* Polynesiens in neuerer Zeit ihr Wissen schützten. Und nun, da wir den Schlüssel zum „Geheimnis des Himmelreiches" besitzen, von dem Jesus sprach, stellen wir fest, daß dieser Schlüssel auch die inneren Wahrheiten vieler Bibelstellen erschließt, in denen diejenigen, die nach Jesu Tode über sein Wirken berichteten, sich mit der inneren Seite seiner Lehre befaßten.

Im Alten Testament finden sich wiederholt Stellen (sie können nur von Männern stammen, die in die Geheimlehre eingeweiht waren), die unter Verwendung typischer HUNA-Symbole und -Schlüsselwörtchen die verschiedenen Arten der „Sünde" behandeln, durch die der *Aka*-Pfad zum Hohen Selbst blockiert werden kann. Des öfteren finden sich Versprechungen, daß solche Blockierungen durch geeignete Maßnahmen beseitigt werden können. Über die Art dieser Maßnahmen aber und wie sie zu verstehen und anzuwenden sind, wird nur wenig ausgesagt.

Andererseits räumte Jesus in einer durchgreifenden Reformbewegung mit veralteten, wertlosen Glaubenseinstellungen der jüdischen Religion auf und zeigte, wie sich der Mensch von den „Steinen des Anstoßes" befreien kann, die ihn am Kontakt mit seinem Hohen Selbst hindern. Es erweist sich, daß die Jünger in die HUNA-Lehre eingeweiht und in der „heiligen Sprache" der *Kahunas* unterwiesen wurden. Wegen ihrer Kenntnis der „heiligen Sprache" samt ihren Symbolen und Schlüsselwörtern, gingen die Jünger nach der Kreuzigung Jesu daran, die Anweisungen zur Beseitigung von Fixationen und zur Befreiung von den Fesseln der „zehrenden Begleit-Geister" niederzuschreiben. Alle vier Evangelien enthalten die verschleierten Erkenntnisse, die wir als HUNA- Lehre kennengelernt haben.

Bei seiner außergewöhnlichen Intelligenz und Einsicht vermochte Jesus seine Hauptlehren in drei großen Geschehnissen zu kondensieren, deren Schilderung schon allein um der Gewalt ihrer Dramatik willen imstande war, mit nur geringen Änderungen die Zeiten zu überdauern. Einfach und gerade heraus vorgetragene Lehren laufen, wie wir gesehen haben, Gefahr, sehr schnell dogmatisiert und mißverstanden zu werden. In einem Drama aber erfährt die Darstellung nur geringe Abwandlungen, selbst wenn man Dogmen zur Hilfe nimmt, um ihre inneren Bedeutungen zu erklären. Nur so war es möglich, den späteren Geschlechtern die Mittel zum Verständnis der zugrunde liegenden, verborgenen Wahrheiten weiterzugeben.

Obwohl eine Fülle von HUNA-Weistum auch in anderen Dramen des Neuen Testamentes enthalten ist, sollen nur drei von ihnen in den folgenden Kapiteln näher behandelt werden:
1. Das Drama der Taufe, das die Einsetzung des Taufritus und die anschließende Große Versuchung beinhaltet.
2. Das Drama des Letzten Abendmahles, bei dem die Riten der Fußwaschung und der Kommunion eingesetzt werden.
3. Das Drama der Kreuzigung.

Ein bezeichnender Aspekt dieser drei für unsere Diskussion gewählten Dramen ist die Tatsache, daß jedes von ihnen einen echten Teil des Lebens Jesu und seiner Jünger darstellt. Daher ist vielleicht das Wort „Drama" nicht allzu gut. Zwar wiesen die wirklichen Lebensumstände und Begebenheiten alle Elemente eines echten Dramas im wahrsten Sinne des Wortes auf, doch fehlt jede Spur von Schauspielerei, mit der wir in den letzten Jahrhunderten das Drama im Theaterleben assoziieren. Die frühesten Mysterienspiele, die bei den Initiationsriten vorgeführt wurden, waren vielleicht echten Geschehnissen aus dem Leben nachgeformt, doch, soweit wir wissen, kam es dabei nie zur Perfektion einer Dramatisierung vor einem Hintergrunde aus Realität und Geschichte, wie das bei Jesus der Fall war.

Das größte dieser drei Dramen ist das größte Drame überhaupt, von dem wir wissen, nämlich die Kreuzigung. Indem Jesus seinen Teil zu diesem Drama beitrug, gab er sein Leben hin; damit aber hinterließ er einen Eindruck so dramatischer, so eindruckstiefer, so erschütternder Art, daß jede Einzelheit des Geschehnisses bis heute, nach fast 2000 Jahren, genau in Erinnerung geblieben ist. Das Geschehen wurde von den eingeweihten Jüngern so sorgfältig festgehalten, daß später jedem, der die alte Lehre kennt, die Ereignisse zum Schlüssel zur ältesten und vollständigsten Philosophie wurden, die die Menschheit je besessen hat.

Wir, die wir nach den alten Erkenntnissen suchen, wissen, wie wichtig es war, daß die in die dramatischen Ereignisse eingebetteten Informationen die Zeiten überdauert haben. Aus den Worten Jesu geht hervor, daß er seine Jünger anhielt, andere in die Geheimlehre einzuführen und die Weitergabe solcher Einführungen von Generation zu Generation einzuleiten. Auch wird klar, daß er auf die Vergrößerung der Zahl solcher Eingeweihter hoffte sowie auf die Verbreitung seiner Lehre. Da er aber um die menschliche Natur und die Grenzen des menschlichen Intellektes wußte, traf er die nötigen Maßnahmen, um einen völligen Verlust der Erkenntnisse selbst dann zu vermeiden, wenn seine Jünger versagen sollten und die ständige Weitergabe der Einweihungen behindert oder gestört werden würde. Tatsächlich sah er also auch hier — wie in so vielen anderen Fällen — die Zukunft voraus.

Lange vor seiner Zeit waren viele *Kahunas* des Mittelmeerraumes ausgezogen zu den fernen Inseln im Pazifik, ganz offenbar deshalb, weil sie dort einen von äußeren Einflüssen abgeschnittenen Platz zu finden hofften, wo ihr kostbares Geheimwissen sicher und unverfälscht überdauern könnte. Daß das bis zur letzten Jahrhundertwende wirklich geschah, gibt den Menschen unserer neuen Zeit die Möglichkeit, sich die wiederentdeckten Erkenntnisse nutzbar zu machen und durch sie, ihre Symbole und Schlüsselworte erneut zu lernen, was Jesus in die dramatischen Ereignisse hineingelegt hat, mit denen er seine unschätzbar wertvolle Lehre umgab. Wir dürfen uns glücklich schätzen, daß die vier Evangelien, die von den Ereignissen Kunde geben, in so einfacher Form niedergeschrieben worden sind, daß selbst ihre Übersetzung in viele Fremdsprachen und die unvermeidlichen Zufälligkeiten der zahlreichen Abschriften keine Veränderungen grundlegender Art haben mit sich bringen können. Die „kostbaren Perlen" waren so sorgfältig eingehüllt, daß lediglich die Eingeweihten um ihre Existenz wußten und kein Außenstehender sie finden und zerstören konnte.

Bei unserer Betrachtung der dramatischen Höhepunkte können wir nur den Ereignissen aus dem Leben Jesu und seiner Jünger Vertrauen schenken. Bei der Suche nach Männern, die bereit und fähig waren, sich der echten, unverfälschten Initiation zu unterziehen, scheint man nach Jesu Tod erstaunlich rasch auf Schwierigkeiten gestoßen zu sein; darüber hinaus begannen von da ab fast augenblicklich Mißverständnisse sowie unbegründete dogmatische Behauptungen und Lehren. Paulus, der Jesus persönlich nicht gekannt hat, übte auf die echte Lehre einen zersetzenden Einfluß aus. Doch ist sein Dogma, daß er der echten Lehre aufpfropfte, heute immer noch ein wesentlicher Teil des Lehrgebäudes der organisierten Christenheit.

Dem Forscher und Kenner ist klar, daß Paulus kein eingeweihter *Kahuna* war. Nicht nur, daß er Jesus persönlich nicht kannte, er kannte auch kaum seine Jünger. Nach seiner Bekehrung auf der Straße nach Damaskus ging er auf drei Jahre nach

Arabien. Erst danach ging er nach Jerusalem und blieb 14 Tage bei Petrus (Galater I: 17 — 18). Es ist anzunehmen, daß er in Arabien das System seiner Glaubensansichten entwickelte. Darin benutzt er Jesus als Eckpfeiler, doch die Hauptstruktur seiner Lehre war reiner, einfacher, aus der Vergangenheit übernommener Judaismus (Paulus war ein Jude, ein Pharisäer).

Jesus wollte Riten und Glaubensanschauungen der Juden reformieren. Seit ihn Johannes getauft hatte, verwarf er das Versprengen von Opferblut als Instrument der Sündenvergebung — geschweige denn als ein S y m b o l solcher Vergebung.

Nicht so Paulus. Da er kein Eingeweihter war und das Geheimnis hinter den drei von Jesus eingesetzten, grundlegenden Riten nicht kannte, griff er auf alte jüdische Riten zurück, um seine dogmatischen Aussagen über die wahre Bedeutung des Lebens und der Lehren Jesu zu rechtfertigen. In seinem Brief an die Römer legte Paulus seine Dogmen und Lehren in einer sehr bezeichnenden Weise dar. Weil Adam gesündigt habe, so erklärte er, hätten alle seine Kinder, die ganze Menschheit, teil an seinen Sünden. Jesu Tod, so sagte er, war notwendig und richtig, denn er brachte Vergebung und durch sein Blut Rechtfertigung für alle, die sein Dogma akzeptierten und daran glaubten, daß Jesus so die Vergebung aller Sünden der Welt bewirkt und durch seinen höchsten Einsatz „die Welt erlöst" habe.

Allerdings lehrte Paulus auch, daß alle Menschen ein gutes Leben in Freundlichkeit und Hilfsbereitschaft führen sollten. Doch war das ja nur die äußere Lehre. Die Wichtigkeit und Bedeutung der Fußwaschung und des Kommunionsritus aber vermochte er nicht zu erkennen. Die innere Bedeutung des Kreuzestodes mißverstand er völlig und sah darin nicht mehr als eine Parallele zu den heidnischen Blutopferriten, die sich schon seit der Frühzeit der Zivilisation überlebt hatten und die Jesus zu reformieren strebte. Paulus bemühte sich durchaus nicht um eine Reform der alten Riten, sondern versuchte, sie so gut es ging, mit seinem eigenen neuen System in Einklang zu bringen.

Während Jesus den wahren Sinn des Bundes zwischen Gott und den Juden erneut festgestellt hatte, erklärte Paulus (Hebräer, 9:12), daß der alte mit Moses geschlossene Bund verfallen und daher nicht mehr in Kraft sei. Ja, er ging noch weiter, indem er den ursprünglichen Sinn eines K o n t r a k t e s zwischen Gott und den Israeliten zur Idee eines letzten Willens oder Testamentes umformte, das Jesus als sein Vermächtnis an die Menschheit hinterlassen habe. Dieses Vermächtnis, die Welt zu retten, so sagte er, war das Verdienst seines Blutvergießens, womit er einen Gott der Rache besänftigte. Das aber war nicht der Gott, den Jesus uns als den „liebenden Vater" beschrieben hat.

Paulus lehrte, daß Gott Sünden nur vergebe, wenn ihm als Gegenleistung ein Blutopfer dargebracht werde; und es sei daher nötig gewesen, daß Jesus sein Blut vergoß, genau so wie zu Mosis Lebzeiten das Blut von Opfertieren vergossen wurde. Im Hebräer-Brief 9:22 lesen wir darüber: „Auch sonst wird dem Gesetz entsprechend fast alles mit Blut gereinigt, und ohne Blutvergießen gibt es keine Vergebung." Jesus wird dann einem Hohenpriester verglichen, der das Heiligtum jedoch nicht nur einmal im Jahre mit dem Blut von Tieren als Opfergabe betritt, sondern der sein eigenes Blut einmal für alle Zeiten geopfert hat: „ . . . so aber ward er nur ein einziges Mal, zur Zeit der Weltvollendung, offenbar, um durch das Opfer seiner Selbst die Sünde auszutilgen". In Vers 16 erklärt er: „Denn wo ein Testament in Kraft treten soll, da muß der Tod des Erblassers nachgewiesen werden."

Paulus kannte die biblischen Schriften gut und versuchte stets, mit ihnen seine eigenen Doktrinen zu erhärten. Er mußte daher auch die Prophezeiung des Jeremias kennen, in der dieser den „Neuen Bund" weissagte, der für das Volk kommen werde. Jesus war mit den heiligen Schriften völlig vertraut, wie er bei seinen Auseinandersetzungen mit der Tempelhierarchie bewies; er kannte auch die betreffende Prophezeiung genau. Als er daher beim Kommunionsritus sagte: „Das ist mein Blut des Neuen Bundes", meinte er den Bund, den Jeremias geweissagt hatte. Jesus hat nie davon gesprochen, ein Vermächtnis zu hinterlassen. Paulus aber wurde bei der Ausarbeitung seines Lehrgebäudes so sehr von seiner Idee des „Letzten Willens" oder „Testamentes" gepackt, daß er das Wort „Bund" völlig ignorierte, obgleich es in den früheren Schriften von so großer Bedeutung war.

Hören wir, was Jeremias prophezeite (Jeremias 31:31 u. f.):

„Die Zeit trifft ein", ein Spruch des Herrn, „da schließe ich mit Israel und Judas Haus ein neues Bündnis, nicht wie den Bund, den ich mit ihren Vätern abgeschlossen, als ich sie bei der Hand ergriff und aus dem Lande der Ägypter führte. Mein Bündnis aber brachen sie, obwohl ich sie mir angetraut." Ein Spruch des Herrn. „Das ist der Bund, den ich nun mit dem Hause Israels nach diesem Tage schließe." Ein Spruch des Herrn. *„Ich lege in ihr Innres mein Gesetz und schreib es ihnen in ihr Herz. Alsdann bin ich ihr Gott, sie sind mein Volk."*

Das aber sind Worte eines *Kahunas*. Die im vorstehenden Text kursiv gedruckten Worte zeigen, daß das göttliche Gesetz im menschlichen Bewußtsein, ja in seinem Unterbewußtsein (in seinem Herzen) eingeschlossen sein soll. In kommenden Zeiten wird es nicht mehr nötig sein, daß der Mensch bei der Hand genommen wird. Das ist Gottes Teil am Bunde. Doch kommen wir nun zu dem Teile, den das Volk beizutragen hat: „Nicht mehr belehren sie sich so: Erkennt den Herrn! Denn alle werden sie mich kennen vom Kleinsten bis zum Größten." Ein Spruch des Herrn. „Denn ihre Sündenschuld vergebe ich, und ich gedenke nimmer ihrer Missetat."

Daraus ergibt sich, daß jeder Einzelne die Kenntnis und Macht hat, schließlich mit seinem Hohen Selbst in Kontakt zu treten. War das nicht das Ziel, auf das Jesus durch seine Lehre die Menschen vorbereitete? Die Prophezeiung erwähnt also nicht, daß Blutvergießen zur Erlösung nötig ist, während Paulus behauptete, das allein sei der Weg zur Erlösung, und deshalb habe Jesus sein Blut geben müssen. Dies war ein „Neuer Bund".

Von Isaias (53:3 u. f.) stammt eine der berühmtesten Prophezeiungen, die zeigt, daß Jesus der Erlöser war. Auch hier wird ein Bund sowie eine Erlösung von der Sünde erwähnt. Aber auch hier findet sich kein Wort der Bestätigung für die Paulus'sche Doktrin des Blutvergießens, durch die die wahre HUNA-Lehre ersetzt worden wäre. Das ist die Prophezeiung des Isaias:

„Er ist verachtet und von aller Welt verlassen, ein Schmerzensmann, dem Krankheit wohlbekannt, verachtet so wie einer, der sein Angesicht vor uns verhüllen muß ... und dennoch trägt er unsere Leiden, erduldet unsere Schmerzen, wie wohl er uns, als ein von Gott Getroffener, nur Schläge zu verdienen scheint und Qualen."

„So ist er denn durch unsere Schuld zerfleischt, durch unsere

Verschuldung so zerschlagen. Zu unserer Wohlfahrt nur fällt er der Züchtigung anheim, durch seine Striemen wird uns Heilung..."

„... erfüllt mit seiner Kenntnis wird mein gerechter Diener viele glücklich machen, nachdem er ihre Schuld getragen."
(Und 59:20) „Für Sion aber kommt ein Retter, für die in Jakob, die von Sünden lassen." Ein Spruch des Herrn. „Und dies ist der Bund, den ich mit ihnen schließe", so spricht der Herr: „Mein Geist, der auf dir ruht, und meine Worte, dir in den Mund gelegt, sie dürfen nicht aus deinem Munde weichen und nicht von deiner Kinder Munde..."

Niemals hat Jesus sich in seinen Lehren für das morgendliche und abendliche Blutopfer der früheren jüdischen Zeiten oder für die allgemeine Vergebung der Sünde des ganzen Stammes durch einen Priester ausgesprochen. Auch befürwortete er nicht die Aufhäufung der Sünden auf einen Sündenbock. In seinen Lehren war vielmehr die Sündenvergebung stets eine persönliche Angelegenheit jedes Einzelnen, und jeder Einzelne mußte selbst — notfalls mit Hilfe eines Freundes — damit fertig werden. Es gab für ihn keine Massen-Vergebung und keine Blutopfer.

Die einzige Gelegenheit, bei der er in positivem Sinne von einem Blutopfer sprach, war bei der Einsetzung des Kommunionsritus. Dabei aber handelte es sich, wie wir bei der Besprechung dieses Ritus sehen werden, gar nicht um ein wirkliches Vergießen eigenen Blutes; sondern hinter seinen Worten verbarg sich — ebenso wie hinter dem HUNA-Symbol des Blutes — etwas ganz anderes.

Wollen wir einen wahren Einblick in die Lehren Jesu erhalten, so ist es unumgänglich nötig, daß wir die unbegründeten Dogmen des Paulus als das ansehen, was sie in Wirklichkeit sind: Bedeutungslose Äußerungen, die wenig oder nichts zu tun haben mit dem inneren Gehalt der Lehren Jesu. Streng genommen dürfen wir aber Paulus nicht allzu sehr tadeln. Denn er war ja schließlich kein Eingeweihter. Er hatte eben nicht „die Augen zu sehen und die Ohren zu hören". Er war einer aus dem äußeren Kreise, wie so viele seit seiner Zeit; und da die Lehren Jesu frei von Dogmen waren, fühlte er sich gedrängt, das Dogma in die zu gründende neue Kirche einzuführen. Er war ein sehr komplexer Charakter und litt, wie er in seinen Briefen mehrfach äußerte, an einer Art unheilbaren körperlichen Leidens.

Wir verdanken Paulus einige der schönsten Stellen der biblischen Literatur. In mancher Hinsicht war er intolerant und von blinder Voreingenommenheit (z. B. in Bezug auf die Stellung der Frau in der Kirche), und doch konnte er eine so inspirierte Stelle niederschreiben, wie die des 13. Kapitels im ersten Korinther-Brief: „Wenn ich mit Menschen-, ja mit Engelszungen redete, doch hätte ich die Liebe nicht... usw". (Allerdings war das ein Bestandteil der äußeren Lehren Jesu). Bedauerlich war nur, daß die Frühkirche und die Menschen der folgenden Jahrhunderte den Paulus'schen Dogmen gefolgt sind, als ob es sich dabei um etwas handele, was Jesus selbst gelehrt hätte.

Als ein Beispiel für viele, müssen wir uns darüber klar sein, daß die Kristallisation der Paulinischen Irrtümer für die unreife Auffassung des Wesens der Kommunion verantwortlich ist. Denn die Kirche lehrt heute noch den Kommunikanten, daß der Wein und die Hostie sich in das Blut und das Fleisch des geopferten Teiles der heiligen Dreifaltigkeit verwandeln. Dogmen, die sich nicht auf Tatsachen gründen, zwingen dazu, sie durch weitere, erfundene Dogmen zu stützen. In der

Christenheit ist die wahre innere Bedeutung der Lehren unter einer großen überlagernden Schicht von Mißverständnis verloren gegangen. Diese Schicht aber, so glaube ich, kann durch die Wiederentdeckung der HUNA-Lehre beseitigt werden; und an ihre Stelle wird dann wieder die Fülle des ursprünglichen tiefen Wissens treten können.

XXI

DIE GEHEIME BEDEUTUNG DES TAUFRITUS

Bevor wir mit der Besprechung des ersten grundlegenden Ritus, der Taufe, beginnen, sei eines klar herausgestellt: Mit dem Taufritus begann Jesus eine Revolte gegen die Dogmen der jüdischen Religion seiner Zeit. Mit diesem Ritus verwirft er die alten, unwirksamen Blutopfer, die auf der Annahme beruhten, daß durch Versprengen von Blut die Vergebung von Sünden erreicht werden könne.

Mit der Verwendung von *Wasser* bei der Taufe, wird der Geist der HUNA-Lehre samt allen in ihr beschlossenen Elementen wieder lebendig. Das Wasser, das HUNA-Symbol für *Mana*, trat in den Vordergrund. Hätte man damals die grundlegende Bedeutung des *Mana* für das Zusammenwirken der drei Selbste des Menschen voll erkannt und richtig überliefert, so wäre die alte Idee der Reinigung durch Blut ein für allemal beseitigt gewesen. Wir hätten dann nicht mehr bis in die heutige Zeit nachgeplappert, daß wir durch das Blut des Lammes gereinigt werden.

Als die *Kahunas* Ägypten verließen, um in das ferne Land im Pazifik zu ziehen, muß es in Ägypten eine Prophezeiung gegeben haben, die von der Wiedergeburt des „Wahren Lichtes" sprach; das aber war eine der Bezeichnungen für das HUNA-Geheimnis und das Hohe Selbst. Diejenigen, welche die alte Lehre kannten, wußten um die Wiederkehr des alten

Wissens am Ende einer jeden Periode, in der es von der Auslöschung bedroht ist. Seine Wiederkehr war zudem immer verbunden mit der Inkarnation eines großen Lehrers, der das alte Weistum wieder einsetzen und zum Leben bringen konnte.

Im Alten Testament sollte „Messias", der „Gesalbte des Herrn", kommen und den Menschen helfen, sich von der Sünde zu befreien, damit das Königreich Gottes unter den Menschen errichtet werden könne. Als das HUNA-Wissen in Polynesien verloren ging, pries man voller Hoffnung die Ankunft von Captain Cook als *Lono*, „dem Verheißenen, der kommen wird", um das alte Weistum zu erneuern. Eine ähnliche Tradition und Erwartung fand sich auch in Zentral-Amerika in den Tagen der Majas. Das „zweite Kommen", welches im Neuen Testament nach Jesu Tod vorausgesagt wurde, war, äußerlich gesehen, seine Wiederkehr auf die Erde in menschlicher Gestalt. Nach der inneren oder HUNA-Bedeutung aber ist es die nächste Wiederkehr des Lichtes und des inneren Wissens.

Als der Taufritus an Jesus vollzogen worden war und er zu lehren begann, folgte er einer Tradition, die so alt ist wie das geheime Wissen selbst, das als „Wahres Licht" erscheint. Als dessen Verkörperung lehrte er in geheimen HUNA-Symbolen: „Ich bin der Weg, die Wahrheit und das Leben. Niemand kommt zum Vater denn durch mich".

Diese Lehre aber wurde später als Dogma dahingehend verändert, daß die persönliche Erlösung völlig davon abhängt, daß man Jesus als persönlichen Erlöser annimmt. Das führte zwangsläufig zu einem weiteren Dogma, welches festsetzte, daß die vor Jesu Geburt geborenen Menschen außerhalb des Bereiches dieser Erlösung stehen, daß aber alle nach Jesus geborenen Menschen verloren sind, wenn sie nicht durch Jesus als ihren persönlichen Erlöser zu Gott kommen.

Aus allen Untersuchungen über die Worte und Aussprüche Jesu geht eines klar hervor. Jesu lehrte, wie wir zu einer normalen Beziehung zwischen unseren drei Selbsten gelangen. Denn eine solche Beziehung zustande zu bringen, ist das Summum all dessen, was wir unter „Erlösung" verstehen. Jesus lehrte nicht, daß seine Person das direkte Mittel der Erlösung sei oder daß dem Menschen nur darum seine Sünden vergeben würden und er nur dadurch physisch, geistig und moralisch vollkommen werde, weil er einfach daran glaube, daß er, Jesus, imstande sei, ihn zu erlösen.

Der Mensch muß sich um seine Erlösung selbst bemühen. Jesus wies den richtigen Weg dazu und half denen, die ihm nahe standen, diesen Weg zu beschreiten. Auch lehrte er seine Jünger, diese Lehren weiterzugeben und denen zu helfen, die aus sich selbst die gegebenen Unterweisungen noch nicht anwenden konnten und wenigstens zu Beginn des neuen Weges äußere Hilfe brauchten. (Solche Hilfe war, wie wir noch sehen werden, besonders für diejenigen nötig, die sich von ihren Fixationen nicht befreien oder des Einflusses fremder Geist-Wesen nicht erwehren konnten, sodaß sie wegen der Blockierung des Pfades ihr Hohes Selbst nicht zu erreichen und von Ihm keine echte und dauerhafte Unterstützung zu erlangen vermochten).

Wenn wir uns darüber klar sind, daß Jesus zur Erde kam, um die Menschen zu lehren, ihre eigene Erlösung zu bewirken, wenn wir einsehen, daß er sie ihnen nicht als eine mystische Gabe brachte, die man einfach durch „den Glauben an seinen Namen" verdienen kann, so sind wir auf die Untersuchung der grundsätzlichen Riten vorbereitet, die den Menschen lehren sollen, sich selbst zu helfen. Das aber ist letzten Endes der einzig mögliche Weg, auf dem die Menschheit zur Erlösung gelangen kann. So wollen wir denn mit der Untersuchung des ersten Ritus, der Taufe, beginnen.

Die aufsehenerregende Erscheinung Johannes des Täufers in seinem Gewande aus Kamelhaar, mit einem Gürtel aus Fell um die Lenden, und seine neuen, mit Nachdruck vorgebrachten Ermahnungen, hatten Scharen von Menschen an den Jordan gelockt, bevor Jesus dort in Erscheinung trat. Johannes hatte den neuen Ritus der Taufe mit Wasser eingesetzt und lehrte das Volk, daß man seine Sünden bereuen und durch die Taufe von ihnen gereinigt werden müsse. Er sprach von einem, der kommen werde und dessen Schuhriemen zu lösen er nicht würdig sei. Einige fragten Johannes, wer er selbst sei und er antwortete:

„Ich bin die Stimme, die in der Steppe ruft: Macht eben den Weg des Herrn."

An dieser Stelle erkennen wir, daß Johannes ein HUNA-Eingeweihter war. „Weg" und „Herr" sind die Schlüsselworte seiner Rede. Überall, wohin die *Kahunas* ihr Wissen brachten, symbolisierten sie die *Aka*-Schnur durch (1) einen Weg, (2) einen Pfad, (3) eine Straße und (4) einen Faden, den Faden eines Spinnennetzes, eine Schnur, einen Strang, eine Pritsche, ein Seil. Eine Schnur glätten und spannen symbolisierte die Verbindung der *Aka*-Schnur mit dem Hohen Selbst. „Steine des Anstoßes" aus dem Wege oder von der Straße räumen, hatte die gleiche Bedeutung. Der „Herr" war das Hohe Selbst. Jesus unterschied Es später deutlich von Jehova, indem er Es „Vater" nannte. Der Herr war nicht das oberste göttliche Wesen des Universums; sondern der *Haku* der *Kahunas*, „der Herr der geteilten Wasser", des *Manas*, das zwischen dem niederen und dem Hohen Selbst geteilt werden muß, wenn das Hohe Selbst Seine fundamentalen Aufgaben für das Leben des Menschen zu erfüllen imstande sein soll.

Johannes rief dem Volke immer wieder zu: „Bekehret Euch! Das Himmelreich ist nahe!" In der heiligen Sprache der Eingeweihten bedeutet das Wort bereuen *mihi*. Der äußeren Bedeutung des „wegen der Sünde betrübt Seins" überlagert sich die innere Bedeutung der „Anerkennung einer Verpflichtung". Weil eine anerkannte Verpflichtung erfüllt werden muß, umfaßt der Akt des Bereuens auch die Wiedergutmachung begangener Sünden, soweit das auf der menschlichen Ebene möglich ist. Der Leser, der uns bis hierher gefolgt ist, weiß, daß die *Kahunas* in Hawaii sich an diese Regel hielten. Sie versagten ihre Mithilfe zur Öffnung des Pfades und zur Heilung, solange der Patient seine Gedanken und Handlungen, mit denen er anderen geschadet hatte, nicht wieder gutgemacht hatte. In den Fällen, wo für früheres Unrecht gegenüber anderen keine direkte Vergebung mehr erlangt werden konnte, gab es eine stellvertretende Sühne. Sie bestand aber nicht darin, daß ein *anderer* die Wiedergutmachung übernahm, sondern einzig und allein darin, daß derjenige, der gefehlt hatte, eigene gute Werke anderen gegenüber tun mußte.

Selbstanklagen, wie sie heutzutage von Mitgliedern gewisser religiöser Gemeinschaften auf der „Sündenbank" geäußert werden, sind nur ein Teil des Reueaktes. Johannes der Täufer sagt unmißverständlich, daß Taten den Akt des Bereuens begleiten müssen. So ruft er dem Volke zu: „Bringet also Frucht würdig der Bekehrung."

Reue beinhaltete auch die Erinnerung an die getanen Sünden und den Vorsatz, die alten Denkgewohnheiten, die zur

Verletzung anderer geführt hatten, abzustellen. Man mußte daher seine gewohnte Geisteshaltung kritisch überprüfen und gemäß der HUNA-Forderung nach Liebe und Freundlichkeit korrigieren. Diese Erinnerung an vergangene „Sünden" oder schmerzbereitende Taten erforderte die Mithilfe anderer; denn die üblen eigenen Gewohnheiten erkennt man ja am besten im Vergleich mit den Lebensgewohnheiten schon höher entwickelter Menschen, und erst dann kann man sich der besseren Lebenseinstellung anpassen. Das aber setzte ein „Bekenntnis der Sünden" voraus, einen Prozeß, bei dem die Sünden mit jemandem besprochen wurden, der sein eigenes Leben schon besser geordnet und seinen eigenen Pfad bereits geklärt hatte.

Matthäus berichtet, daß das Volk „sich von Johannes im Jordanfluß taufen ließ und dabei seine Sünden bekannte".

Die verborgene Bedeutung von „bekennen" finden wir, wenn wir das Wort in die Sprache der Eingeweihten zurückübertragen; *hai akaka* ist die Übersetzung; sie führt zu bezeichnenden Entdeckungen.

Aus *hai* ergibt sich, daß jemand nicht nur über seine Fehler und schlechten Taten spricht, sondern daß er aufhört, weitere zu begehen. Durch das Sprechen werden die Stricke der Erinnerung aufgeknüpft.

In Verbindung mit dem Kausativum *hoo* beleuchtet *hai* die Qualifikation dessen, der das Bekenntnis entgegennimmt: „Ein Opfer am Altare darbringen." Das Opfer ist immer die Aussendung einer starken *Mana*-Ladung zum Hohen Selbst längs der *Aka*-Schnur. „Altar" oder „erhöhter Platz" symbolisiert das Hohe Selbst. Daraus folgt, daß derjenige, dem sich der Sünder offenbart, während des Bekennens seinen Pfad offen haben und imstande sein muß, dem Hohen Selbst

Mana zu senden, weil das der grundlegend wichtige Akt bei der Herstellung des Gebetes ist. Es ergibt sich noch eine andere wichtige Bedeutung: „Eine tiefe Zuneigung zueinander haben." Das weist einerseits hin auf die Liebe, die das Hohe Selbst dem niederen Selbst entgegenbringt — ein vitaler Faktor für die Reinigung des Pfades und die Wiedervereinigung der Selbste; ferner deutet es an, daß zwischen den Beiden, die beim Bekenntnis zusammenwirken, ein echtes Verhältnis vertrauensvoller Zuneigung bestehen muß.

Die schließliche Bedeutung im Sinne von „zerreißen, wild machen, wie ein wildes Tier" symbolisiert unzweifelhaft die dem Menschen schadenden Fixationen — die Wölfe und Löwen des Erinnerungsgestrüpps und der Besessenheits-Einflüsse.

Das zweite Wort *akaka* gibt weitere Einzelheiten des Vorganges. Steht *akaka* mit *hai* zusammen, so ergibt sich die Bedeutung von „aufbrechen", „klar durchsichtig machen", „voll und ganz verstanden sein", „ans Licht bringen". Mit dem „aufbrechen" ist das Öffnen des niederen Selbstes gemeint, die Enthüllung seiner verborgenen Schuld- und Minderwertigkeits-Gefühle oder seiner zu Komplexen erstarrten fixierten Glaubensanschauungen.

Wie Matthäus berichtet, sprach Johannes der Täufer: „Ich taufe euch mit Wasser zur Bekehrung; er aber, der nach mir kommt, ist mächtiger als ich; ich bin nicht wert, ihm auch nur die Schuhe zu tragen. Er aber wird euch mit dem Heiligen Geiste und mit Feuer taufen."

Äußerlich weist Johannes auf die bevorstehende Ankunft Jesu hin und sagt, daß Jesus eine stärkere, wirksamere Form der Taufe bringen wird. Mit den Worten der HUNA-Sprache aber umreißt er die esoterische Bedeutung des Reinigungsprozesses. Daher spricht er nicht von Jesus, sondern vom Hohen Selbst, das, wenn es *Mana* erhält, den Pfad des Menschen klären, reinigen und die „Taufe mit Feuer" vollziehen wird. Das Feuer ist die allgewaltige *Mana*-Kraft, die dem Hohen Selbst, dem Heiligen Geiste, zu Gebote steht.

Die „Taufe mit Feuer" war jahrhundertelang den Menschen ein Rätsel. Für den aber, der die HUNA-Symbole kennt, gibt es hier nichts zu verwundern. „Feuer" erzeugt Licht, und Licht symbolisiert sowohl das Hohe Selbst als auch das von Ihm aufgenommene niedere Mana, dessen Wirkungsintensität im Bereich des Hohen Selbstes irgendwie (vielleicht durch Erhöhung seiner Schwingungsfrequenz) gesteigert wird, sodaß es zum Aufbrechen von Fixationen oder, falls der Pfad bereits gereinigt ist, zu Heilungen verwendet werden kann.

Und Johannes sagt weiter: „Schon hat er seine Schaufel in der Hand; und er wird seine Tenne reinigen. Den Weizen wird er in seinen Speicher bringen, die Spreu jedoch verbrennen in einem unlöschbaren Feuer."

Rein äußerlich bezieht sich der Satz „Er hat seine Schaufel in der Hand" auf jemanden, der auf dem Dreschboden Korn sichtet; und diese äußere Bedeutung ist die einzig mögliche in jedweder Sprache, ausgenommen der Sprache der Eingeweihten. Das polynesische Wort für Schaufel, *peahi,* gibt uns eine zweite und dritte Bedeutung, deren jede von einem Geheimnis aussagt, zu dem das Wort Schaufel der Schlüssel ist. Diese Bedeutungen sind „mit Feuer salben" und „aufbrechen".

Dem „Salben mit Feuer" entspricht das Niederfallen von hohem *Mana,* und dieses Niederfallen gewaltiger Kraft führt zum Aufbrechen der Fixationen, die die *Aka*-Schnur blockieren. In der HUNA-Sprache kommt das Symbol des „Aufbrechens" häufig vor. Was in diesem Falle aufgebrochen wird, sind die Gedankenform-Trauben, aus denen die Fixationen zusammengesetzt sind. Die „Spreu" aus der Tenne ist — im Sinne der HUNA-Lehre — der Rückstand, der nach dem Aufbrechen der zur Fixation gewordenen Gedankenform-Trauben übrig bleibt. Diese Spreu wird restlos zerstört. Sie wird in einem Feuer verbrannt, das als „unlöschbar" bezeichnet wird; denn es ist ja kein normales Feuer, sondern das hohe *Mana*, dem Nichts Übles zu widerstehen vermag.

Das also ist das Bild von Johannes dem Täufer, der einen neuen Weg zum Himmelreich weist. Den niederen Selbsten des Volkes prägt er diesen Weg bildhaft und nachdrücklich ein, indem er — als physisches Stimulans — die Waschung mit dem Wasser des Flusses vornimmt. Die innere Bedeutung dessen, was er sagte, verstanden die Zuhörer nicht. Johannes der Täufer muß daher von gewaltigem Eifer und mitreißender Überzeugungskraft beseelt gewesen sein, denn es heißt, daß das Volk begierig nach der neuen Taufe verlangte. Die Sehnsucht des Volkes nach mehr „Licht" war zweifellos groß, denn sonst wären sie nicht, wie der Bericht aussagt, in Scharen zum Jordanfluß gezogen.

Während Johannes der Täufer, in Felle gekleidet, am Ufer des die Wüste durchfließenden Jordans die Menschen lehrt und ermahnt, Sündenbekenntnisse hört und tauft, tritt Jesus hinzu. Er kam gemessenen Schrittes und allein. Niemand weiß, wo er in den Jahren seit dem letzten Bericht seiner Kindheit gewesen war. Sicherlich aber hatte er sich inzwischen irgendwo einer rigorosen Schulung durch Eingeweihte unterzogen. Er war nun 30 Jahre alt und bereit, sein geistliches Lehramt anzutreten.

Schlicht und einfach, ohne Fanfaren, näherte er sich Johannes. Er bat darum, getauft zu werden. Johannes aber, der ihn sofort erkannte, widersprach: „Ich sollte doch von dir getauft werden, und du kommst zu mir?"

Jesus sprach zu ihm: „Gib dich für jetzt zufrieden! Denn so gehört es sich für uns, all das zu erfüllen, was Rechtens ist."

Er und Johannes wußten, daß er frei von Sünde war und nicht gereinigt zu werden brauchte. Doch ist es klar, daß er den Ritus durch seine eigene Teilnahme universell einführen wollte. Johannes taufte ihn. Als Jesus dem Wasser entstieg, „öffneten sich ihm die Himmel; er sah den Geist Gottes wie eine Taube herniederschweben und auf ihn zukommen. Und siehe, eine Stimme rief vom Himmel: „Dies ist mein geliebter Sohn; an ihm habe ich mein Wohlgefallen."

In diesem letzten Akt des Dramas haben die Berichterstatter ihre Worte sehr sorgfältig gewählt, um den Eingeweihten, die den Bericht später lesen würden, die innere Bedeutung unmißverständlich zu bewahren. In der HUNA-Sprache wird jede Art Geist durch einen Vogel symbolisiert. In diesem Falle war das, was man niedersteigen sah, das Hohe Selbst, der Heilige Geist oder der „Geist Gottes". Äußerlich betrachtet stieg der heilige Geist vom Himmel hernieder. Die innere Bedeutung aber ist, daß das Hohe Selbst hernieder stieg, um mit den beiden niederen Selbsten durch die von Blockierungen freie *Aka*-Schnur in Kontakt zu kommen. Das Herniedersteigen des Hohen Selbstes und die Wiederherstellung des vollen, normalen Kontaktes ist zweifelsfrei das Ziel, das durch die Anwendung des Ritus erreicht werden soll.

Der Satz „Dies ist mein geliebter Sohn; an ihm habe ich mein Wohlgefallen" gilt nicht nur für Jesus, sondern für jeden Menschen. Er ist der Ausdruck der Liebe und Zustimmung, die jedes Hohe Selbst dem Menschen geben kann, dessen Pfad offen ist für den vollen Kontakt zwischen den drei Selbsten.

Tatsächlich haben alle Hohen Selbste Wohlgefallen an dem „Sohne", der zur Freilegung seines Pfades die verlangten Schritte des (1) Bereuens, (2) Bekennens und (3) der das Bekennen begleitenden Taufe — samt allem unternimmt, was nach der HUNA-Lehre zu diesen drei zusammenhängenden Schritten gehört.

Hinter diesen drei Stufen verbirgt sich das große Geheimnis des Taufritus: Daß nämlich das Hohe Selbst, wenn man ihm *Mana* liefert und vorher für die Verletzungen, die man anderen zufügte, Genugtuung gegeben hat, die verborgenen und unbekannten Fixationen, welche den Pfad blockieren, beseitigt.

Die Worte „ihr müßt wiedergeboren werden" gehörten ursprünglich nicht zum Taufritus; sie sind aber im Laufe der Zeit durch die Lehren der Geistlichen mit der Taufe assoziiert worden. Deshalb erscheint es zweckmäßig, diesen Ausdruck schon hier näher zu untersuchen. Diesen Satz gebrauchte Jesus, als er nach der Übernahme des geistigen Amtes mit Nikodemus sprach.

Die geheime Bedeutung von „wiedergeboren werden" zeigt sich am besten im Maori Dialekt (es gibt verschiedene polynesische Dialekte, die alle berücksichtigt werden müssen). Das betreffende Wort ist *whanau*. Seine HUNA-Bedeutung kann am besten mit „entwickeln" oder „in mental-spirituellem Sinne fortschreiten" wiedergegeben werden. Nach der grundlegenden HUNA-Auffassung wird der Mensch geboren (von der Mutter getrennt) und wächst heran, wobei er an Erfahrung und Kenntnis reicher wird. Ziel des Wachstums ist es, zu lernen, daß es ein Hohes Selbst gibt und daß man mit diesem frei, leicht und in jeder Beziehung zusammen arbeiten muß. Um aber richtig mit dem Hohen Selbst zusammen arbeiten zu können, muß man die dem niederen Selbst gemäßen tierischen Instinkte der Gier, der Furcht, und des Hasses überwinden. Zu voller und normaler Entwicklung und Größe kommt nur der, der mit dem Hohen Selbst E I N S wird.

Diese Trennung und Vereinigung wird an vielen Stellen der Bibel symbolisch dargestellt. Man trennt sich von dem alten Leben in Finsternis und Sünde; man vereinigt sich mit dem Hohen Selbst, indem man Es erkennt und sich mit Ihm durch die *Aka*-Schnur verbindet. Die Vereinigung von Braut und Bräutigam symbolisiert diesen zweiten Schritt ebenso wie die Vereinigung des Sohnes mit dem Vater. Das gebräuchlichste Symbol war das des „EINS"-Werdens mit dem Vater.

Jesus sprach: „Wenn jemand nicht *von oben* geboren ist, so kann er das Reich Gottes nicht schauen. Wer nicht aus *Wasser* und dem *Heiligen Geiste* geboren ist, kann nicht in das Reich Gottes eingehen. Was aus dem Fleische geboren ist, das ist Fleisch; was aber aus dem Geiste geboren ist, ist Geist. Ihr müßt *von oben* geboren werden..."

Die zweite Stufe des Wachsens oder Geborenwerdens erfolgt, — wie wir aus den Worten Jesu entnehmen — mit Hilfe von Wasser oder *Mana* und durch die Unterstützung des Heiligen Geistes oder des Hohen Selbstes. Das *Mana* mußte längs der *Aka*-Schnur zum Hohen Selbst emporgesandt werden *und die Hilfe zur Freilegung des Pfades kam dann von oben.* — d. h. vom Hohen Selbst, das von oben wirkend die Blockierungen des Pfades entfernte, bis die Vereinigung der drei Selbste erreicht war.

Ich glaube, das erklärt zur Genüge, was unter der Ermahnung, „wiedergeboren zu werden", verstanden werden muß.

Unmittelbar an das Drama der Taufe Jesu schließt sich als nächstes Geschehnis die große Versuchung an. Es liegt fast keine Pause zwischen dem Niedersteigen des Heiligen Geistes und dem Weggang Jesu, der „vom Geist in die Wüste geführt wurde", um vom Teufel versucht zu werden. Vom HUNA-Standpunkt aus wäre der Taufritus unvollständig gewesen, hätte er nicht auch die Lösung des Problems der „essenden Begleiter" mit erfaßt. So schloß man also diese besitzergreifenden Geistwesen, die den Teufel symbolisieren, — gewissermaßen als Anhängsel — in den Bericht über den Reinigungsprozeß mit ein, obgleich die meisten Menschen bekanntlich der Gefahr besitzergreifender Geister nicht ausgesetzt sind.

Wir wissen, daß Jesus ein eingeweihter *Kahuna* höchsten Grades war. Er war daher schon lange frei von Fixationen und „essenden Begleitern", die ihn vielleicht zu früherer Zeit einmal bedrängt haben mochten. In den Jahren seiner geistigen Schulung hatte er gelernt, nicht nur selbst mit solchen Problemen fertig zu werden, sondern in dieser Hinsicht auch andere zu unterweisen. Um aber seine eigenen Lebenserfahrungen dauerhaft und dramatisch zu offenbaren und darin das große HUNA-Weistum zu verankern, ging er in die Wüste, um sich dem Drama der Versuchung zu stellen.

Das Wort „Wüste" umschließt die geheime Bedeutung der Versuchung durch den Teufel. Diesem Wort entspricht in der HUNA-Sprache *hihiu*. Der Ausdruck „Wüste" symbolisiert das Gestrüpp von Gedanken und Emotionen, welches dem Gastgeber-Wesen durch üble „zehrende Begleiter" aufgezwungen wird. Diese besitzen ihre eigenen Fixationen, die sie aus dem Leben im Fleische mitgebracht haben und zwingen sie nun dem Lebenden als eigene Gedanken auf.

Hihiu hat folgende Bedeutungen:

(1) „Verwirrt sein", Symbol der Verwirrung der *Aka*-Schnur, die also nicht mehr straff und klar ist.

(2) „Einen Fehler begehen"; einen Fehler oder Irrtum im Verhalten gegenüber anderen; er geht vielleicht auf den Einfluß eines Fremdgeistes zurück und wird nach der HUNA-Klassifikation als „Sünde" angesehen.

(3) „Wild, ungezähmt sein, wie wilde Tiere". Auch hier stellen die Worte „wild" und „wilde Tiere" das HUNA-Symbol für die „zehrenden oder essenden Begleiter" dar.

Der Satan versuchte Jesus auf verschiedene Weise und bot ihm schließlich große Gewalt an, wenn er niederfallen und ihn anbeten würde. Jesus weigerte sich, ihn anzubeten (*hoomana:* bedeutet „anbeten, verehren"; wörtlich „*Mana* erzeugen und aussenden", z. B. zum Hohen Selbst, das allein solches *Mana* in segenbringende Kraft transformieren und als solche zurückgeben kann.) Jesus antwortete: „Es steht geschrieben: Du sollst den Herrn, Deinen Gott anbeten und ihm allein dienen."

Als der Satan mit seinen Versuchungskünsten zu Ende war, „ließ er eine Zeitlang von ihm ab". Das HUNA-Schlüsselwort ist hier „eine Zeitlang", *maloo,* was so viel bedeutet wie „auftrocknen" oder „Wasser aus etwas austrocknen". Wasser ist das *Mana*-Symbol. Wir finden also hier, daß der Satan, der nicht imstande ist, aus einem Akt der Anbetung eine *Mana*-Ladung zu entnehmen, keine Kraft mehr hatte, seine Versuchungen fortzusetzen; so geht er schließlich weg. Da er so sehr darauf aus war, *Mana* zu erhalten, kann er als einer der „essenden oder zehrenden Begleit-Geister" angesehen werden, die sich vom *Mana* aus dem Körper ihrer Gastgeber nähren.

Das „Austrocknen" des *Mana*-Vorrats eines üblen Geistes geschieht dadurch, daß man ihn nicht länger anerkennt, daß man aufhört, dem üblen Drängen nachzugeben, wie Jesus es tat. Das mittlere Selbst muß das niedere Selbst dazu bringen, diese Haltung einzunehmen. Eine solche Handlungsweise und Einstellung aber bedingt eine völlige Verwandlung und Veränderung der Lebensführung vom Schlechten zum Guten hin.

Zwar kann ein Mensch ein neues Blatt aufschlagen und ein altes Schuldkonto durch Wiedergutmachung vergangener schlechter Taten auch ohne äußere Hilfe ausgleichen. Gewöhnlich aber bleiben dabei die Fixationen und manchmal sogar Einflüsse von Besessenheit bestehen, deren sich der Betreffende nicht bewußt ist. Auch diese aber fallen unter den Begriff der „Sünde" und müssen daher entfernt werden. Das sind die Dinge, von denen in den Psalmen gesagt wird „Wer kann seine Irrtümer verstehen?", „Reinige dich von verborgenen Fehlern". Auch sei bemerkt, daß schon der Psalmist sich nach äußerer Hilfe umsah, um von Fixationen und Fremdgeist-Einflüssen gereinigt zu werden.

Beim Drama der Versuchung war Jesus bereits in völligem, freiem Kontakt mit seinem Hohen Selbst, wie das Symbol des Heiligen Geistes zeigt, der gleich einer Taube zu ihm herniederschwebte. Jesus bedurfte daher bei seinem Kampfe mit den üblen Geistern keiner äußeren Hilfe durch Johannes oder einen anderen Menschen. Er hatte ja die Hilfe des Hohen Selbstes; das war genug. Bei der Besprechung weiterer Riten werden wir lernen, was zu tun ist, wenn vor der Öffnung des Pfades Einflüsse besitzergreifender Fremdgeister beseitigt werden müssen.

XXII

DIE GEHEIME BEDEUTUNG DES FUSSWASCHUNGS-RITUS

Es ist kaum möglich, allen wesentlichen Äußerungen und Handlungen Jesu während der drei Jahre seines Lehrens nachzugehen. In jedem seiner Gleichnisse, in jedem seiner geheimnisvollen Aussprüche begegnen wir Prinzipien der HUNA-Lehre. Es ist faszinierend, den großen *Kahuna* bei der Arbeit zu sehen, wie er die kranken Körper und Geister der Menschen heilt, genauso wie es die *Kahunas* seit alters her taten.

Jesus heilte viele Menschen — vielleicht tausende — durch Auflegen seiner Hände. Und aus den ausführlichen Berichten über manche dieser Heilungen erkennen wir, daß er sich der gleichen Methode bediente, wie einst die *Kahunas* von Hawaii. Er benutzte Suggestionen, er brach Komplexe auf, wie im Falle des Gelähmten, den man durch das Dach des Hauses hinunterließ, in dem er mit Petrus weilte. Er trieb üble Geister aus, wie im Falle des jungen Epileptikers, den sein Vater Jesus zuführte. Er benutzte physische Stimulantia bei der Heilung des Taubstummen.

Jesus verfügte über hochentwickelte psychische Fähigkeiten und benutzte sie zur Diagnose. Dabei mag es sich entweder um eine natürliche Veranlagung gehandelt haben, oder um das Ergebnis einer Schulung in Telepathie, die er während der Jahre seiner Zusammenarbeit mit Eingeweihten, vor seinem Auftreten als *Kahuna*, erhielt. Ohne zu fragen erkannte er kraft seiner telepathischen Fähigkeiten die Leiden und Schwierigkeiten seiner Patienten. In manchen Fällen wandte er Fernbehandlung an, von der wir wissen, daß sie auf Telepathie beruht.

Diese Erkenntnisse rechtfertigten nicht nur unsere schlichten Bemühungen, im Rahmen der HRA-Arbeit die telepathischen Anlagen des niederen Selbstes zu entwickeln, sondern sie führen auch zu einer verständnisvolleren Beurteilung der erfolgreichen Arbeit von Ärzten, die mit dem Pendel das telepathische Wissen des niederen Selbstes zur Diagnose von Krankheiten einsetzen.

Wollten wir aufzählen, was uns die Lehren und Heilungsfälle Jesu über HUNA aussagen, wir brauchten ein ganzes Buch dazu. Ich hoffe, ein solches Buch wird einmal geschrieben werden; an dieser Stelle aber kann nur auf die Wichtigkeit einer solchen Arbeit hingewiesen werden. Vorerst wollen wir uns damit begnügen, die drei großen dramatischen Begebenheiten im Leben Jesu nachzuerzählen und das sich in ihnen offenbarende tiefe und verborgene HUNA-Wissen auszudeuten.

Wenden wir uns zunächst dem Abendmahl zu. Aus der ihm vom Hohen Selbst gegebenen Vorauserkenntnis wußte Jesus, daß er verraten und gekreuzigt werden würde. Tatsächlich hatte der Hohepriester Kaiphas bereits eine Versammlung der Oberpriester, Schriftgelehrten und Ältesten einberufen, um zu überlegen, wie man Jesus unauffällig ergreifen und töten könnte. Sie hatten Leute gedungen, ihn zu überwachen, damit man immer wußte, wo er sich aufhielt, und man ihn rechtzeitig ergreifen konnte.

Judas Iskariot, einer der Jünger Jesu, war zu den Oberpriestern gegangen und hatte sich angeboten, Jesus für eine

Summe Geldes auszuliefern. Sie boten ihm 30 Silberlinge. Von da an suchte Judas eine günstige Gelegenheit, seinen Teil an diesem Geschäft zu erfüllen.

Jesus wollte das Osterfest in Jerusalem feiern und sandte Petrus und Johannes voraus, um alles vorzubereiten. Aus seinem vom Hohen Selbst stammenden Vorauswissen sagte er ihnen, wo sie ein passendes, mit Teppichen und Polstern hergerichtetes oberes Gemach in einem Hause in der Stadt finden würden. Petrus und Johannes fanden den Raum, wie Jesus vorausgesagt hatte, und bereiteten hier alles für das Festmahl vor.

Als sich Jesus und die 12 Apostel in diesem Obergemach niedersetzten, um das Mahl einzunehmen, waren alle Voraussetzungen für das große Drama gegeben: Da ist der Eine, der weiß, daß er verraten wird; da ist der Verräter der sein Geschäft machen will; da sind die elf anderen, die nicht ahnen, was geschehen wird. Sie alle aßen miteinander, wie sie es gewohnt waren. Jesus, der wußte, daß er sie bald werde verlassen müssen, hatte es danach verlangt, dieses letzte Ostermahl mit ihnen zu halten. Wie Lukas sagt „hatte er die Seinen, die in der Welt waren, geliebt und liebte sie bis zum Ende".

Sie begingen das Abendmahl mit der Einsetzung des Kommunions-Ritus, der später besprochen werden soll. Dann sprach Jesus sehr traurig: „Wahrlich, ich sage euch: einer von euch wird mich verraten, einer, der mit mir ißt."

Die Jünger schauten verwundert einander an, und fragten sich, wer der eine sei, den er meine. Judas muß seine Züge sehr gut beherrscht haben. Die anderen begannen voll Sorge Jesus zu fragen: „Bin ich es?" Petrus gab Johannes, der sein Haupt an Jesu Brust gelegt hatte, einen Wink, er solle Jesus fragen, wer der Verräter sei.

Auf Johannes' Frage antwortete Jesus: Der ist es, dem ich den Bissen eintunken und reichen werde. Er nahm ein Stück Brot, tunkte es ein und reichte es Judas Iskariot.

Judas versuchte zu heucheln und fragte in der Hoffnung, unschuldig zu erscheinen, „Herr, bin ich es?"

„Du sagst es", antwortete Jesus kurz und gebot ihm „Was Du tun willst, das tue rasch".

Keiner der anderen Tischgenossen verstand den Sinn dieser Worte. Weil Judas die gemeinsame Kasse führte, glaubten sie, als Judas sofort darauf den Raum verließ, daß Jesus ihn mit einem Auftrag weggeschickt habe.

Als Jesus und seine Jünger sich nach dem Abendmahl in einen Garten jenseits des Baches Cedron begeben hatten, führte Judas die Oberpriester, die Schriftgelehrten und Ältesten sowie eine Menge Volkes mit Schwertern und Prügeln zu Jesus. Judas ging auf Jesus zu und küßte ihn. Es war dies ein verabredetes Zeichen, daß er der Mann sei, den sie suchten.

Was war mit Judas geschehen? Er hatte sich eine Zeitlang Jesus angeschlossen, der die schreckliche Geldgier, von der er besessen war, hätte von ihm nehmen können. Bis zum Zeitpunkt des Verrates hatte er offenbar mit Jesus und den anderen Jüngern ein Leben der Einfachheit und materiellen Armut gelebt und niemanden in sein von Gier besessenes Herz blicken lassen.

Doch Jesus wußte darum und sagte nach dem Kommunions-Ritus: „Ich spreche nicht von Euch allen. Ich weiß, wen ich erwählt habe. Allein, es muß die Schrift erfüllt werden. Der mit mir das Brot ißt, hat seine Ferse gegen mich erhoben." Vielleicht war es Judas vorbehalten, uns beispielhaft zu demonstrieren, in welche Tiefen die Gier das niedere Selbst eines Menschen reißen kann.

Schmerz empfand Jesus über das Los Petri. Dem guten, offenherzigen, aufrichtig liebenden Petrus sollte es vorbehalten sein, die neuen Lehren fernhin bis ins heidnische Rom zu tragen und sie dort mit seinem Leben zu besiegeln. Doch Petri niederes Selbst hatte einen Furchtkomplex. Ihn aufzulösen gab es offenbar nur den einen Weg, daß Petrus unter seinem Einfluß eine Tat beging, deren er sich bitterlich schämte, ehe er ihn erkennen und entfernen konnte.

Während des Abendmahls sagte Jesus zu Petrus, daß er leugnen werde, seinen Herrn zu kennen. Petrus war erschreckt. Sein mittleres Selbst verwarf diesen Gedanken als völlig unmöglich; aber er kannte noch nicht die Macht des Furchtkomplexes in seinem niederen Selbst. Jesus fragte ihn „Liebst Du mich?" und Petrus bekannte ihm glühend, daß er ihn liebe. Jesus sprach zu ihm „Weide meine Lämmer". Dabei dachte er an die Aufgabe, die Petrus bestimmt war. Jesus stellte die gleiche Frage dreimal; dreimal bestätigte Petrus seine Liebe und dreimal sagte Jesus zu ihm „Weide meine Lämmer". Nach der HUNA-Lehre liegt darin eine tiefe Bedeutung. Die *Kahunas* wiederholten wichtige Aussagen und Gebete jeweils dreimal und bedienten sich dabei immer der gleichen Worte.

Tatsächlich leugnete Petrus, Jesus zu kennen. Er verleugnete Jesus dreimal gegenüber verschiedenen Menschen. Als Jesus in Fesseln zum Palaste des Hohenpriesters geführt wurde, fühlte sich Petrus aus Liebe gedrängt, Jesus zu folgen; und nur noch einer aus der Schar der Jünger wagte es, so weit mitzugehen. Doch als die Leute ihn als einen der Freunde Jesu wiedererkannten, ergriff ihn Furcht, Furcht um sein Leben und seine Sicherheit.

Nach der dritten Verleugnung wandte sich Jesus um und

schaute Petrus an. Er sagte nichts, doch was muß dieser Blick enthalten haben. Wie ein Blitzstrahl durchfuhr Petrus die Erinnerung, daß Jesus ihm vorausgesagt hatte, er werde ihn dreimal verleugnen. Er wandte sich ab und weinte bitterlich. In diesem Augenblick aber brach der Furchtkomplex auf und wurde getilgt für immer. Denn der ganze weitere Lebensweg Petri zeigt uns ihn als einen Mann von hohem Mut und großer Tapferkeit.

Doch kehren wir zurück zur Abendmahltafel, an der — außer Judas, der seinem verruchten Geschäft nachging — die Jünger mit Jesus aßen. Wir haben uns noch nicht mit dem wichtigen Fußwaschungsritual befaßt. Ich glaube, dessen Einsetzung geschah im wesentlichen um Petri Willen; doch auch die anderen Jünger erlernten dabei die für ihr späteres geistliches Lehramt wichtige Technik, Komplexe zu entfernen.

Das Abendmahl war beendet. Jesus erhob sich von seinem Platze und legte sein Obergewand ab. Dann nahm er ein Linnentuch und legte es sich um. Er goß Wasser in ein Becken und begann, den Jüngern die Füße zu waschen und sie mit dem Linnentuch abzutrocknen. Das war nun eine ungewöhnliche Handlung. Die Jünger verstanden sie nicht. Sie fühlten sich beschämt, da sie ihren Herrn und Meister eines Dieners Arbeit verrichten sahen.

Schaut man aber genauer hin, so erkennt man, daß das, was Jesus tat und die Dinge, deren er sich dabei bediente, erfüllt sind von Symbolen und verborgenen Bedeutungen. Sie offenbaren sich sofort, wenn wir die Einzelheiten des Geschehens in die heilige Sprache übertragen.

Jesus nahm ein Linnentuch und band es sich um. In der Sprache der *Kahunas* heißt ein solches Linnen- oder Handtuch *malo*. Die geheime Bedeutung dieses Wortes ist „austrocknen".

Klingt uns das nicht sehr vertraut? Aus den Gedankentrauben einer Fixation muß das *Mana* ausgetrocknet werden. Ist das *Mana* aus Komplexen entfernt, so brechen sie auf. Aus der Arbeit der modernen Psychologen wissen wir, daß man Fixationen zerstören kann, wenn es gelingt, die in ihnen gebundene emotionale Energie zur Entspannung zu bringen.

Jesus goß Wasser in ein Becken. Jeder, der uns bis hierher gefolgt ist, weiß, daß Wasser das Symbol für *Mana* ist. Jesus sandte also seinem eigenen Hohen Selbst eine *Mana*-Ladung, damit Es sie verwende zum Wohle derer, deren Füße zu waschen er sich anschickte.

Warum aber wusch er gerade die Füße? Die Füße symbolisieren nach der HUNA-Lehre das niedere Selbst. Eine Furchtblockade war im niederen Selbst von Petrus, sodaß es ihm nicht möglich war, seinem Hohen Selbst *Mana* zu senden. Wie es um die anderen Jünger stand, ist nicht verzeichnet — die Betonung liegt also zweifellos auf Petrus. Das polynesische Wort für Füße, *Wawae,* setzt sich aus den Stammwörtchen *Wa* und *wae* zusammen. *Wa* hat die Bedeutung einer „Zeitspanne zwischen zwei Zeitpunkten". Eine solche Zeitspanne muß in jeder Erinnerung an eine zurückliegende Begebenheit enthalten sein. Bei der Arbeit des Psychoanalytikers sucht dieser im Patienten die Erinnerung an die Ereignisse zu wecken, durch die die Fixation bewirkt wurde. Gelangen diese Erinnerungen in den Brennpunkt des Bewußtseins, so können sie in ihrer wirklichen Bedeutung erfaßt und rationalisiert werden. Damit verlieren sie dann ihren Charakter als vagabundierende Erinnerungs-Komplexe oder Fixation.

Eine andere Bedeutung von *wa* ist „denken, reflektieren, erwägen, sich durch den Kopf gehen lassen". Hier kommt der sich vollziehende Rationalisierungsprozeß zum Ausdruck. Eine dritte Bedeutung von *wa* ist „etwas erbrechen, etwas hochbringen". Das vollends symbolisiert die Befreiung von Fixationen, die bisher im niederen Selbst wohnten. Das zweite Stammwörtchen *wae* bedeutet „etwas aufbrechen und das Gute vom Schlechten trennen". Das entspricht dem Aufbrechen von Fixations-Erinnerungen und ihrer rationalen Durchleuchtung. Ferner bedeutet es „Gedanken über ein Ereignis im Geiste festhalten, darüber nachdenken, eine Sache reiflich prüfen, eine Wahl treffen". Alle diese Ausdrücke beschreiben den Prozeß des Abwägens und der Rationalisierung von Ereignissen, die zu Fixationen führten.

Wir erkennen somit die sehr bedeutsame Tatsache, daß Jesus die Füße (das niedere Selbst) seiner Jünger wusch, um symbolisch zu demonstrieren, wie Komplexe beseitigt werden.

Das von Jesus benutzte Wasserbecken heißt in der heiligen Sprache *pa*. Selbst dieses Wort umfaßt Bedeutungsinhalte, die darauf hinweisen, daß jemand, dessen Pfad blockiert ist, von sich aus seinem Hohen Selbst kein *Mana* zusenden kann. Das Wörtchen *pa* bedeutet ferner „etwas auf mehrere Beteiligte aufteilen". Beim Ritus, den Jesus vollzog, ist es die Aufteilung seines *Manas* (symbolisiert durch das Wasser in der Schale) zwichen seinem eigenen Hohen Selbst und dem Hohen Selbst desjenigen, dessen Füße er wusch. Eine letzte geheime Bedeutung, die den ganzen Prozeß abrundet, ist „berühren". Es ist das Symbol des Hinausreichens längs der *Aka*-Schnur, um das Hohe Selbst zu „berühren", um mit Ihm in Kontakt zu kommen. Das aber muß geschehen, bevor *Mana* ausgesandt werden kann.

So brachte denn Jesus das mit vielen HUNA-Bedeutungen gefüllte Becken und das ebenfalls bedeutungsvolle Tuch, um Petrus die Füße zu waschen.

Petrus mochte es nicht dulden und wehrte ab. Doch Jesus sprach zu ihm: „Was ich tue, verstehst du jetzt noch nicht; nachher wirst du es begreifen."

In der Tat muß Petrus die Bedeutung dieses Ritus schon bald aufgegangen sein, nachdem er Jesus verleugnet hatte und sein Komplex sich unter Tränen löste. Er muß sich damals das Ganze sehr zu Herzen genommen haben, und er wandte später die Technik in seinem Amte zur Heilung anderer an.

Aber als Jesus ihm die Füße wusch, sprach Petrus leidenschaftlich: „Herr, nicht nur die Füße, sondern auch die Hände und das Haupt."

Jesus antwortete ihm, das sei nicht nötig, nur die Füße (das niedere Selbst) bedürften der Waschung. „Ihr seid rein, doch nicht alle." Denn er wußte um den tief sitzenden Furchtkomplex im niederen Selbst Petri.

Nach der Fußwaschung legte Jesus sein Gewand wieder an, setzte sich nieder und sagte den Jüngern, er habe ihnen ein Beispiel gegeben und sie sollten sich hinfort gegenseitig die Füße waschen.

Aus dem Labyrinth von Symbolen ergibt sich im wesentlichen folgende Technik: Der Mensch, dessen *Aka*-Schnur, dessen Pfad zum Hohen Selbst, durch Fixationen blockiert ist, soll die Hilfe eines anderen suchen, dessen Pfad offen ist. Dieser kann seine *Mana*-Kraft dem eigenen Hohen Selbst mit der Bitte zusenden, die Fixationen des Hilfesuchenden aufzubrechen. Der Helfer braucht nicht etwa ein *Kahuna* zu sein. Jesus sagte den Jüngern, jeder von ihnen könne und solle dem anderen auf diese Weise helfen. Jesus bekundete somit, daß es zu solcher Hilfe keinesfalls eines Menschen von so großer Kraft- und Machtfülle bedarf, wie er selbst einer war. Es genügt vielmehr, daß der Helfer in Verbindung mit seinem

Hohen Selbst steht, daß er — mit anderen Worten — eine Antwort auf seine Gebete erhält und den beiden Hohen Selbsten eine große *Mana*fülle zur Verfügung stellen kann, damit die Fixationen im niederen Selbst des anderen aufbrechen.

Aus den geheimen Bedeutungen der polynesischen Worte für Fuß und Schale läßt sich weiterhin folgern, daß der Fußwaschungsritus einen Ausspracheprozeß zwischen der komplexbehafteten Person und ihrem Helfer bezeichnet, wodurch eine Rationalisierung des Erinnerungsgestrüpps erreicht wird. Aufgrund neuerer Erfahrungen von Amateuren, die beim Versuch, Freunden zu helfen, lediglich die verborgenen Schwierigkeiten aufzudecken vermögen, dann aber nicht wissen, wie sie diese Probleme lösen sollen, scheint es mir wichtig, daß jeder Helfer schon über eine gewisse Schulung und Praxis in dieser Hinsicht verfügt. Ideal wäre es, wenn man als Helfer jemanden findet, der seinen eigenen Pfad zum Hohen Selbst in bester Ordnung hat und darüber hinaus über Kenntnisse in der Anwendung der Suggestion und physikalischer Stimulantia verfügt und weiß, wie man Fixationen rationalisiert, wenn sie an die Oberfläche kommen.

Wenn die HUNA-Bedeutung der bei diesem Ritus verwendeten Worte an den Taufritus erinnert, so weist das auf die Tatsache hin, daß beide Riten dasselbe ausdrücken. Mit der Wiederholung bezweckten die eingeweihten Berichterstatter der Geschehnisse eine besonders nachdrückliche Wirkung, galt es doch, die Wahrheit über den Weg zur Rettung des Menschen für immer sicherzustellen. Es war die Methode der Polynesier, Geheimnisse hinter Worte zu verbergen, die gemeinhin benutzt wurden. Wer würde eine so edle Philosophie und die Technik ihrer Anwendung hinter so einfachen Worten suchen wie Weg, bekennen, Wasser, Schaufel, Becken oder Füße?

Im Vergleich zum Tauf- und Kommunionsritus ist der Fußwaschungsritus in der christlichen Kirche nur selten angewandt worden; seine hier erfolgte Nachzeichnung läßt uns die Gründe erkennen. Die Kleriker und Theologen konnten die Bedeutung dieses Ritus nicht ausloten. So nimmt es denn nicht Wunder, daß man diesen Ritus einfach als eine Lehre zu Demut und Bescheidenheit ansah. Jesus aber hätte die Fußwaschung niemals als Ritus eingesetzt, wäre sie nicht von großer und tiefer Bedeutung gewesen.

Auf lange Sicht mußte man sich auch noch gegen etwas anderes schützen. Jeder der Riten konnte ja von Leuten, die um die HUNA-Bedeutung nicht wußten, ebenso abgetan werden wie der Fußwaschungsritus. Wenn aber nur einer der Riten erhalten blieb, um seinen Wahrheitskern zum richtigen Zeitpunkt zu enthüllen, so mußte damit vieles erhalten werden und verfügbar bleiben. In den ersten Jahrhunderten nach Jesu Tode verschwanden die übrigen Eingeweihten der alten Lehre aus den Ländern des Mittelmeeres; so haben wir denn von ihnen keine weiteren Aufzeichnungen über diese Dinge.

XXIII

DIE GEHEIME BEDEUTUNG DES KOMMUNIONS-RITUS

Die Geschichts- und Bibelforschung lehrt uns, daß die Frühkirche sich bei ihrer Ausbreitung von Jerusalem nach Antiochien und Griechenland nicht auf heilige Schriften stützen konnte, abgesehen von einigen Pergamentrollen mit alten Aufzeichnungen, die später in das sogenannte Alte Testament eingebaut wurden. Die Ältesten der christlichen Kirche wurden in ihrer Arbeit von Paulus und anderen Evangelisten durch Briefe und gelegentliche Berichte unterstützt. Diese Briefe wurden den Gemeinden vorgelesen; doch rangierten sie keinesfalls als „heilige Schriften". Es ist überhaupt erstaunlich, daß sie erhalten geblieben sind. Erst viel später wurden sie auf Synoden der organisierten Kirche als heilige Schriften in das „Neue Testament" übernommen, und Paulus wurde heilig gesprochen.

Die vier Evangelien von Matthäus, Markus, Lukas und Johannes erschienen erst, nachdem die Briefe lange schon geschrieben waren, etwa 50 bis 100 Jahre nach Jesu Tode. Während, wie wir feststellen konnten, Leben und Lehre Jesu von der Arbeit eines in die HUNA-Lehre Eingeweihten künden, hat später die Theologie des Paulus und eine zunehmende Zahl von Dogmen, die von Männern geringerer Bedeutung stammen, in diese Berichte Eingang gefunden. Dadurch wurde die schon aus den unterschiedlichen Angaben der Evangelien resultierende Verwirrung, die die Weitergabe der christlichen Lehre durch die Jahrhunderte stark belastet hat, nur noch verstärkt. Bibelforscher haben festgestellt, daß diese Berichte aus verschiedenen Aufzeichnungen verschiedener Autoren zusammengestellt wurden; doch wurden Matthäus, Markus, Lukas und Johannes zu „Heiligen" der organisierten Kirche erklärt. Die Befriedigung, die uns aus diesen Berichten erwächst, gründet sich auf diejenigen Stellen, in denen die Originallehre unverfälscht wiedergegeben ist. Meine Methode, zwischen den kostbaren Lehren Jesu und dem unechten Dogma zu unterscheiden, beruht, wie ich oben schon sagte, auf der Anwendung des HUNA-Testes. Der Besprechung des Kommunionsritus möchte ich — im Hinblick auf den knappen verfügbaren Platz — nur ein paar wenige Beispiele voranstellen.

Jesus begann sein Predigeramt mit dem Verlesen einer Stelle aus Isaias. Daß Isaias ein großer Eingeweihter der HUNA-Lehre war, erweist sich, wenn man seine Schreiben, Satz für Satz, in die „heilige Sprache" übersetzt. Erinnern wir uns des Augenblickes, da Jesus sein Amt ankündigt, so wie es bei Lukas (4:16 — 21)verzeichnet steht.

‚So kam er nach Nazareth, wo er aufgewachsen war. Und wie gewöhnlich ging er am Sabbat in die Synagoge und meldete sich zum Lesen.

‚Man reichte ihm das Buch des Propheten Isaias. Er machte die Rolle auf und traf auf die Stelle wo es heißt:

„Der Geist des Herrn ist über mir; er salbte mich dazu, den Armen frohe Botschaft kundzutun; er sandte mich, den Gefangenen Erlösung, den Blinden das Augenlicht zu verkünden, Niedergebrochene in die Freiheit zu entlassen, das Gnadenjahr des Herrn zu künden."

‚Dann rollte er das Buch zusammen, gab es dem Diener und setzte sich. Aller Augen in der Synagoge waren gespannt auf ihn gerichtet. Und er begann, zu ihnen also zu sprechen: „Heute ist die Stelle, die ihr soeben gehört habt, erfüllt."

Wir sehen hier, daß Jesus die Vorankündigung eines neuen und großen Propheten der HUNA-Ordnung annahm. Er wußte, daß er selbst die Erfüllung der Prophezeiung verkörperte. Die Prophezeiungen hatten ihn als Sohn Gottes und den mit Gott (dem Hohen Vater-Selbst, dem *Aumakua* der HUNA-Lehre) Vereinten bezeichnet. Da er um sein Einssein mit seinem Hohen Selbst wußte und aufgrund dieser Unio Heilungen vollbringen konnte, begann er sein Lehramt damit, den Menschen zu beweisen, daß eine solche Unio möglich ist und daß er sie erreicht hatte.

Um den Standpunkt Jesu richtig zu verstehen, müssen wir uns immer der Tatsache bewußt bleiben, daß er niemals gesagt hat, nur er allein und sonst niemand sei zu einer ähnlichen Unio, einem ähnlichen Eins-sein imstande. Im Gegenteil: Immer hat er andere gerade auf diese Aufgabe hingewiesen. Um nur ein Beispiel zu nennen: Als er eines Tages sagte: „Ich und der Vater sind eins", wurde er der Gotteslästerung beschuldigt und war nahe daran, gesteinigt zu werden. Jesus aber antwortete den Anklägern: „Steht nicht, wie ich sagte, in eurem Gesetze geschrieben, ihr seid Götter" (er zitierte einen der Psalme)? „Wenn er diejenigen Gott nannte, zu denen das Wort Gottes kam, und die Schrift nicht gebrochen werden kann, so sagt ihr von dem, den der Vater geheiligt und in die Welt gesandt hat, er lästere Gott, weil ich sagte, ich bin Gottes Sohn?"

Ein anderes Mal, als er beim letzten Abendmahl vertraulich mit seinen Jüngern redete, sagte er:

„Die Worte, die ich zu euch rede, sage ich nicht aus mir selber; der Vater, der in mir bleibt, vollbringt die Werke selber.

Glaubet mir, daß ich im Vater bin und daß der Vater in mir ist. Wenn nicht, so glaubet wenigstens um der Werke willen."

„Wahrlich, wahrlich ich sage euch: Wer an mich glaubt, der wird die Werke, die ich vollbringe, ebenso vollbringen; ja noch größere wird er vollbringen."

Was hätte er hiermit wohl anderes aussagen wollen, als daß das Hohe Selbst in ihm Seine Wunder bewirkt und daß die Jünger durch die Kraft ihrer eigenen Hohen Selbste sogar noch größerer Werke fähig sein würden.

An allen Stellen der Lehre Jesu sind die Worte: „Gott" und Hohes Vater-Selbst ebenso austauschbar wie „Heiliger Geist" und Hohes Selbst.

Wir müssen verstehen, daß Jesus oft im Zustand völliger Einheit mit dem Hohen Selbst vor denen stand, die er lehrte und daß er dann wie mit der Stimme des Vaters selber redete. Das war auch in den Kreisen der HUNA- Anhänger üblich. Dort wurden die *Kahunas* des höchsten Grades als die für Gott Sprechenden bezeichnet. Bei Heilungen wurde der Befehl „Du seist geheilt" in vollkommener Einheit aller drei Selbste und nicht allein von den niederen Selbsten gesprochen.

Wenn Jesus so sprach, als ob er selbst Gott oder der Vater und nicht ein Mensch sei, folgte er dem uralten HUNA-Brauch. Die mangelnde Einsicht in die HUNA-Lehre und ihre Bräuche hat in diesem Punkte zu einer endlosen Kette von Verwirrungen und Mißverständnissen geführt. Man konnte einfach nicht verstehen, daß Jesus zugleich Mensch und Gott sein konnte. Da aber das richtige Verständnis fehlte, legte man dogmatisch fest, daß Jesus ein Teil des Dreieinigen Höchsten Gottes sei, der sich aus Gott dem Vater, Jesus dem Sohne und dem Heiligen Geiste zusammensetzt. Diese Theologie aber entspricht weder der HUNA-Lehre, noch dem Judaismus. Jesus selbst lehrte nichts dergleichen. Er lehrte einfach und schlicht, daß jeder Mensch sich mit seinem eigenen Hohen Selbst, das er „Vater" nannte („der Vater, der in mir wohnt"), verbinden und mit ihm EINS werden könne.

Ein Fall, in dem das Paulus-Dogma in das Evangelium hineingebracht wurde, ist Matthäus (28:19). Jesus erscheint als Geistwesen den Jüngern, nachdem er aus dem Grabe auferstanden ist; er spricht zu ihnen: „Darum gehet hin und lehret alle Völker: Taufet sie im Namen des Vaters und des Sohnes und des heiligen Geistes."

Wir kennen HUNA und wissen, daß das Hohe Selbst als Heiliger Geist bezeichnet wird, als es wie eine Taube zu Jesus herniederstieg. Jedes Selbst eines Menschen ist für den *Kahuna* ein Geist; das *Aumakua* ist der „Heilige" Geist. Das Wort „Geist" ist im Hebräischen, Lateinischen oder Griechischen ein Fremdwort.

Es ist nützlich, einmal die Evangelien durchzugehen, um zu erkennen, daß überall, wo Jesus eine Wahrheit auslegt und mit „Ich bin..." beginnt oder mit „...durch mich" usw. endet, er als das eigene Hohe Vater-Selbst redet. Manchmal aber bezieht er sich — wie wir alle — auf das mittlere Selbst; das ergibt sich jeweils aus dem Beitext. Bei der Erklärung fundamentaler Wahrheiten aber steht „ich" und „mich" für das Hohe Vater-Selbst.

Als nächstes Ereignis — und als gute Vorbereitung für das Verständnis des Kommunionsritus — sei die Lehre des „Brotes vom Himmel" besprochen, über die Johannes berichtet.

Von den Wunderheilungen Jesu beeindruckt, baten ihn einige Leute um ein Zeichen, damit sie sähen, daß es sich wirklich um Gottes Werk handele. Sie erinnerten sich daran, daß zur Zeit Mosis ihre Vorväter ein solches Zeichen in Gestalt des

Mannas vom Himmel erhalten hätten. Jesus antwortete ihnen: „Wahrlich ich sage euch: Nicht Moses gab euch das Himmelsbrot, aber mein Vater gibt euch das wahre Himmelsbrot. Der ist das Brot des Himmels, der aus dem Himmel kommt und der Welt das Leben schenkt."

„... Ich bin das Brot des Lebens. Wer zu mir kommt, den wird es nicht mehr hungern; wer an mich glaubt, den wird es nie mehr dürsten."

Das lese man im HUNA-Sinne und beachte dabei, daß Jesus als das Hohe Vater-Selbst spricht. Ferner beachte man, daß er vom Durste spricht und dadurch andeutet, daß Wasser oder *Mana* ein Teil der „Nahrung" ist, über die er redet. Das Wort „Himmelsbrot" weist hin auf den vom Hohen Selbst zurückgesandten Strom Hohen *Manas;* es ist vergleichbar dem Manna, das zur Zeit Mosis vom Himmel „fiel", als spirituelle Nahrung für die Kinder Israels.

An der gleichen Bibelstelle heißt es weiter: „Ich bin das Lebensbrot, das vom Himmel herniederstieg. Wer von diesem Brote ißt, der wird ewig leben. Das Brot das ich geben werde, ist auch mein Fleisch, das ich geben werde für das Leben der Welt."

Man hat diesen Vers ausgelegt als eine Prophezeiung seines eigenen Todes und einen Beweis dafür, daß Jesus sein Leben am Kreuze hergab, um der Welt das Leben zu geben — sie zu „erlösen". Statt dessen aber lehrte er, daß das Hohe Selbst der Welt das Leben gibt, indem Es das *Mana,* das Ihm die niederen Selbste darbringen, zurückfließen läßt, weil sonst Sünde, Tod und Übel das Los der Welt sein würde.

Der Bericht sagt weiter aus: ‚Die Juden stritten untereinander und sagten: „Wie kann uns dieser sein Fleisch zu essen geben?"

Jesus sagte daher zu ihnen: „Wahrlich, wahrlich ich sage Euch: Wenn ihr das Fleisch des Menschensohnes nicht essen und sein Blut nicht trinken werdet, so werdet ihr das Leben nicht in euch haben. Wie mich der lebendige Vater gesandt hat und ich Kraft des Vaters lebe, so wird auch, wer mich ißt, durch mich leben. Wer dieses Brot ißt, wird ewig leben."

Der Gedanke, „Gott zu essen", um seine Kraft und Substanz aufzunehmen, kann bis ins alte Ägypten zurückverfolgt werden. In entarteter Form kam dieser Gedanke in die verschiedensten Teile der Welt und man glaubte, daß ein Mensch, der seinen Gegner erschlage und von ihm esse, dessen Kraft oder Mut auf sich übertragen könne. Der Kannibalismus ist wohl eher aus dieser Idee als aus dem Hunger nach Menschenfleisch entstanden.

Nach der HUNA-Lehre wird das *Mana,* das der niedere Mensch dem Hohen Selbst als einem „Gott" darbringt, von Diesem in eine höhere, kraftvollere Form umgewandelt und in dieser Form dem physischen Menschen wieder zurückgegeben. Ein polynesischer Ausspruch besagt, man müsse die Götter ernähren, damit sie nicht sterben; stürben nämlich die Götter, so müsse auch der Mensch sterben. Die Lehre von der Notwendigkeit dieser gegenseitigen „Nahrungs"-Spende wurde äußerlich so dargestellt, als ob der Körper des Gottes wirklich gegessen und sein Blut wirklich getrunken würde.

Zweifellos erwartete Jesus, daß wenigstens einige der Menschen, die mit solchen Fragen zu ihm kamen, die innere Bedeutung seiner geheimnisvollen Sätze würden verstehen können. Er war immer darauf bedacht, seine Lehren denen zu bringen, die „Augen zu sehen" und „Ohren zu hören" hatten. Aber in dieser Gruppe war offenbar keiner, der ihn verstand:

„Viele seiner Jünger, die zugehört hatten, erklärten: Diese Rede ist schwer zu ertragen; wer mag ihn weiter anhören?"

(Jesus sprach:) „Ihr nehmt daran Anstoß? Wenn ihr den Menschensohn nun dahin auffahren seht, wo er zuvor war? Der Geist ist es, der lebendig macht; das Fleisch nützt nichts."

„Das Fleisch nützt nichts." Diesen Ausspruch wollen wir im Sinne behalten, wenn wir jetzt den Kommunionsritus untersuchen:

Dieser Ritus wurde während des dramatischen letzten Abendmahls eingesetzt. Als Jesus und seine Jünger sich an den Abendmahl-Tisch gesetzt und bevor sie noch mit dem Mahle begonnen hatten, schaute Jesus die Jünger liebevoll an und sagte: „Sehnlichst hat es mich danach verlangt, dieses Ostermahl mit Euch zu halten, bevor ich leide." Dann „bestimmte er ihnen das Reich" für ihre Arbeit und daß sie in seinem Reich an seinem Tische essen und trinken sollten.

Einige Stellen von Lukas und Matthäus sollen uns zeigen, wie der Ritus gegründet wurde:

„Dann nahm er das Brot, dankte, brach es und gab es ihnen mit den Worten: „Das ist mein Leib, der für Euch hingegeben wird. Tut dies in meinem Andenken. Denn ich sage Euch, ich werde nicht mehr davon essen, bis es erfüllt ist im Reiche Gottes."

„Darauf nahm er den Kelch, dankte und gab ihnen diesen mit den Worten: Trinket alle daraus: Denn das ist das Blut des Neuen Testamentes (Bundes), das für viele vergossen wird zur Nachlassung der Sünden.

„Ich sage euch aber: Ich werde von jetzt an nicht mehr von dem Gewächs des Weinstocks trinken bis zu jenem Tage, da ich es mit euch in neuer Weise trinken werde im Reiche meines Vaters."

Das war also ein zeremonielles Ritual zur Erinnerung an das Wirken Jesu. Das Brechen und Essen des Brotes symbolisierte und erinnerte an die HUNA-Wahrheit, daß man dem Hohen Selbst *Mana* darbringen muß und daß Es dann als Gegengabe die Anbetenden mit Seinem Hohen *Mana* stärkt und speist. Das gleiche gilt für das Trinken des Blutes. Es ist ein Teil des Körpers und fließt symbolisch wie *Mana*. Auch das Blut versinnbildlicht das *Mana,* das zum Hohen Selbst geschickt werden muß und von dort dem Menschen als „Nahrung" wieder zugesandt wird. Denjenigen, die um die HUNA-Bedeutung des Ritus wissen, ist der Sinngehalt dieser Lehre völlig klar.

Diese Lehre ist keineswegs die wichtigste der in der Bibel enthaltenen HUNA-Lehren. Alle Lehren sind wichtig; alle sind unabdingbare Teile des großen Prozesses zur Wiederherstellung der normalen Beziehung zwischen den drei Selbsten. Die mehr oder weniger zufällige Tatsache, daß man im Ritual der Kirche dem Brechen des Brotes und dem Trinken des Weines die größte Bedeutung beigemessen hat — dieser Ritus nämlich wird am häufigsten und feierlichsten ausgeübt — beweist nicht, daß dieser Ritus wertvoller ist als z. B. die Entfernung von Fixationen oder die Benutzung der *Aka*-Schnur, um die Verbindung zum Hohen Selbst herzustellen.

In der Tatsache, daß die „Nachlassung der Sünde" als wesentlicher Zweck für das Essen des Brotes (Fleisches) und Trinken des Weines (Blutes) angegeben wird, spiegelt sich die *Mana*-Anwendung wider. Denn, wenn *Mana* dem Hohen Selbst dargebracht wird, werden Fixationen und Blockierungen des Pfades beseitigt, und die Verbindung mit dem Hohen Selbst stellt die Wiedervereinigung, die Communio zwischen den drei Selbsten wieder her.

Die Männer, die nach Jesu Tode damit begannen, Dogmen und Lehrsätze zu sanktionieren, bemächtigten sich auch des Kommunionsritus; und das ist es, was sie daraus machten:

Brot und Wein, so sagen sie, werden von Gott verwandelt in das wirkliche Fleisch und das wirkliche Blut Jesu, sodaß beides vom Gläubigen genossen werden kann. Sicherlich haben sie bei ihren Überlegungen den Ausspruch Jesu nicht beachtet, daß das Fleisch des Körpers nichts nützt. Dennoch aber ergibt sich ein Fortschritt, für den wir dankbar sein müssen. Die Opfer, die Gott dargebracht wurden, waren anderer Art als früher; es floß kein Blut mehr und es brauchte kein Blut mehr verspritzt zu werden. Man versuchte nicht mehr, Gott verbranntes Fleisch oder Opfertiere darzubringen, wie Moses und seine Anhänger es bei der Anbetung Jehovas taten.

Eines hätte man — als einen der Eckpfeiler der HUNA-Lehre — verstehen müssen, die Tatsache nämlich, daß *Mana* das Eine und Einzige war, das von den Priestern und ihren Gemeinden den Hohen Selbsten dargebracht werden konnte.

Wir wissen, daß der Akt der Gottesverehrung, der Sinn und Zweck jeglicher Art gemeinsamer ritueller, gottesdienstlicher Handlungen ist, nichts mit Gesängen, Litaneien, Gebeten und Predigten zu tun hat. Vielmehr bedeutet Gottesverehrung oder *hoo-Mana* soviel wie „*Mana* zu erzeugen" und dieses *Mana* längs der *Aka*-Schnur des Beters hinaufzureichen zum Hohen Selbst.

Äußerlich betrachtet wird Gott beim Meßopfer der gekreuzigte Körper Jesu auf dem Altare als Opfer dargebracht. Nach der Opferung nimmt der Gläubige in der Kommunion Gott in sich auf. Das ist auch richtig, soweit damit die innere Bedeutung gemeint ist. Sieht man aber nur auf die äußere Bedeutung, so kommt das krasser Unwissenheit und Barbarei gleich.

Im Abschnitt XX wurde im Zusammenhang mit den Lehren des Paulus vom „Neuen Testament" gesprochen. Wir kamen dabei zu der Erkenntnis, daß Jesus von einem „Neuen Bund" gesprochen haben muß, und es wurde an der betreffenden Stelle schon darauf hingewiesen, daß Jeremias in einer Prophezeiung den Neuen Bund angekündigt hatte. Da aber Jesus mit seinem Leben und seiner Lehre die Prophezeiungen in vollem Umfange bis auf den Buchstaben getreu erfüllte, ist es einfach unvorstellbar, daß er hier, bei der Einsetzung des Kommunions-Ritus, versagt hätte. Ein Vergessen der Prophezeiungen, um derentwillen er lebte und die von *Kahunas* seiner Größe und Vollkommenheit, von *Kahunas* der gleichen Einweihungsschule, stammten, wäre ja gleichbedeutend gewesen mit dem Vergessen seiner eigenen, großen Mission. Er sollte einen Neuen Bund mit neuen Gesetzen einsetzen, mit Gesetzen, die denen, die sie anzunehmen vermochten, in die Herzen geschrieben werden sollten.

Die polynesische Übersetzung für Bund ist *kumu*. Betrachten wir die geheimen Bedeutungen dieses Wortes. Die erste ist „ein Unternehmen beginnen", womit auf den Beginn der „Speisung" des Hohen Selbstes mit *Mana* hingewiesen wird; die zweite Bedeutung ist „Wasserquelle". Das Aufsteigen von Wasser in einer Quelle ist eines der bildhaften Symbole der HUNA-Sprache für das Aufsteigenlassen von *Mana* (Wasser) längs der *Aka*-Schnur zum Hohen Selbst. Demgegenüber ergibt die Übersetzung für Testament keinerlei geheime Bedeutung, weder aus dem Stammwörtchen noch aus dem Wortganzen.

Johannes erwähnt bei seiner Schilderung des Abendmahl-Dramas die Kommunion nicht. Er konzentriert sich auf die wertvollen letzten Anweisungen Jesu an seine Jünger. Unter diesen finden wir ein neues Gebot Jesu. In den Bünden der alten Zeit war fast stets ein Gebot Gottes an das Volk enthalten. Die Zehn Gebote waren ein Teil eines solchen Bundes. Johannes spricht davon, daß Jesus sagte: „Ich gebe Euch ein neues Gebot; Liebet einander." Nichts hätte den neuen Bund besser kennzeichnen, nichts das HUNA-Weistum besser erkennen lassen können als dieses Gebot.

Sogar das polynesische Wort für Gebot, *kana-wai* hat die bezeichnende geheime Bedeutung: „Wasser erscheinen lassen". Das symbolisiert natürlich die Ansammlung einer starken Ladung an *Mana* oder Vitalkraft.

Paulus und andere, die nach ihm kamen, machten hinsichtlich des Todes Jesu einen Fehler. Sie stellten seinen Tod als nötig hin, damit Jesu Blut wie bei einem echten Blutopfer vergossen werden könne, um die Welt vom Fluche der Sünden Adams und Evas reinzuwaschen. Dieser Fehler kann nun korrigiert werden. Der mit Wein gefüllte Becher, in dem das „zur Vergebung der Sünden vergossene Blut" geopfert wurde, füllt sich mit tiefer innerer Bedeutung, wenn wir uns der Übersetzung des Wortes Kelch in die heilige Sprache entsinnen. (Kelch = *ki-aha*. Das Wurzelwort *ki* bedeutet „Wasser spritzen", ist also verwandt mit „Wasserquelle"; es gibt die symbolische Bedeutung des Aufwärtssendens von *Mana* zum Hohen Selbst. Das Wurzelwörtchen *aha* bedeutet „eine Schnur", ist also das HUNA-Symbol für die Schnur aus Schattenkörperstoff. Die Zusammensetzung mit *ki* zeigt deutlich an, wie das „Wasser oder *Mana*" dem Hohen Selbst zugeleitet wird: nämlich über die Schattenkörperschnur.)

Hier ist die Feststellung interessant, daß alle Schalen oder Trinkgefäße der *Kahunas* aus Kürbis hergestellt waren und daß viele dieser Kürbisbehälter mit Schnur-Netzen umflochten wurden, damit man sie besser tragen konnte. Dem für Becher, Kelch oder Schale geprägten Wort lag das Wurzelwörtchen *aha* zugrunde, das eine Schnur bezeichnet. Das gilt sinngemäß auch für das Becken, das Jesus vor der Fußwaschungs-Zeremonie mit Wasser füllte.

Soviel über die Symbolik des Bechers oder Kelches. Was das Blut im Kelch betrifft, so wissen wir nun, daß es das *Mana* versinnbildlicht. Doch hat das Wort für Blut — *koko* — sehr interessante tiefere Bedeutungen.

(1) „Das um die Kürbisflasche geflochtene Schnurnetz." Damit ist das eben besprochene Tragnetz aus Schnur gemeint. Also ein weiteres Symbol für die *Aka*-Schnur.

(2) „erfüllen; anfüllen". Das „Blut des Neuen Bundes" ist nach dieser symbolischen Bedeutung das Erfüllen des Hohen Selbstes mit *Mana*. Es könnte allerdings auch die Erfüllung der Prophezeiungen durch Jesus bedeuten; er setzte ein neues Gebot ein sowie den Ritus der Kommunion, um die Blutopfer des alten Bundes damit abzulösen. Im wesentlichen aber bleibt es bei der inneren Bedeutung des Aussendens von *Mana* längs der *Aka*-Schnur zum Hohen Selbst, damit Es den zu Reinigenden die Fixations- und Besessenheits"-Sünden nachlassen oder vergeben kann.

(3) Schließlich beinhaltet das Wort *koko* die Bedeutung von „emporsteigen oder ausdehnen" (mit dem Kausativum *hoo*). Auch das ist wieder das Symbol des Aussendens von *Mana* längs der *Aka*-Schnur. Es symbolisiert ferner die Tatsache, daß die *Aka*-Schnur emporsteigt und sich aufwärts erstreckt bis sie mit ihrem Ende das Hohe Selbst berührt. Die *Aka*-Schnur erstreckt sich vom niederen zum Hohen Selbst. Wir kommen also unausweichlich zu der Erkenntnis, daß

Jesus sein Blut nicht vergoß, um der Menschen Erbsündenschuld gegenüber einem gnadenlosen Gott zu begleichen. In der symbolischen Darstellung der Wahrheit im Kommunionsritus vergoß Jesus gar kein Blut; und der Wein im Kelche, den er den Jüngern darbot, stand NICHT für das Blut, das er später am Kreuze vergoß.

Der ganze Ritus umfaßte vielmehr die Wiedereinsetzung der großen, grundlegenden Prinzipien der HUNA-Lehre, mit deren Kenntnis jeder Mensch imstande ist, nicht nur Reinigung von „Sünden" zu erlangen, sondern auch die Verbindung zum Hohen Selbst herzustellen. Das aber bedeutet niemals etwas anderes als „eins zu werden mit dem Vater". Und das ist das Ziel all dessen, was Jesus uns lehrte.

XXIV

DIE GEHEIME BEDEUTUNG DER KREUZIGUNG

Wir kommen nun zum großen, Ehrfurcht gebietenden Drama der Kreuzigung. Mit seiner Fülle von Ereignissen, die uns die Unmenschlichkeit des Menschen vor Augen führen und die zum tragischen Höhepunkt hinführen, hat dieses Drama zu allen Zeiten die Herzen und Gemüter ergriffen. Darüber hinaus aber läßt uns die Art der Aufzeichnungen, die uns die Evangelisten von diesem Drama hinterlassen haben, auch die tieferen, verborgenen Bedeutungen erkennen.

Jesu Mission war es, dem Menschen zur Erkenntnis seiner selbst zu verhelfen, ihn erkennen zu lassen, wogegen er in seinem eigenen Innern zu kämpfen hat und wie er mit den inneren Mächten fertig wird. Es war seine Mission, dem Menschen die Verheißung eines leuchtenden Zieles zu bringen, das er erreichen kann, wenn er die Vereinigung mit seinem eigenen Vater-Geist, dem Hohen Selbst, vollzieht. Er hatte nicht — wie Moses — mit einem ganzen Stamme, mit der ganzen Menschheit, der breiten Masse zu tun; Jesus wußte, daß sich die Angelegenheiten der menschlichen Gesellschaft ganz von selbst regeln, wenn erst jeder Einzelne zu einer reifen, ganzheitlichen Persönlichkeit werden würde.

Nach der HUNA-Lehre ist das Bewußtsein, das mittlere Selbst eines jeden Individuums, ein Geist. Er wohnt als Gast im menschlichen Körper, um dem niederen Selbst zu helfen und es zu leiten und um selbst an Lebenserfahrung zu wachsen, bis ein Zustand ununterbrochenen Kontaktes zum Hohen Selbst erreicht ist. Seine Hauptaufgabe besteht darin, das niedere Selbst zu führen und zu lehren, damit es aus seinem animalischen Bewußtseinszustand zur Ebene des menschlichen oder mittleren Selbstes aufsteige.

Wir müssen wissen, daß die animalischen, „instinktiven" Triebe des niederen Selbstes sehr stark sind, und zwar mit Recht; denn sie dienen der Erhaltung der Rasse. Zuzeiten aber muß das mittlere Selbst auch solche drängenden Triebe steuern und kontrollieren. Das lehrt uns die Leidensgeschichte Jesu im Garten Gethsemani, wohin er sich mit seinen Jüngern nach dem letzten Abendmahl begeben hatte.

Bevor Judas seinen Verrat an Jesus beging, verließ dieser seine Jünger. Er ging abseits, um zu beten und sagte zu seinen Begleitern, seine Seele sei betrübt bis in den Tod. Er fiel auf die Erde nieder und betete „Mein Vater, wenn es möglich ist, laß diesen Kelch an mir vorübergehen. Doch nicht wie ich will, sondern wie du willst."

Das niedere Selbst im Körper eines starken und gesunden jungen Menschen kämpft mit aller Macht, um den Körper zu erhalten. Er erzeugt eine Menge von *Mana* oder Vitalkraft; es liebt das Leben und hängt an ihm. Vielleicht war das das Schwere, was Jesus bedrückte; er konnte es nicht beim ersten Male im Gebet überwinden. So ging er zu seinen Jüngern zurück und sagte ihnen: „Der Geist (das mittlere Selbst) ist willig, doch das Fleisch ist schwach." Er bat auch sie, gegen solche Versuchungen aus ihrem Innern im Gebete Kraft zu schöpfen.

Wieder ging er hin und betete: „Mein Vater, wenn dieser Kelch nicht an mir vorüber gehen kann, ohne daß ich ihn trinke, dann geschehe dein Wille." Nach einer Zeit betete er noch einmal, zum dritten Male mit den gleichen Worten (wir erinnern uns, daß die *Kahunas* wichtige Gebete dreimal im gleichen Wortlaut sprachen).

Diesmal siegte er mit der Hilfe des Hohen Selbstes; er kam ausgeglichenen Gemütes zurück zu den Jüngern und sagte ihnen, sie sollten schlafen und sich ausruhen.

Mit dieser äußeren Bedeutung könnten wir uns voll und ganz zufrieden geben. So Vieles ist ja daraus schon zu lernen. Doch da ist noch das wichtige Wort „Kelch". Jesus bittet, daß der „Kelch" an ihm vorübergehen möge. Man hat immer angenommen, daß es sich um den „Kelch der Bitternis", um den „Giftkelch" handele, dem wir ja in der Literatur allenthalben begegnen. Und so ist es auch in der polynesischen Sprache. Sie hat dafür das Wort: *pai*. Es ist nicht *ki-aha* der Kelch als Trinkgefäß, über den wir schon mehrfach sprachen und der — wie eine Quelle — die Aussendung von *Mana* längs der *Aka*-Schnur zum Hohen Selbst symbolisiert. *Pai*, der „Kelch der Bitternis", hat ganz andere Bedeutungen, die das, was in Gethsemani geschah, wesentlich erweitern.

Wir erinnern uns daran, daß Jesus schon vor seiner Taufe von allen Sünden der Fixation in seinem niederen Selbste frei war. In vollem Einklang mit seinem väterlichen Hohen Selbst setzte er sein Lehramt fort. Er lebte ein Leben, das frei war von Verletzungen anderer, und er lehrte seine Mitmenschen, den gleichen Weg zu gehen. Er predigte die innere Würde des Menschen.

Wir müssen uns ferner darüber klar sein, daß Jesus durch sein Hohes Selbst alle Einzelheiten seines Lebens und Leidens vorauswußte. Er war bereit, die Prophezeiungen zu erfüllen. Doch dürfen wir glauben, daß ihn die schrecklichen Einzelheiten der Zukunft, wenn sie vor seinen geistigen Augen vorüberzogen, zutiefst betrübten.

Das Wort *pai* enthüllt drei innere Bedeutungen. Die erste ist „Geißeln, peitschen". Die tiefste Entehrung und Erniedrigung, der man Jesus aussetzte, war die Geißelung, zuerst vor Pilatus, und später durch die Soldaten, die ihn verhöhnten und bespuckten. Die zweite Bedeutung von *pai* ist: „Blut mit Wasser mischen". Als Jesus am Kreuze hing, wurde ihm eine Lanze in die Seite gestoßen und „sogleich floß Blut und Wasser heraus". Die dritte Bedeutung ist „schlechtes aussagen, verleumden". Wenn jemals ein Mensch verleumdet und ungerecht angeklagt worden ist, so war es Jesus.

Im Lichte dieser zusätzlichen, sinnvollen Bedeutungen erkennen wir, daß das Schwere, um dessentwillen Jesus inständig um Hilfe betete, nicht nur der instinktive Trieb zur Erhaltung des Lebens war, sondern in viel größerem Maße eine in seiner großen, hohen Mission verankerte Gedankenfixation. Er glaubte so sehr an die Würde des Menschen, daß er es nicht ertragen konnte, sie so besudelt zu sehen. Das scheint übrigens die letzte „Versuchung" aller großer spirituellen Führer zu sein. Sie haben alle eine Art spirituellen Stolzes. Es ist bezeichnend, daß Jesus seine Jünger gegen diese Versuchung ausdrücklich warnte.

Jesus löste diese Fixation durch das machtvolle, dreimal wiederholte Gebet. Und in den folgenden Tagen ertrug er in bewundernswerter Würde die unvorstellbare Flut von Verleumdung, Ungerechtigkeit und Brutalität, die über ihn hereinbrach. Nur ein einziges Mal noch überkam ihn Schwäche, als er schon halb bewußtlos am Kreuze einen letzten Todesschrei zum Vater sandte, einen Schrei von herzergreifender Menschlichkeit.

Bei seinem Verhör konnte Pilatus nach dem Gesetz an Jesus keinen Fehler finden. Aber aufgrund politischer Überlegungen überlieferte er Jesus den Oberpriestern und Ältesten, damit sie mit ihm täten, was ihnen beliebte. Sie wollten nur eines: Sich seiner entledigen. Denn sein Leben und seine Lehre entzogen ihrem auf Dogmen gegründeten, einträglichen Tempeldienst allzuviele Menschen. Frömmler und Fanatiker aller Konfessionen auf der ganzen Welt haben schon immer so gehandelt, von politischen Eiferern ganz zu schweigen. Einige der Oberpriester und Ältesten wiegelten den Pöbel auf, damit er Jesu Tod fordere. Selbst heute, nach zweitausend Jahren, haben die Menschen der „zivilisierten" Länder immer noch nicht die Lektion gelernt, die dieses Ereignis im Drama des Lebens Jesu so drastisch lehrt. So konnte Hitler z. B. immer noch die Masse „wohl erzogener" Bürger aufhetzen, den Juden, die er haßte, Gewalt anzutun.

Unter dem blutgierigen Geschrei des Pöbels forderten die Oberpriester und Ältesten, daß Jesus gekreuzigt werde und Pilatus willigte schließlich ein. Die Kreuzigung war damals die übliche Art der Hinrichtung für Verbrecher. Sie wurden ans Kreuz genagelt und man ließ sie hängen, bis sie verblutet waren. Der Todeskampf dauerte oft Stunden.

Nach zahllosen Beleidigungen und Demütigungen seitens seiner Wächter gab man Jesus das Kreuz zu tragen; man hatte ihm zuvor eine Dornenkrone aufs Haupt gesetzt. Er mußte das Kreuz den langen Weg hinan zum Kalvarienberg tragen. Mit ihm gingen zwei Diebe, die ebenfalls ihre Kreuze trugen, und zur gleichen Zeit hingerichtet werden sollten. Auf diesem Schmerzenswege umdrängte der Pöbel Jesus. Man schmähte, verhöhnte und beleidigte ihn. Seine Getreuen aber, die ihm folgten, weinten bitterlich. Auf dem langen Wege hielt man einen jungen Mann, der vom Felde kam, an und zwang ihn, Jesus das Kreuz eine Strecke weit zu tragen. Als man sich dem

Kalvarienberg näherte, nahm Jesus es wieder auf (warum das geschah, sagen die Berichterstatter des großen Dramas nicht). Sicherlich aber lag darin eine besondere Bedeutung.

Die *Via Dolorosa*, der Kreuzweg, ist in der römisch-katholischen Kirche bis auf den heutigen Tag eine kultische Maßnahme geblieben. Die einzelnen Szenen sind oft in schönen Bildern dargestellt und diese hängen in Abständen längs der Kirchenwände. Man nennt sie die Stationen des Kreuzweges, und die Gläubigen gehen von Bild zu Bild und halten an jedem von ihnen inne, um zu beten. Auf Kirchen und Kathedralen, ja selbst auf den kleinsten Kapellen steht das Kreuz. Das Kreuz ist auch am Rosenkranz, den man bei Gebeten in der Kirche wie zuhause benutzt. Überall tritt uns das Kruzifix entgegen; das Bild Jesu am Kreuze. Wir sehen es als Skulptur in Holz, Metall und Elfenbein, und wir finden es selbst in den einfachsten und bescheidensten Wohnungen.

Ich glaube, das Symbol des Kreuzes ist heute meist nicht viel mehr als ein physisches Stimulans zur mahnenden Erinnerung an die dogmatische Theologie, daß Jesus sein Leben hingab für den Nachlaß der Sünden der Welt. In ihrem Eifer, alles „Römische" zu zerstören, verzichteten die ersten Protestanten auch auf das Kreuz. Doch kam es nach und nach zurück und steht auf den Spitzen der Kirchtürme. Es ist ein Symbol, das verdient, beibehalten zu werden, sofern man die Fülle der echten Bedeutungen versteht, die es in sich birgt.

Bei den Polynesiern war das Kreuz ein grundlegendes Symbol. In den alten Zeiten setzten die in die HUNA-Lehre Eingeweihten ein Holzkreuz in Gestalt eines großen X vor den Eingang ihrer heiligen Tabu-Stätten; man warnte damit die nicht Gereinigten, sich der Stätte zu nähern. Es war das Symbol der Ungereinigten, derer, die in „Sünden" verschiedener Art verstrickt waren. Die Heilige Stätte war das Symbol des Hohen Selbstes, der Eingang zum „Pfad". Die polynesische Sprache enthält zwei Wörter für „Kreuz"; jedes von ihnen enthüllt Wahrheiten, die das Kreuz versinnbildlicht. Das erste dieser Wörter ist *kea*. Seine innere Bedeutung ist „einen Weg versperren, jemanden hindern, ihn zu betreten; jemandes Fortschritt behindern; jemanden gegen seinen Willen zwingen, etwas zu tun; jemanden in Schwierigkeiten bringen". Diese Bedeutungen beschreiben nahezu umfassend, was die „von innen zehrenden Wesen" einen Menschen zu tun zwingen können. Auch gelten sie für die Fixationen, die den Pfad blockieren und den inneren Fortschritt hemmen.

Es ist erstaunlich, wie die *Kahunas* es fertig brachten, ihr Wissen um die Beschaffenheit des Menschen, um die Ursachen seiner Schwierigkeiten und die Maßnahmen zu deren Überwindung so dauerhaft zu bewahren. Es ist eine Eigenart der polynesischen Sprache, daß oft eine Variante eines Wortes (z. B. *unihipili* und *unipihili),* noch weitere verborgene Bedeutungen enthüllt. So ist eine Variante für *kea* das Wörtchen *pea* (das uns schon als Teil des Wortes *peahi* für Fächer bekannt ist). Aus dem Ursprung des Wörtchens *pea* ergibt sich zunächst der Begriff „salben". Es ist das Symbol für einen, der mit Erfolg sein Kreuz getragen hat, für einen, der es also fertig gebracht hat, sein niederes Selbst zu zähmen und zu kontrollieren und seine *Aka*-Schnur von Blockierungen freizumachen. Unter „salben" verstand man eine Art Reinigung zeremonieller oder ritueller Art. Der Messias z. B. hatte durch Reinigung den Zustand dauernder Vereinigung mit dem Hohen Selbst erreicht. Jesus war sicher ein Messias in diesem Sinne. Nach dem griechischen Wort für „salben" wird Jesus vielfach „Christus", d. h. „der Gesalbte" genannt. Eine zweite Bedeutung des Wurzelwortes *pe* ist „aufbrechen, brechen", ein Symbol für das Aufbrechen von Fixations-Gedankenform-Trauben.

Das Tragen des Kreuzes ist demnach das HUNA-Symbol einer Schulung des Unterbewußtseins, damit es lernt, sich einzufügen in das Streben nach dem guten und freundlichen Leben, das wir führen müssen, wenn wir den vollen Kontakt mit dem Hohen Selbst bewußt herstellen und beibehalten wollen. Wir wissen um die Verheißung, daß bei solchem Denken und Handeln unsere drei Selbste wie eine Ganzheit zusammenarbeiten, um uns zu einer normalen, fortschrittlichen Lebensform zu bringen.

Die Symbologie des Kreuzes als materiellem Objekt weist auf die Fallstricke hin, denen wir auf dem Wege nach oben begegnen. Der senkrechte Pfosten des Kreuzes versinnbildlicht die *Aka*-Schnur, die vom niederen zum Hohen Selbst aufsteigt; das Querholz, das den senkrechten Pfosten kreuzt, ist Symbol dessen, was die Schnur blockiert oder den *Mana*strom am Aufsteigen zum Hohen Selbst hindert.

Die zur Hinrichtung benutzte Form des Kreuzes heißt im polynesischen *Amana*. Dem Leser fällt sofort auf, daß das Wort *mana* darin steckt und er weiß, was es bedeutet. Stellen wir ferner fest, daß *amana*, das Wort für Kreuz, auch noch bedeutet „den Göttern Speisen oder Opfergaben darzubringen", so wissen wir, daß den „Göttern" oder Hohen Selbsten keine physische Nahrung geopfert wurde, sondern *Mana* längs der *Aka*-Schnur. Aber, wie eben gesagt, weist der Querbalken des Kreuzes darauf hin, daß *Mana* nicht aufwärts gesandt werden kann, solange die *Aka*-Schnur blockiert ist. Diese Erkenntnis lehren die drei weiteren Bedeutungen von *Amana:*

(1) „Jemanden anstiften, Böses zu tun", ein Hinweis auf

die „zehrenden oder essenden Begleiter" und ihre besitzergreifenden Kräfte und Einflüsse. (2) „Krankheit verursachen", eine der Folgen der Verunreinigung, die aus der Blockierung des Pfades erwachsen, (3) „eine Traube von Dingen", das Symbol für Erinnerungs-Gedankenformen. In diesem Falle ergibt sich aus der Assoziation mit den anderen schlechten Bedeutungen des betreffenden Wortes, daß es sich um Erinnerungen an Fixations-auslösende Ereignisse handeln muß.

Daß Jesus um die HUNA-Symbologie des Kreuzes wußte, geht schon früh aus seiner Lehre hervor. So sagte er (Lukas 9:23 — 24): „Wer mir nachfolgen will, der verleugne sich selbst, jeden Tag nehme er sein Kreuz auf sich und folge mir". Keineswegs wollte er damit andere drängen, die Kreuzigung in gleicher Weise zu erdulden, wie er sie später zu erleiden hatte; die Forderung, sie täglich von neuem zu erleiden, wäre ja auch unsinnig gewesen. Er gab einfach die Lehre, die das Kreuz symbolisch ausdrückt; er sprach die Mahnung aus, daß man sich tagtäglich bemühen müsse, zur Vereinigung mit dem Hohen Selbst zu gelangen.

Verweilen wir ein wenig bei diesem Ausspruch, den wir wegen des Wortes Kreuz anführten; fragen wir uns einmal, was mit der „Selbstverleugnung" gemeint war.

„Verleugnen" heißt in der heiligen Sprache *hoo-le-mana*. Es hat folgende Bedeutungen:

(1) „Verneinen, verweigern, abschlagen, versagen", wie z. B. jemandem die Autorität, die Macht über einen anderen versagen. Diese rein äußerliche Bedeutung bekommt erst das richtige Kolorit, wenn wir das unbestimmte Wort „verweigern" in die HUNA-Sprache übertragen. Was täglich gebrochen werden muß, ist der „Wille", die Herrschsucht des nie-

deren, tierischen Selbstes. Dieser Wille muß beherrscht, gebändigt werden.

(2) Die Wörtchen *le* und *mana* ergeben den Sinn, daß „*Mana* veranlaßt wird, aufwärts zu steigen". Das ist die innere Bedeutung. Sie deutet symbolisch an, daß die Schulung des Unterbewußtseins darauf abzielen muß, es unter die Herrschaft des mittleren Selbstes zu bringen, es mitwirken zu lassen an der Gestaltung eines Lebens in Güte, es zu lehren „*Mana* längs der *Aka*-Schnur zum Hohen Selbst zu senden, wenn es von ihm verlangt wird".

Kehren wir nun zur Leidensgeschichte Jesu zurück; begleiten wir ihn auf seinem Wege zum Kalvarienberg. Wir hören von der nicht näher erläuterten Tat eines Mannes, der das Kreuz Jesu eine Strecke weit trug. Zweifellos ist dies geschehen. Doch die Berichtenden, die das Symbolische hinter dieser Handlung kannten, hüteten sich, nähere Erläuterungen zu geben. Wir aber, die wir nun um die Bedeutung des Kreuztragens wissen, erkennen, daß es sich hier um die Dramatisierung der Person handelt, die — wie beim Ritus der Fußwaschung — Fixationen beseitigen hilft. Noch andere bezeichnende Symbole drängen sich auf: Jesus trug eine Dornenkrone. Dornen sind, wie wir hörten, das Symbol von Fixationen. Jesus wurde von zwei Dieben begleitet, die mit ihm gekreuzigt werden sollten.

Das polynesische Wort für Dieb ist *ai-hue*. Die Wurzel *ai* bedeutet: „Nahrung, Speise", und das Wurzelwörtchen *hue* „stehlen". Miteinander kombiniert zeigen die Wörtchen, daß die beiden Diebe die „essenden oder zehrenden Begleiter" versinnbildlichten. Das Wurzelwort *hue* bezeichnet auch „einen Flaschenkürbis" und weist damit auf das „Kelch"-Symbol hin. Eine weitere Bedeutung ist „ausfließen wie Wasser", was symbolisch auf den Verlust von *Mana* hinweist, wie er durch üble Geister verursacht wird, die unsichtbar im Menschen leben, von seiner Lebenskraft zehren und ihn zu üblen Taten antreiben.

Auf dem Kalvarienberg angekommen wurde Jesus ans Kreuz genagelt. Es wurde aufgerichtet, damit er in Schmerzen hinge, bis der Tod ihn erlöse. In der heiligen Sprache heißt „am Kreuz hängen" *li-peka*. Das Wort *li* hat folgende innere Bedeutung: „hassen, verabscheuen, von Grimm und Wut erfüllt, eifersüchtig, argwöhnig, stolz und hochmütig sein, die Rechte anderer mißachten". Alle diese Merkmale kennzeichnen das nicht wiedergeborene Unterbewußtsein und dessen Verhalten gegenüber anderen. Sie machen die Substanz der Fixationen und Besessenheiten aus, die — im symbolischen Sinne — die Kreuzigung und alle aus ihr erwachsenden Leiden verursachen.

Jesus wird zwischen zwei Dieben gekreuzigt. Der Bericht erzählt, wie der eine seine üblen Taten bereute und wie Jesus ihm versprach, ihn zu erlösen. Der andere beharrte im Bösen, er bereute nicht und es konnte daher nichts für ihn getan werden. Auch das ist kennzeichnend für den HUNA-Glauben, daß nämlich diejenigen, die sterben ohne zu bereuen und ohne gereinigt zu sein, während ihr Pfad zum Hohen Selbst blockiert ist, auch nach ihrem Tode in diesem Zustand verharren. Sie verfolgen als „zehrende Begleiter" die Lebendigen bei denen sie feststellen, daß sie üble Eigenschaften gleicher Art besitzen. Eines Tages aber werden auch solche Wesen wieder fortschreiten und ihre Lektionen lernen; und dann wird ihnen auch geholfen werden können. Solange sie aber nicht bereit sind, müssen sie am Kreuze Schmerzen erleiden als Folge ihrer üblen Gedanken und Taten und der Blockierung ihres Pfades.

Nach dem Tode nahm man Jesus vom Kreuze und legte ihn in ein neues Grab. Das Wort für „Grab" ist *i-lina,* worin das Wurzelwort *lina* die geheime Bedeutung von „spannen oder strecken" hat, wie bei einer Schnur oder einem Seil. Hier kommt zum Ausdruck, daß der Kreuzestod den Punkt symbolisiert, an dem die durch das Üble verursachten Leiden aufhören und der Fortschritt in ein vollkommeneres Leben beginnt, in dem die *Aka*-Schnur von Knoten und Verwirrungen frei ist. Das Wort für „neu" im Ausdruck „neues Grab" ist *hou:* Es bedeutet u. a. „ausweiten" und symbolisiert das Hinausreichen der *Aka*-Schnur, zur Kontaktnahme mit dem Hohen Selbst.

„Tod", in der HUNA-Sprache *make,* bedeutet den Übergang von einer Lebensform in eine andere. Das HUNA-Wort bedeutet ferner „richtig, passend, tauglich gemacht werden". Das ist die innere Bedeutung des Todes am Kreuze oder des Endes einer Zeitspanne, in der das ungezähmte niedere Selbst schlecht und wild ist und üble Geistwesen anzieht und beherbergt. Beim Tode haben die üblen Geister kein *Mana* mehr; sie können nicht mehr leben und verziehen sich. Hat das Individuum den Wendepunkt zum Guten erreicht, so können die Fixationen leichter gebrochen werden und der ernstliche Fortschritt kann beginnen.

Der große Stein, der das Grab verschloß — Symbol für den Stein des Anstoßes — wurde von unsichtbaren Händen schon beiseite geschoben, während noch die Frauen, die zum Grabe gingen, zueinander sagten „Wer mag uns wohl den Stein vom Eingang des Grabes wegwälzen?" Hier beweist sich wieder einmal, daß die Hohen Selbste die stärksten der besitzergreifenden Wesenheiten, ja sogar den Herrn der Finsternis" überwältigen und beseitigen können.

Jesus war vom Tode auferstanden. Die äußere Bedeutung der Auferstehung ist, daß Jesus den Tod überwand und seinen Jüngern erschien. Damit bewies er das Weiterleben nach dem Tode. In der HUNA-Sprache bedeutet „Auferstehung" *ala hou ana*. Die innere Bedeutung heißt in wörtlicher Übersetzung: „Den Pfad wieder öffnen." Die innere Bedeutung der Auferstehung ist also die Verheißung des endgültigen Sieges über das symbolisierte Übel und den Kreuzestod sowie die Wiederherstellung der normalen Entwicklung und des Fortschritts auf dem geöffneten Pfad und bei vollem Kontakt mit dem Hohen Selbst.

Die Tatsache, daß Jesus wirklich wiederkehrte und nach seinem körperlichen Tode zu den Jüngern sprach, ist in unserer materialistisch denkenden Welt ignoriert, bezweifelt und für unwahr gehalten worden. Die Kirchen des christlichen Bekenntnisses haben sich mit der Lehre begnügt, daß in Ansehung des Unendlichen Gottes für Jesus alles möglich war — aber nur eben für Jesus. Wenn man sich aber eingehend mit der Arbeit der *Kahunas* beschäftigt und erkennt, wie sie mit Geistern umgingen, wie sie üble Geister vertrieben und sich die Hilfe guter Geister zu sichern wußten, dann dämmert einem mehr und mehr die Gewißheit, daß das Leben die kurze Spanne überdauert, die der Mensch bewußt im Körper zubringt. Bei den Polynesiern der alten Zeit spürte selbst der Mann auf der Straße die Anwesenheit von Geistwesen; für diese Menschen war all das ein ganz natürlicher Teil des Lebens. Sie hatten keine Angst vor dem sogenannten „Übernatürlichen"; nach ihrer Erfahrung war das sogar ganz natürlich, und sie sprachen gelegentlich von solchen Besuchen: „ . . . gerade ging übrigens meine Großmutter drüben am Feigenbaum vorbei ... Nehmen sie noch etwas Poi?"

In der westlichen Welt haben Spiritualisten und Forscher auf dem Gebiete der Psychischen Wissenschaften das Fortleben nach dem Tode schlüssig bewiesen. Diese Beweise bleiben auch dann bestehen, wenn man von der großen Zahl ihrer Experimente manches Schwindelhafte abzieht. Daß Jesus nach seinem Tode für eine kurze Spanne wiederkehrte, bevor er weiterschritt in das Große Leben des Geistes, war ein kuluminierender Höhepunkt seines Lebens und seiner Lehre.

In Jesus sehen wir einen Menschen, der die Lektionen des Lebens gelernt und eine vollkommene Vereinigung mit dem Hohen Vater-Selbst erreicht hat. Er ist einer von denen, die nach dem Tode auf der Stufenleiter des Lebens höhersteigen. Machen wir uns in dieser Hinsicht die HUNA-Anschauung zu eigen, so dürfen wir glauben, daß Jesus, als er in den Himmel auffuhr, die transitorische Stufe überschritt und daß sein mittleres Selbst aufstieg zur Stufe eines Hohen Selbstes. Sein niederes Selbst sogar kannte die Wege, die der Mensch zu gehen hat. Sein niederes Selbst wußte, wie notwendig es ist, nicht mehr wie ein Tier zu reagieren. Es wuchs über seine Stufe hinaus und wurde zu einem mittleren Selbst, um in einem neuen physischen Körper mit einem neuen niederen Selbst als Begleiter wiedergeboren zu werden.

Der „Vater", den Jesus so liebte, gehörte zur Großen Leuchtenden Gesellschaft der *Aumakuas*. Nach der HUNA-Lehre wird Er aufgestiegen sein zu den *Akua-Aumakuas;* dort steht Er wiederum eine Stufe höher in der Fülle des Lebens, das aus der Unendlichkeit des Höchsten erwachsen ist und sich — wie wir annehmen — langsam aufwärts wandelt zur Quelle, aus der alles entsprang.

Als Jesus in Geistgestalt seinen Jüngern erschien, war einer seiner letzten Aussprüche: „Sehet, ich bin mit euch alle Zeit, bis ans Ende der Welt." Diese Verheißung, seine Liebe und seine warme Menschlichkeit haben uns Jesus für immer lieb und teuer gemacht. Wenn ich im Lichte des HUNA-Weistums Jesu Leben und Lehren näher betrachtete und dabei (aufgrund dessen, was HUNA-Eingeweihte über ihn niederschrieben) den auf gesundem Menschenverstand gegründeten Glauben betonte, daß Jesus einer der größten Menschen war, die je auf Erden wandelten, so möchte ich keineswegs das Gefühl liebender, inniger Verbundenheit mit ihm beeinträchtigt sehen.

Für mich, der ich in einer fundamentalistisch-orthodoxen Kirche aufwuchs, deren Lehren ich schon früh ablehnte, hat dieses Studium mir Jesus zurückgebracht als einen Menschen, den man lieben und verehren muß und dem man vor allem f o l g e n soll.

„Sehet, ich bin mit euch allezeit, bis ans Ende der Welt." Ja, auch jetzt ist er bei uns, so nahe wie unser Hohes Selbst; denn er ist eins mit der Großen Gesellschaft der Hohen Selbste. Wenn wir auch heute noch in seinem Namen beten, so beten wir zugleich im Namen unseres eigenen Hohen Vater-Selbstes. Und weil es das höchste Ziel im Leben Jesu war, zu dienen, zu lehren, zu helfen und die verlorenen Schafe der Welt zu führen, so dürfen wir sicher sein, daß die geringste Hilfe und Führung und die kleinste Tröstung, die wir dem „Geringsten unter ihnen" in seinem Namen angedeihen lassen, uns ihm und der Leuchtenden Gesellschaft näher bringen wird, mit der er nun auf einem noch weit höheren und umfassenderen Gebiet in Liebe fortwirkt.

Wir leben in einer der Umbruch-Perioden der Welt. Das bedeutet drastische Änderungen und Fortschritte. Vielen von uns will es scheinen, daß die Welt aufs Kreuz geschlagen wird ... und doch besteht kein Grund zu Furcht oder Verzweiflung; denn es gibt auch deutliche Zeichen dafür, daß wir einem neuen goldenen Zeitalter entgegengehen. Die uns schon so lange geweissagte Zeit scheint anzubrechen, da der Mensch beginnt, sich selbst zu verstehen und individuell sein Seelenheil zu erringen.

Wo wir auf dem Wege des evolutionären Fortschrittes auch stehen mögen, jeder kann Freude, Gesundheit und Erfolg gemäß seinen Bedürfnissen und seiner Fähigkeit zu dienen haben. Die Verheißung der Erlösung gilt immer noch, genau so sicher, genau so leuchtend und genau so klar, wie vor 20 und selbst vor 25 Jahrhunderten, als Isaias — in den verschleierten Worten des alten geheimen Weistums — frohlockend über seine Vision ausrief:

„Dann öffnen sich der Blinden Augen, erschließen sich der Tauben Ohren.

„Dann springt der Lahme wie ein Hirsch; des Stummen Zunge jubelt. Es quellen Wasser in der Wüste auf und Bäche in der Steppe.

„Der Glutsand wird zum Wasserteich und dürstend Land zu Wasserquellen; und wo Drachen Junge warfen, dort gedeiht das Gras samt Rohr und Schilf.

„Dort wird ein Straßendamm entstehen und ein Weg; den heiligen Weg wird man ihn nennen; wer unrein ist, betritt ihn nicht; aber die unkundigen Wanderer werden sich auf ihm nicht verirren.

„Kein Löwe wird dort sein, und nicht betritt ihn je ein reißend Tier; keines wird dort mehr gefunden. Ihn gehen nur die Erlösten.

„Und die der Herr befreit hat, kehren heim. Mit Jauchzen und Gesängen kommen sie nach Zion und um ihr Haupt schwebt ewige Freude. Freude und Wonne geben ihnen das Geleite und weit entfliehen Schmerz und Leid."

XXV

AUSKLANG

Nun, am Ende der langen Untersuchung über die HUNA-Lehre, bietet sich uns ein leuchtender Ausblick. Die HUNA RESEARCH ASSOCIATION hat durch ihre großartige, mehr als fünfjährige Arbeit bewiesen, daß jeder, der seinen Pfad zum Hohen Selbst genügend offen hält, schon nach kurzem Studium und nach der Überprüfung seiner alten Ideen von Religion und Psychologie in der Lage ist, das HUNA-Wissen anzuwenden.

Wer nach ernsthaftem Studium dieses Berichtes und trotz redlicher Bemühungen mit der HUNA-Arbeit nicht weiterkommt und die Ursache dazu in unbekannten Blockierungen seines Pfades sieht, braucht Hilfe in der Art des Fußwaschungs-Ritus. Glücklicherweise ist es leicht, solche Hilfe zu erlangen; denn viele Menschen müßten imstande sein, sie ihm zu geben.

Ich denke hier vor allem an alle die Männer und Frauen, die zu den vielen fortschrittlichen religiösen Organisationen der Welt gehören. Ich weiß nicht, wieviele berufene Heiler es z. B. in der Neugeistbewegung oder anderen Kreisen gibt, die sich mit spiritueller Geistheilung befassen; doch muß ihre Zahl sehr groß sein. Die meisten von ihnen sind Heilpraktiker von Beruf. Oft begrüßen sie nicht nur die durch HUNA vermittelten Erkenntnisse, sondern wenden sie auch gerne an, selbst wenn die HUNA-Lehre in den Gruppen, denen sie angehören, noch nicht offiziell anerkannt ist.

Wäre ich mir einer Blockierung meines Pfades bewußt und brauchte ich die Hilfe eines anderen, um meinem Hohen Selbst *Mana* zu senden, so würde ich eine der neueren offenen und liberalen Kirchen aufsuchen und mich erkundigen, ob einer ihrer Heiler mit HUNA vertraut und bereit sei, mir bei der Freilegung des Pfades behilflich zu sein. Und wenn keiner von ihnen die HUNA-Lehre kännte, so würde ich sie dort einführen und dafür sorgen, daß die richtigen Leute mit der HUNA-Literatur bekannt würden. Und dann würde ich erneut darum bitten, daß eines der Mitglieder sich meiner annehme.

Die meisten alten, anerkannten kirchlichen Organisationen werden sich allerdings damit zufrieden geben, auf ihren alten Ansichten und Glaubenssätzen zu beharren, durch die sie die Doktrin der Liebe und Dinstleistung ersetzt haben. Sie werden auch weiterhin von den Kanzeln Haßprogramme verkünden und blindlings alle Kirchen und Dogmen angreifen, in denen sie eine Konkurrenz zur eigenen Anschauung zu sehen glauben. In den meisten christlichen Kirchen üben alte Männer die Autorität aus. Für sie ist die Wiederentdeckung der inneren Bedeutung der Lehren Jesu wertlos. Sie sind in ihren Dogmen eingefroren und ängstlich darauf bedacht, daß auch ihre Gemeinde- oder Pfarrkinder in diesem eingefrorenen Glaubenszustand verbleiben. Sie werden sich weigern, sich positiv mit etwas zu befassen, das gegen ihre Dogmen verstößt.

Andererseits aber wollen viele eifrige und ernste junge Männer Geistliche werden. Sie studieren an fachlich ausgerichteten Schulen, und ihr Geist bleibt noch eine zeitlang offen für neue Ideen. Es ist anzunehmen, daß solche jungen Männer eher geneigt sein werden, HUNA zu verstehen und sogar anzuwenden, sofern ihnen die Anwendung nicht von ihren Vorgesetzten untersagt wird.

Es können aber auch außerhalb der regulären Organisationen Arbeitsgruppen gebildet werden. Eine kleine Gruppe ist immer am besten, weil unter Freunden eine engere Zusammenarbeit möglich ist. Selbst zwei Menschen, die sich verstehen und vertrauen und von Liebe getragen sind, bilden schon eine „Kirche" für sich. Das meinte Jesus, als er sagte: „Wo immer zwei oder drei in meinem Namen versammelt sind..."
Die Confessio ist eine bedeutende Hilfe, doch soll sie nur in größter Vertraulichkeit erfolgen und nicht — wie neuerdings bei einigen großen religiösen Bewegungen — in aller Öffentlichkeit. Die öffentliche Confessio artet nämlich allzuleicht in einen Wettstreit der Enthusiasten aus, bei dem einer den anderen im Bekennen noch schlimmerer Handlungen zu übertrumpfen sucht.

Der Eid zur Wahrung der Geheimnisse, der das HUNA-Wissen Jahrtausende hindurch geschützt hat, ist hinfort nicht länger erforderlich. Denn die Finsternis des Unwissens ist gewichen, die Barbarei der Masse ist weitgehend geschwunden, und überall auf der Welt gibt es aufgeklärte und aufgeschlossene Menschen, die sich anhand des Schrifttums ihre eigene Ansicht über das Leben bilden. Aber doch bleibt e i n Eid zu absoluter Geheimhaltung bestehen und er darf nie verletzt werden. Es ist ein Eid, den jeder geben und halten muß, der es übernimmt, das Bekenntnis eines anderen anzuhören; dabei genügt es nicht allein, dauerndes unverbrüchliches Schweigen über den Inhalt des Bekenntnisses zu bewahren, sondern man muß sich auch die größte Mühe geben, völlig unpersönlich zu bleiben. Vor allem aber hüte man sich, auch nur das geringste Urteil — selbst nicht einmal in Gedanken — zu fällen. „Richtet nicht, auf daß ihr nicht gerichtet werdet." Wer die Verpflichtung auf sich nimmt, das Bekenntnis eines anderen zu hören, wird zum Stellvertreter des Hohen Selbstes. Man bete zum Hohen Selbst dessen, der sein Herz öffnet, und man sende mit dem Gebet eine reichliche *Mana*-Spende. Man bittet, daß die gebeichteten, unrechten Taten dort, wo sie Fixationen gebildet oder „essende Begleiter" angezogen haben, wieder frei werden.

Nie vergesse man die Aussendung von *Mana*, denn das ist eine heilige Verpflichtung und kein „heidnischer Aberglaube", wie es ein dogmatischer Geistliche einmal in einem Brief an mich bezeichnete. Ich darf es wohl hier noch einmal betonen. Der Glaube, den Jesus als so wesentlich bezeichnete, ist nicht einfach nur ein völliges Fürwahrhalten. Glaube ist vor allem ein Akt des Hinausreichens, um den Kontakt mit dem Hohen Selbst herzustellen, sowie die Aussendung von *Mana* und Gedankenformen des Gebetes, damit diese Gedanken REALISIERT werden, damit sie in Erfüllung des Gebetes zuerst auf der Ebene des Hohen Selbstes und später im irdischen Bereich in Erscheinung treten (s. die in Abschnitt VIII gegebene Erklärung des polynesischen Wortes für „Gebet" *mana-o-io*).

Die Zusammenarbeit in Gruppen ist auch beim Üben von Nutzen. Telepathische und Pendel-Experimente sowie Schachtel-Versuche lassen sich oft besonders gut in Gruppenarbeit durchführen, vor allem, wenn es gilt, weniger Erfahrenen zu helfen, damit sie klar verstehen, was sie tun, und damit sie lernen, wie man am besten vorgeht. Das niedere Selbst lernt übrigens von anderen niederen Selbsten überraschend schnell, und mancher, der allein nicht mit dem Pendel arbeiten konnte, stellte plötzlich zu seiner Überraschung fest, daß es mit einem Male klappte, nachdem er andere beim Umgang mit dem einfachen Gerät hatte beobachten können.

Bezüglich der Arbeit in größeren Gruppen ist aber ein Wort der Warnung am Platze. Die Arbeit in größeren Gruppen führt gewöhnlich dazu, über Dinge, die weit abseits der eigentlichen Sache liegen, in Disput zu geraten. Oft ist auch in solchen Gruppen der eine oder andere, der sich gerne reden hört und sich in den Vordergrund zu drängen sucht. Auch gibt es immer wieder Leute, die nur unterhalten werden wollen und denen es garnicht darum zu tun ist, ernstlich mitzuarbeiten, um die HUNA-Lehre zu erlernen, sie zu verstehen und anzuwenden. Die Gruppen sollten vermeiden, nach Beginn eines Lehr-Kursus neue Mitglieder zuzulassen. Die neuen Interessenten sollten vielmehr eine eigene Gruppe bilden oder solange warten, bis ein neuer Kursus beginnt, bei dem dann alle Teilnehmer von der gleichen Grundlage ausgehen. So ließ ich einmal eine Arbeitsgruppe für neue Mitglieder und Besucher offen. Bei jeder Sitzung führten meine Freunde uns neue Interessenten zu, die noch nie von HUNA gehört hatten. Bei jeder Sitzung mußte ich daher wieder von vorne beginnen und den Neuen erzählen, was HUNA ist und was wir zu tun beabsichtigten. Es braucht wohl kaum gesagt zu werden, daß wir nicht voran kamen und die älteren Mitglieder sich bald langweilten und wegblieben.

Der Kreis unserer Untersuchung schließt sich. Wir sind von der uralten polynesischen Weisheit zu Jesus gelangt, der lehrend und heilend mit seinen Jüngern durch Palästina wanderte. Ich glaube, daß die uralten, grundlegenden Wahrheiten und Symbole nach und nach, wenn nicht von oben, so von unten her in die organisierte Christenheit Eingang finden werden. Diese Lehren werden sich schnell unter den vielen Tausenden verbreiten, die nicht bereit sind, die Dogmen und die Sterilität der orthodoxen Kirchen zu akzeptieren und die daher nach anderen Quellen des Lichtes und der Inspiration suchen. Für die sichere Ausbreitung der HUNA-Lehre ist ihre praktische Anwendbarkeit und Wirksamkeit, die mir in Tausenden von Briefen bestätigt wurde, eine Garantie. Es wird nicht mehr lange dauern, bis diejenigen, die HUNA für ihr eigenes Leben und zur Hilfe anderer einsetzen, Gleichgesinnte finden werden. Und sie werden bei einer stets wachsenden Zahl von Mitmenschen auf Interesse und Verständnis stoßen.

Die Zeit ist gar nicht mehr fern, da die Menschen gelernt haben werden, daß ein Leben in Freundlichkeit und ohne Verletzung anderer das einzig richtige ist und daß nur diejenigen wirklich gesegnet sind, die gelernt haben, andere zu lieben, freundlich und harmonisch zu sein und andere nicht zu verletzen. Es werden Männer und Frauen unter uns erscheinen, die das Zeichen der Neuen Zeit in ihrem Geiste und in ihren Herzen tragen. Man wird sie erkennen an einem Merkmal, das zuerst wohl seltsam, sehr neu, ja unglaublich erscheinen wird: sie werden ÄUSSERST VERTRAUENSWÜRDIG sein bis zur Grenze ihrer menschlichen Fähigkeit, vertrauenswürdig in jedem ihrer Worte, in jedem Gedanken, in jeder ihrer Taten. Diese Männer und Frauen werden das Licht in sich tragen, sie werden still und stark auf dieser Erde wandeln und am Ende des Lebens aufsteigen zu einer höheren Ebene, die bewohnt ist von den *Aumakuas*, den „Äußerst Vertrauenswürdigen Elterlichen Geistwesen".

Meine Arbeit mit den Mitarbeitern der HUNA-Research-Association war eine der leuchtendsten Zeiten meines Lebens; ich möchte daher abschließend noch einmal den Mitgliedern dieser Gemeinschaft, den vielen klarblickenden, gewissenhaften und selbstlosen Freunden danken, von denen ich die meisten nur durch ihre Briefe und den telepathischen Kontakt während unserer Gebetsstunden kenne. Ohne ihre Hilfe wäre es nicht möglich gewesen, die HUNA-Lehre wieder zu erwekken und mit Leben zu erfüllen.